名家经典工商管理规划教材

财务会计

主编　余恕莲

对外经济贸易大学出版社
中国·北京

图书在版编目（CIP）数据

财务会计／余恕莲主编. —北京：对外经济贸易大学出版社，2012

名家经典工商管理规划教材

ISBN 978-7-5663-0416-2

Ⅰ.①财… Ⅱ.①余… Ⅲ.①财务会计－高等学校－教材 Ⅳ.①F234.4

中国版本图书馆 CIP 数据核字（2012）第 172021 号

财务会计

余恕莲 **主编**

责任编辑：郭华良 汪 洋 华 蕾

对 外 经 济 贸 易 大 学 出 版 社

北京市朝阳区惠新东街 10 号 邮政编码：100029

邮购电话：010－64492338 发行部电话：010－64492342

网址：http://www.uibep.com E-mail：uibep@126.com

北京市山华苑印刷有限责任公司印装 新华书店北京发行所发行

成品尺寸：185mm×230mm 20.25 印张 407 千字

2012 年 8 月北京第 1 版 2012 年 8 月第 1 次印刷

ISBN 978-7-5663-0416-2

印数：0 001－5 000 册 定价：37.00 元

前　言

会计是商业的语言，企业会计是生成企业财务信息的信息系统。所以“财务会计”课程是商业、管理、贸易和经济各专业的必修课，也是其他对财务信息有兴趣学生的选修课。为了适应“财务会计”基础课和选修课的需要，会计系专门编写了通用型的《财务会计》教材，本教材具有以下特色：

1. 逻辑清晰，遵循会计理论、会计程序、会计方法、会计信息的基本主线，介绍财务会计的基础理论和主要方法。

2. 语言简洁、内容明晰、通俗易懂，适用范围广，既可以作为会计专业的基础课，也可以作为非会计专业的通识课。

3. 除了第一章财务会计的基础理论外，内容不专涉具体会计准则，主要是国内和国际通行的会计基本惯例及方法，可以作为英文原教材的先修课程。

4. 每章备有简单提示，针对不同专业需要，授课教师可以深入进行我国具体会计准则和国际会计准则的比较。

5. 本教材备有配套练习题，以便学生自学和检测学习效果。

6. 本教材备有课件 PPT，便于教授时参考使用。

本教材由对外经济贸易大学商学院会计系组织编写，大纲由吴革和钱爱民组织讨论确定，余恕莲任主编，作者有：余恕莲（第一章）、曹妍（第二、三章）、张亚东（第四章）、李相志（第五章）、李鸥（第六章）、戴天婧（第七章）、赵旸（第八章）、赵秀芝（第九章）、陈德球（第十章）、刘慧龙（第十一章）。教材从内容、大纲到最后定稿，雷光勇老师都给予了高度重视并提出了重要意见。

虽然如此，由于时间、精力有限，肯定还存在一些考虑不周、协调不到位的地方，恳请读者和授课老师提出宝贵意见，供日后修订。不胜感谢！

编　者

2012 年 5 月

目 录

第一章

财务会计的基本理论

本章学习目标

1. 了解会计准则的建立与发展；
2. 知晓财务报告概念框架的基本内容；
3. 学习并理解会计信息的质量要求；
4. 掌握财务会计的基本假设和基本原则；
5. 学习了解一般目的财务报表及其要素的确认和计量。

会计是商业的语言，是提供财务和管理信息的信息系统。在现代市场经济环境中，如果不对会计信息加以规范监督，高度发达的市场经济制度就难以运行，经济秩序就会发生混乱。在商业活动中，如果不了解会计语言，会带来许多不便，甚至会产生重大问题。所以人们在进行商业活动时，应该对会计信息生成和使用有一定的了解。可以说无论从事任何经济工作或进行任何商业活动，学习会计都是一项很有价值的投资。

第一节　会计准则和财务会计的概念框架

现代财务会计是以企业会计，即公司制企业会计为基础，由此将传统财务会计的惯例理论化、标准化，演变发展形成约束企业会计的会计准则。

一、公司制组织形式和公认会计准则

财务会计主要是通过定期提供财务报表，为外部那些与企业有着不同经济利益关系的组织或个人服务，向他们提供据以进行投资、信贷或其他有关决策的会计信息。

现代财务会计沿袭传统会计的基本模式，通过对企业经营活动的确认、计量、记录汇总和编报会计报表，向企业外部的有关利益集团或个人提供他们了解企业经营活动并据以决策的会计信息。

现代财务会计虽然仍沿用传统的会计方法和程序，但它与传统的会计有很大的不同。传统会计主要满足既是经营者又是所有者的业主的需要，而现代财务会计是基于公司制企业为主体现代企业制度的需要。公司制企业制度以股份公司为代表，企业是独立于其所有者的法人主体，企业的所有权与经营权分离，除所有者以外还有一些与企业利益相关的集团和个人，他们不参与企业的经营活动，但出于直接或间接的利益关系，需要了解企业的财务状况与经营成果，进行相关决策。财务会计的主要目标是向企业外部那些与企业有着各种利益关系的利益相关者提供会计报表，满足他们对会计信息的需要。会计目标的变化，是由会计环境的变化所引起的。

随着现代经济市场化的延伸，社会金融和货币体系、资本市场的不断发展，企业资本筹集的社会化和公众化，是现代许多国家经济发展的重要特点。企业社会环境的改变使企业成为社会经济利益的集结点和纽带，企业财务会计信息成为公共产品的特点越来越显明，除了企业的所有者外，日益成为公众、企业、政府及有关方面进行经济决策、实施监督和调节的重要依据。可见会计信息客观上起着平衡和协调各方面的经济利益、引导社会经济资源流向和合理分配经济资源的作用。而会计信息是由企业管理者提供的，企业管理者为了某种目的，可能有意歪曲或不愿披露足够信息，或可能由于运用了不恰当的会计方法而造成财务信息的不实，从而导致使用者决策的失误。因此社会对于会计信息的要求越来越高，要求财务会计站在客观、公允的立场上，希望财务会计必须遵循一定的标准或原则，以保证会计信息的真实可靠，这就是公认会计准则。所以世界上经济较为发达的各个国家都在不同程度上发展并制定会计准则。遵循会计准则、受会计准则的约束是现代财务会计的主要特点。

20 世纪美国经济与资本市场处于世界领先地位，所以美国在会计准则的发展方面积累了比较多的经验。20 世纪中期以后，世界经济贸易繁荣与国际资本流动的加速，国际会计准则得到了长足的发展，目前会计准则的国际趋同成为许多国家的会计准则发展的趋势。由于各国经济环境的差异，发达国家的会计制度、会计准则和会计实务的具体内容也存在一定的差异。我国在 2006 年制定了一套系统的会计准则，适应我国社会主义市场经济发展的会计准则开始确立，并将不断地加以完善，以实现我国会计准则与国际会计准则及惯例的趋同。在我国，财务会计信息也日益成为公众、企业、政府及有关方面进行经济决策、实施监督和调节的重要依据。

财务会计的信息通常还用于企业的纳税申报，财务会计与税务会计不同的是：财务会计依据会计准则，而税务会计依据税法，但税务会计并不另设一套系统，而是在财务会计的基础上，将会计准则与税法不同的项目加以调整，调整为税法要求的应税收益。

二、会计准则的形成和发展

会计准则的建立和发展都经历了一个演变的过程，美国在会计准则发展方面积累了较多的经验，对国际会计准则的建立和发展产生了较为重要的影响，会计的国际趋同目前已成为许多国家的共识。以下就我国、美国和国际会计准则的发展作简单的追述。

（一）美国公认会计准则的建立与发展

美国公认会计准则已有70多年持续发展的历史，是由民间的不同组织和政府机构的共同努力发展和建立起来的。参与建立美国会计准则的民间组织有“美国注册会计师协会（AICPA）”所属的“会计程序委员会（CAP）”和“会计原则委员会（APB）”，目前的“财务会计准则委员会（FASB）”。美国的“证券交易委员会（SEC）”、“美国注册会计师协会（AICPA）”和“美国会计学会（AAA）”等都对会计准则的建立和发展产生过重大影响。

财务会计准则委员会是美国目前制定财务会计准则的机构，创立于1973年，是一个独立于任何一个特定利益集团的民间组织，拥有素质精良的研究机构并接受财务会计准则咨询委员会的帮助。研究机构和财务会计咨询委员会由各方面的专门技术人员和权威人士组成，具有广泛的代表性。

美国财务会计准则委员会发表的文告主要有：(1)《财务会计概念公告》；(2)《财务会计准则公告》；(3)《解释》和《技术公报》。FASB的这些文告和修正的《会计研究公报》和《意见书》构成了具有权威性的美国公认会计准则。

（二）我国企业会计准则的发展

我国会计准则是伴随着我国经济体制改革和对外开放而发展的，尤其随着我国资本市场的发展和金融体制的改革而不断推进，使会计制度的改革成为资本市场和金融制度改革的要求和前提。从1992年制定《企业会计准则》到2006年发布一套比较系统的会计准则，经历了三个具有重要意义的发展阶段，对推动我国市场经济发展和对外开放进程具有重要作用。

1. 会计准则初始发展

1992—1993年实施会计制度重大改革之前，我国采用的是分所有制、分行业、分部门的会计制度，1992年我国制定了“两则两制”，即《企业会计准则——基本准则》、《企业财务通则》和分行业的企业财务会计制度，从而奠定了会计制度统一的基础。《企业会计准则——基本准则》作为指导企业会计的基本准则，明确了财务会计的六大要素，提出了资本的概念，统一了借贷记账法。随着我国资本市场的发展，“两则两制”不能满足市场经济发展对会计信息的要求，1997 年又制定发布了第一个具体会计准则：《企业会计准则——关联方关系及其交易的披露》，从此我国开始了具体会计准则的研究和制定。

2. 改革的深入

由于改革开放的深入和我国即将加入世界贸易组织要求，2001 年我国统一了会计制度，又颁布了多项具体会计准则，同时出台了《企业财务报告条例》，但在制定具体会计准则的同时，考虑到我国国情和现实要求，仍然保留了会计制度这一形式。

3. 建立企业会计准则体系

为适应我国社会主义市场经济的发展和经济全球化的要求，2003 年财政部对制定会计准则的机制作了重大改进，首次成立我国会计准则委员会。会计准则委员会下设会计理论专业委员会、企业会计专业委员会和政府及非营利组织会计专业委员会和一个由 160 人组成的专家咨询小组，反映了我国会计准则制定的民主与科学性；日常工作由设于财政部会计司的会计准则委员会办公室负责。

会计准则委员会成立后，通过一系列卓有成效的工作，于 2005 年陆续发布了会计准则的征求意见稿，并于 2006 年 2 月 15 日发布了新的会计准则。目前我国企业会计准则包括基本准则和具体准则，基本准则规定了财务会计的基本框架，具体准则则是对具体会计要素的确认、计量和报告的规定。相信有关部门还将对 2006 颁布的会计准则不断进行建设、修订与完善，使之既符合中国的实践需要又体现我会计准则与国际会计准则的趋同。

（三）国际会计准则和会计的国际协调及趋同

20 世纪 70 年代以来，国际社会在国际会计准则发展方面进行了不懈努力，在这期间，会计的国际协调和国际趋同得到了许多国际组织及许多国家会计专业机构的支持，如今的国际会计准则和国际财务报告准则权威性有了极大的提高，得到多数国家的认可和采纳。

1. 国际会计准则委员会（IASB）

国际会计准则委员会可以追溯至 20 世纪 70 年代的国际会计准则委员会（IASC），其成立以来一直致力于国际会计准则的制定和会计的国际协调。现在的国际会计准则委员会是国际会计准则基金会下属制定国际财务报告准则的机构，委员会应由技术专家和具有丰富国际经济及市场经验的专业人士组成。2010 年 12 月起任期的国际会计准则委员会由 15 名成员组成[1]，作为委员会成员应该具备专业能力和实践经验。国际会计准则委员会的目标是：

（1）基于公众利益，依据明晰的基本原则，制定一套高质量、容易理解、可应用并得到全球接受的财务报告准则。这些准则要求在财务报表和其他财务报告中提供高质量、透明和可比的财务信息，帮助投资者和世界不同资本市场的参与者及其他使用财务信息的人进行经济决策。

（2）促进准则的使用和严格实施。

（3）遵从（1）和（2）的目标，并适当考虑在多样化经济中不同规模企业和不同类型企业的需要。

（4）通过国家会计准则和国际财务报告准则的趋同，推动国际财务报告准则的接受并为其提供有利条件。

2. 国际财务报告准则基金会（IFRS Foundation）

国际会计准则基金会于 2001 年 2 月正式成立，2010 年更名为国际财务报告准则基金会。基金会下设国际会计准则委员会（IASB）、国际财务报告准则咨询委员会（IFRS Advisory Council）和国际财务报告准则解释委员会（IFRS Interpretations Committee）。目前基金会有 22 位理事，理事中来自亚太地区、北美、欧洲各 6 位，非洲和南非各 1 位，另外 2 名可来自其他任何地区。国际财务报告准则基金会及其所属机的组织结构如图 1－1 所示。

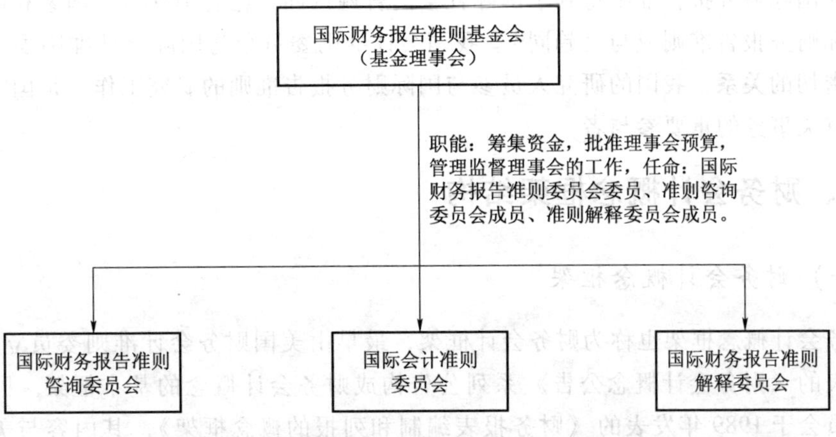

图 1－1 制定国际财务报告准则的组织结构

① International Financial Reporting Standards, as issued at 1 January, 2011, copyright@ 2011 IFRS Foundation.

国际财务报告准则基金理事会承担监督基金会及国际会计准则委员会的工作，主要负责任命国际会计准则委员会、国际财务报告准则咨询委员会成员和国际财务报告准则解释委员会的成员，监管国际会计准则委员会的工作，并负责筹集资金，批准国际财务报告准则基金会的预算等。

准则咨询委员会的主要职能是为国际会计准则委员决策提供建议，对国际会计准则委员会工作轻重缓急的安排给予咨询帮助，向国际会计准则理事委员会通报咨询委员会及其成员对于一些重要准则制定项目的意见，也为国际会计准则委员会或基金会理事们提供其他建议或咨询意见。

国际财务报告准则解释委员会主要负责国际会计准则和国际财务报告准则应用的解释工作，如相关“解释”征求意见稿的研究撰写、发布和通过，对国际会计准则和国际财务报告准则中没有专门涉及的财务报告问题，在国际会计准则框架内提供及时的指导。同时根据国际会计准则委员会的目标，积极与一些国家会计准则制定机构沟通协商，希望在促进各国会计准则与国际会计准则和国际财务报告准则的趋同方面取得高质量成果。

国际会计准则委员会自 2001 年成立以来，已发布 9 个国际财务报告准则，保留并修订了前国际会计准则委员会发布的 29 项（共发布 41 项）国际会计准则。已发布的准则并非一劳永逸，而是根据情况适时进行修订，以适应经济环境的变化、会计实务的发展及使用者对会计信息质量的改进要求。

目前国际财务报告准则得到了国际社会的普遍认同，已有 100 多个国家和地区宣布采用国际财务报告准则或与之趋同①。我国会计准则委员会与国际会计准则委员会保持着非常密切的关系，我国的研究人员参与国际财务报告准则的研究工作，是国际财务报告准则有关事务的重要参与者。

三、财务会计概念框架结构

（一）财务会计概念框架

财务会计概念框架也称为财务会计框架，最早由美国财务会计准则委员立项研究，其后发表的《财务会计概念公告》系列公告构成财务会计概念的基本框架。国际会计准则委员会于 1989 年发表的《财务报表编制和列报的概念框架》，其内容与美国财务

① 《话会计　促发展》——财政部会计司负责人就 2008 年国际财务报告准则大会、国际会计准则委员会基金会受托人会议和中日韩会计准则制定机构会议答记者问。2008 年 10 月 8 日，财政部新闻办公室。http://www.mof.gov.cn/caizhengbuzhuzhan/zhengwuxinxi/zhengcejiedu/2008/200810/t20081008_80884.html

会计概念框架相比，篇幅和规模都有不少的压缩，但所涉及的内容是基本相同的。该框架于2010年更名为《财务报告概念框架》，在内容与结构上进行了许多修改；修改后的框架分为四章①，依次是通用（一般目的）财务报告的目标，报告主体，有用财务信息的质量特征，框架的其他内容（主要是1989版的内容保留）；其结构与内容如图1－2所示。概念框架的基本内容有着层次上的区别和逻辑上的联系，它们是财务会计的基础，构成财务会计的基础理论。

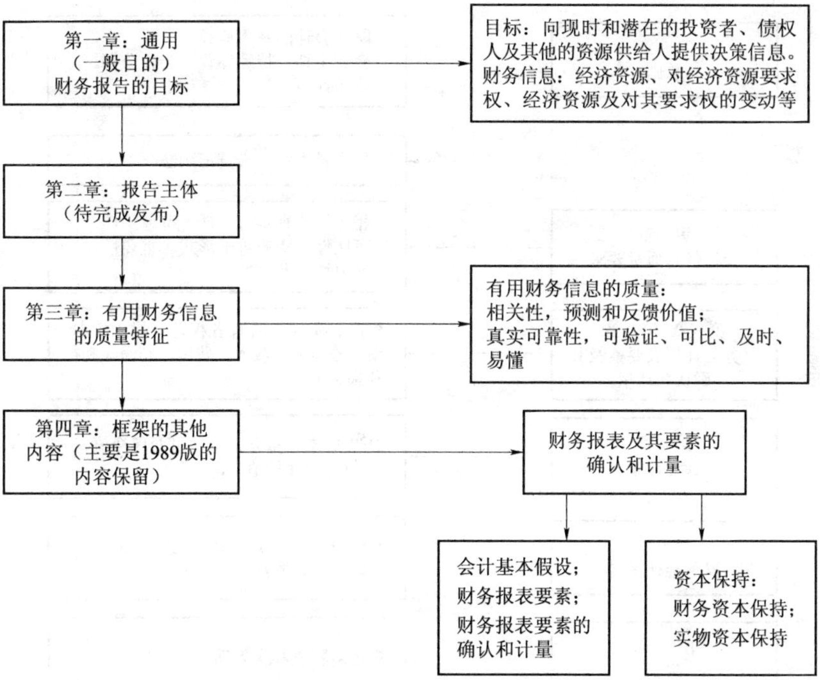

图1－2　《财务报告概念框架》

我国2006年修订颁布的《企业会计准则——基本准则》几乎包含了财务会计框架的主要内容，包括总则、会计信息质量要求、会计基本要素、财务会计报表几个部分，分为十章，加上“附则”共十一章，如图1－3所示。比较图1－2与1－3可见，该《准则》虽然没有明确冠以财务报告的目标、会计要素等概念，但实质与国际会计准则委员会的《财务报告概念框架》内容基本一致，确定了财务报告的目标，提出了会计信息的质量要求、会计要素及其确认与计量的基本原则、财务报告等方面的内容。主要

① IFRS，pA22. 2011 © IFRS Foundation.

不同之处是：我国会计基本准则没有涉及资本保持的概念和内容。我国的会计基本准则成为我国规范财务会计信息、制定具体会计准则的依据，对于财务会计理论研究与解决会计实务问题发挥理论基础作用。我国会计基本准则也将继续修订，以更好地适应我国具体会计准则的制定与会计理论及方法的研究。

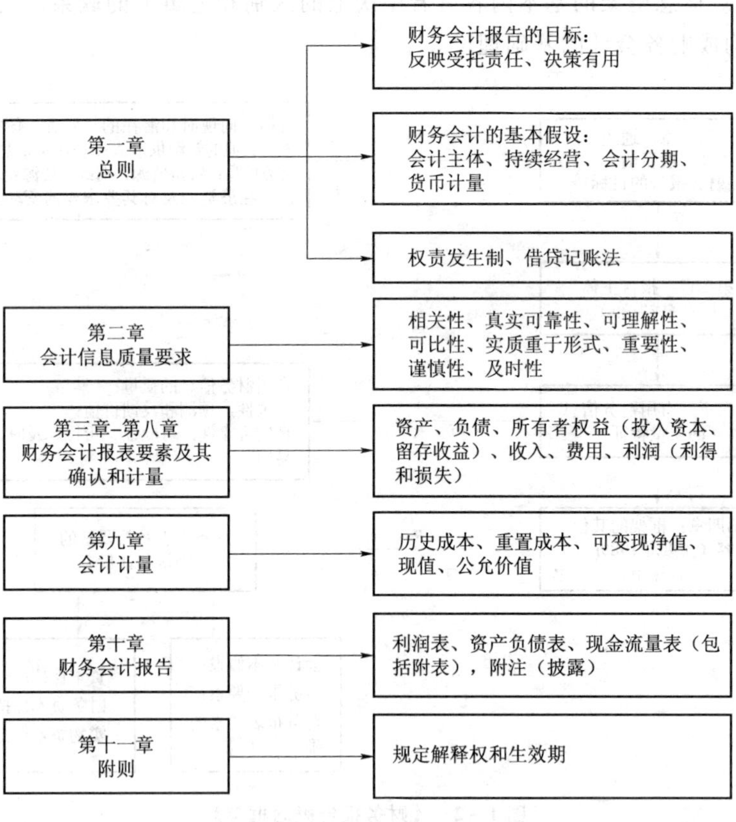

图 1–3 《企业会计准则——基本准则》

（二）财务会计概念框架作用

财务会计概念框架虽然不是具体会计准则，但对于会计准则的制定发挥着重要的作用。

1. 为会计准则制定机构研究制定新会计准则提供理论指导

概念框架明确了财务报告的目标，规范了财务会计基本假设，提出对会计信息的质量要求、会计要素的定义以及会计要素确认计量的基本原则，规定了财务报告的内容等财务会计的基础问题，是指导具体会计准则发展研究的基本理论，对具体会计准则的制定起着统驭作用，以保证制定的各项具体会计准则能够保持概念一致和逻辑连贯性，避免出现相互矛盾的现象。如我国基本准则第三条要求“具体准则的制定应当遵循本准则”，各具体准则也都明确表示根据基本准则制定。

2. 对会计实务中尚无准则规范的新问题提供指导

企业经营活动的多样性及变化是随经济环境的变化而不断发展的，会计准则的制定不可避免地滞后于会计实务，当会计实务中出现新问题而又没有具体准则给予规范时，需要会计师对此作出专业判断、进行方法的选择。会计师的专业判断是否合理、会计处理方法的选择是否适当？基本准则是评价会计专业判断和会计处理方法合理与否的理论依据。

3. 为财务会计的学术研究提供方向

概念框架的另一作用就是为财务会计理论研究提供指导，例如从决策有用性引申出的会计信息相关性的质量特征，为研究会计信息产生、传递、解释与使用及其经济后果提供了理论指导。

会计准则是市场经济高度发展的必然产物，概念框架或基本准则的内容是市场经济制度下，为规范企业会计行为、进行会计理论与会计实务研究发展的成果。如果没有一套前后一致、系统完整、逻辑较为严密的基础理论体系为指导，具体的会计准则就难以保持一致和可比，难以避免相互间的矛盾和冲突。

第二节　财务报告的目标和会计信息的质量要求

对外提供财务报告是财务会计的主要内容，财务报告的目标决定了会计所提供信息的内容，规定了会计信息的品质要求，所以说财务报告的目标是财务会计的出发点。

一、财务报告的目标

关于财务报告的目标，主要存在两种不同观点：受托责任观和决策有用观。

（一）受托责任观

受托责任观是指资源的管理者接受资源所有者的委托，对资源所有者所交付的资源承担进行有效的经营和管理的经济责任。现代的企业制度基于所有权和经营权的分离，最初体现为所有者和债权人与企业管理团队的受托关系，但在现代企业复杂的环境下，企业作为经济社会的基本单位，受托责任的内涵得到进一步扩展，受托责任观主要有以下内容：

（1）受托责任观基于委托代理关系存在，在委托代理关系中，受托方接受委托方的委托，接受委托方投入的经济资源并承担对其进行合理有效的运用和管理，在保值的基础上尽可能增值的经济责任。

（2）基于受托和委托责任，即所有权与经营权分离，便于委托人了解情况，受托人有责任与义务向委托方如实报告及说明受托责任履行过程和履行情况、受托责任履行的经营成果。

（3）由于现代企业相关利益关系扩大，企业的受托人还有义务向相关利益人报告相关责任的履行情况。相关利益者不仅限于所有者与债权人，还包括政府机构、客户及供应商、企业员工、其他与企业有利益关系的有关方面。

从企业来说，企业的管理者承担明确的受托责任主要来自于所有者与债权人，所有者与债权人将资本投入企业委托管理团队经营管理，企业的管理者有责任与义务向他们定期提供资源运用、经营管理和经营成果的信息，以便委托者评价受托责任的履行情况。

（二）决策有用观

决策有用观可以说是目前被广泛接受的主流观点。在企业的所有权和经营管理权分离的情况下，企业外部与企业有着各种利益关系的组织和个人不参与企业的经营活动，主要通过企业提供的财务报告了解企业的财务状况和经营成果，据以进行有关决策。所以财务会计的目标源于企业外部会计信息使用者的决策需要，对使用者决策的有用性是财务会计追求的基本目标。

（三）通用（一般）财务报告的目标

财务会计是以提供财务价值信息为主的信息系统，财务会计所提供的信息是以财务报表为载体，因此财务会计的目标表现为财务报告的目标。财务报表通常是指会计提供的资产负债表、利润表、现金流量表等，而财务报告则是指财务会计定期提供的全套财务信息，不仅包括财务报表，而且包括财务报表的解释说明、附注及附表等。所以财务会计的目标可以表述为财务报告的目标，而财务报告是指企业“对外通用的财务报告”。

在企业外部各种不同的报表使用者中，投资者和债权人利益最为直接，与企业的关系最为密切，他们的决策内容具有广泛的代表性。投资者和债权人的决策通常涉及投资、信贷及相关问题。为此，需要了解企业经济资源的使用及变动情况，要求提供有助于他们评价企业现金流量的数量、时间及其可靠程度的信息。他们的需要决定了财务报告的主要内容。

国际《财务报告概念框架》提出：财务报告的目标主要是为现时和潜在的投资者、债权人、其他欲为企业提供资源的人，提供有关主体经济资源及其求偿权、经济资源及其求偿权及其变动的信息，用于决策的有用信息。并特别提出：企业财务报告所提供的信息为满足大多数使用者的需要；个别使用者不能要求企业提供与其具体决策直接相关的信息；虽然企业管理者也对财务报告感兴趣，但他们可以自企业内部取得相关信息，并非依赖对外财务报告；其他主体如监管机构等，但财务报告并非直接针对这些主体①。可见《财务报告概念框架》主要接受了决策有用观的观点。

1. 关于企业经济资源以及对其求偿权的信息

财务报告反映企业的经济资源，并不直接计量经济资源的价值，而是揭示企业经济资源及对经济资源的求偿权，包括债权人和投资人的要求权。不仅如此，还应揭示交易、经济事项以及经济环境引起的企业经济资源及对其求偿权的变动。虽然通用财务报告不直接反映企业价值，但有助于使用者根据企业提供的资产负债表中的资产、负债及所有者权益之间的关系及其变动，评价企业财务状况，进而分析企业现金流量，评估企业的总体价值。

2. 关于现金流量的信息

现金流量可说是一个企业经营活动的血液，马克思曾在《资本论》中说过“商品向货币的跳跃是一个惊险的跳跃”。企业往往不是因亏损而瘫痪，而是因现金流的断裂而倒闭。所以投资者和债权人对企业未来的现金流量极为关心，因为现金是企业支付工资、购买材料和设备、维持企业正常运转的基本条件，现金流量同投资者未来的股利或利息等预期的现金收入相关，企业债券出售、赎回或到期得款也都通过现金流量得以实现，因此企业创造现金流量的能力是现时的或潜在的投资者和债权人都关注的重心。财务报告提供的信息，应有助于评估未来现金流量的数量、时间及不确定性，据此预期各自的现金流量的数额、时间及不确定性，评价企业的财务弹性。

3. 关于企业经营成果的信息

企业经营业绩和经营成果的信息，是报表使用者预测未来投资收益、评价投资和信贷风险的重要依据。报告经营业绩使企业所有者了解管理当局对于托管资源的运用和管理情况，评价企业管理当局是否尽责尽职，并为所有者的利益而决策。

---

① The Conceptual framework for Financial reporting, Chapter 1: The objective of general purpose financial reporting, OB5 - OB10, IFRS, pA28., 2011 © IFRS Foundation.

《财务报告概念框架》还指出：在很大程度上财务报告基于估计和判断而非精确描述[①]；关于企业的财务成果是基于权责发生制会计[②]。所以财务报告不仅提供企业经营成果的信息，还应让使用者了解成果确认计量的会计方法。

关于财务会计的目标，我国基本准则同时认可决策有用观和受托责任观，并且要求符合目标，“提供与企业财务状况、经营成果和现金流量等有关的会计信息，反应企业管理层受托责任履行情况，有助于财务会计报告使用者作出经济决策。”[③] 体现了在现代企业制度下所有权与经营权的分离，会计信息对于企业相关利益者的作用，经营者对于企业的责任及相关利益者对经营者的监督。反映了市场经济制度下企业经营者与相关利益者的关系，基本准则提出相关利益者“包括投资者、债权人、政府及其有关部门、社会公众等”。

二、会计信息的质量要求

财务报告的目标是向报告的使用者提供他们决策需要的有用信息，决策的有用性是会计信息的核心问题，是一切会计选择的最高标准。决策有用的信息应具备哪些品质要求，国际会计准则委员会2010年修订版《财务报告概念框架》较1989年版有较大的变化，第二章关于有用财务信息的质量特征，将相关性和如实反映表述为基本特征，可比性、可验证性、及时性和易懂性表述为有助于提高质量的品质要素，品质层次表如图1-4所示。我国基本会计准则第二章“会计信息质量要求”提出：相关性、可靠性、可理解性、可比性、实质重于形式、重要性、谨慎性、及时性等质量要求。实质重于形式、重要性、谨慎性等与国际《财务报告概念框架》表述不同，但这仅是概念上的称谓区别，实质并无差异。

（一）《企业会计准则——基本准则》对会计信息的质量要求

可靠性、相关性、可理解性、可比性是会计信息的首要质量要求，是企业财务报告中所提供会计信息应具备的基本质量特征；实质重于形式、重要性、谨慎性和及时性是会计信息的次级质量要求，是对可靠性、相关性、可理解性、可比性等首要质量要求的补充和完善。

---

① The Conceptual framework for Financial reporting, Chapter 1: The objective of general purpose financial reporting, OB11, IFRS, pA28., 2011 © IFRS Foundation.

② The Conceptual framework for Financial reporting, Chapter 1: The objective of general purpose financial reporting, OB17, IFRS, pA28., 2011 © IFRS Foundation.

③ 中国财政部：《企业会计准则——基本准则》，第四条，《企业会计准则》2006，经济科学出版社。

1. 可靠性

可靠性要求企业应当以实际发生的交易或事项为依据进行确认、计量和报告，如实反映符合确认和计量要求的各项会计要素及其他相关信息，保证会计信息真实可靠、内容完整。为了达到会计信息的可靠性质量要求，会计处理应该做到以下两点：

（1）以实际发生的交易或事项为依据进行确认、计量，报告于财务报表中的项目应该符合会计要素的定义和确认、计量条件。不得根据虚构的、没有发生的、尚未发生的交易或事项进行确认、计量和报告。

（2）基于重要性和成本效益原则的权衡，应保证会计信息的完整性，其中包括应当编报的报表及其附注内容等应当保持完整，不能随意遗漏或者减少应予披露的信息，与使用者决策相关的有用信息都应当充分披露。

2. 相关性

相关性要求企业提供的会计信息应与财务报告使用者的经济决策需要相关，有助于财务报告使用者对企业过去、现在或者未来的财务状况或经营成果作出评价或预测。

会计信息是否有用，关键是看会计信息是否与其使用者的决策相关，是否有助于提高其决策效率和决策的科学性。相关的会计信息应有助于信息使用者评价企业过去的决策后果，验证或者修正过去的相关预测，具有反馈价值。相关的会计信息还应该具有预测价值，有助于信息使用者根据企业财务报告提供的信息预测企业未来的财务状况、经营成果和现金流量。

3. 可理解性

可理解性要求企业提供的会计信息应当清晰明了，便于财务报告使用者理解和使用。只有这样，才能提高会计信息的有用性，实现财务报告的目标，满足向财务报告使用者提供对决策有用信息的要求。

会计信息是否有用，依赖于每一使用者的评判，而评判又受到多种因素的影响，如决策的类型、决策方法、是否获取源于其他方面的信息、是否有专家帮助、使用者对信息的处理能力等。有的时候甲视为理想信息，但对乙未必有用。因为会计信息是一种专业性较强的信息产品，在强调会计信息可理解性的同时，要求会计信息使用者应具备一定的商业活动知识，对企业经营活动有一定了解，且愿意努力去了解、研究会计信息。

4. 可比性

相关和可靠的会计信息如果缺乏可比性，其有用性将受到严重的影响。可比的会计信息可以大大地提高会计信息的有用程度。可比的对象有不同方面，通常包括两层含义：

（1）同一企业不同会计期间可比。为了有助于财务报告的使用者了解企业财务状况、经营成果和现金流量的变动趋势，比较企业不同会计期间的财务报告信息，全面客观地评价过去、预测未来、进行合理的决策，要求同一企业不同会计期间发生的相同或相似的交易或事项应该具有可比性，采用一致的会计政策或方法，不得随意改变。但会计信息的可比性并不意味会计政策的选择一成不变，如果按照规定或在会计政策变更后可以提供更为可靠、相关的会计信息，可以变更会计政策。但对会计政策变更产生的后果应予揭示，并说明方法变更的原因和合理性，使财务报告使用者了解真实情况，这将有利于会计信息的分析比较，从而提高会计信息的有用性。

（2）不同企业相同会计期间可比。为了有助于财务报告使用者评价不同企业财务状况、经营成果和现金流量及变动情况，可比性要求不同企业同一会计期间发生的相同或相似的交易或事项，应该采用规定的会计政策或方法，以保持会计信息口径一致、相互可比。

5. 实质重于形式

实质重于形式要求企业应当按照交易或事项的经济实质进行会计的确认、计量、报告，而不仅仅以交易或事项的法律形式为依据。企业发生的交易在多数情况下其经济实质和法律形式是一致的，但在有些情况下也会出现不一致。例如母公司通过购买股权取得子公司控制权形成的母子公司关系，母子公司从法律上来说都是独立的法律主体，但由于母子公司的经营活动、经济资源和经营决策都受控于母公司管理层，从经济实质来说母子公司是一个经济实体，所以应该编制母子公司的合并财务报表。这些都是出于实质重于形式的要求。

6. 重要性

重要性要求企业提供的会计信息应当反映与企业财务状况、经营成果和现金流量有关的所有重要交易或事项。

如果财务报告中某项会计信息的省略或者错报会影响投资者或其他使用者的决策，此信息就具有重要性。重要性的应用需要依赖职业判断，对某一项目重要性判断并不完全依赖于该项目数量的大小，关键是看该项目的遗漏或简略是否对决策者的决策产生影响。

7. 谨慎性

谨慎性质量要求企业对交易或事项进行会计确认、计量和报告时应保持应有的谨慎，不应该高估资产或收益、低估负债或费用。

谨慎是会计实务中对经济生活和经营活动中所固有的不确定性和风险所采取的态度和选择会计方法的立场。虽然纳入财务会计系统的多为已经发生的交易或事项，但往往也会涉及未来不确定事项，如未决的诉讼案件、提供产品质量保证的销售等。当会计处理和财务报告涉及不确定因素时，要求专业判断和会计处理采取谨慎态度，倾向于不高估收益和资产、不低估负债和费用及损失。如资产的减值准备就是会计确认和计量中根据谨慎原则对成本原则的修订。但谨慎原则并不允许蓄意设立额外准备或秘密准备。

8. 及时性

及时性要求企业对于已经发生的交易或事项，应当及时进行确认、计量和报告，不得提前或延后。

在会计实务中，为了及时提供信息，可能需要在有关交易或事项的全部信息获得之前即进行会计处理，这样可以满足会计信息及时性的要求，但可能会影响会计信息的可靠性；相反，如果等到与有关交易或事项的全部信息获得之后再进行会计处理，则可能由于会计信息的时效性，影响会计信息对于决策的有用性。因此往往需要通过职业判断，根据情况在会计信息的及时性和可靠性之间进行权衡。

（二）国际《财务报告概念框架》财务信息质量特征的层次和逻辑关系

对会计信息的质量特征，我国基本准则没有对其进行逻辑上的分层，美国财务会计准则委员会在其《财务会计概念框架》中对会计信息质量特征的逻辑关系进行了层次上的分析，国际《财务报告概念框架》将相关性和如实反映表述为基本质量要求。这里，在前述我国《企业会计准则——基本准则》质量特征的基础上，对国际《财务报告概念框架》质量要求层次作简单归纳，如图 1－4[①] 所示。

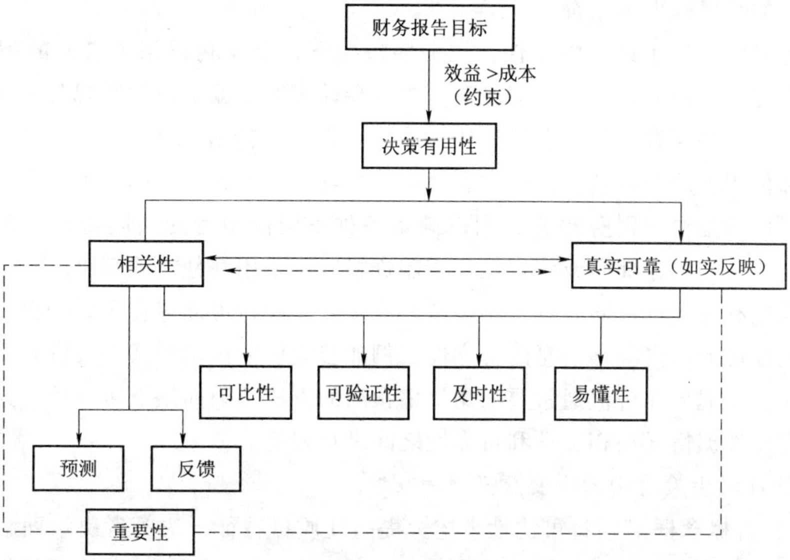

图 1－4　财务信息质量特征层次

① 笔者根据 “The Conceptual Framework for Financial Reporting, ‘Chapter 3: Qualitative characteristics of useful financial information’”，整理。

从图上可以看出，财务信息质量特征是源于财务信息的使用，使用者要求企业提供对他们决策有用的财务信息，有用的财务信息还应该能够为使用者所理解。基于有用性的逻辑要求，财务信息应该具备相关性和真实可靠基本质量特征，可比、可验证、及时和易懂是提高质量的特征。如何把握财务信息的质量程度，贯彻确认、计量和报告的各项规范要求，还要考虑重要性与成本和效益原则的约束。

1. 相关性及其要素

如何理解相关性？一般认为，相关的信息应该导致决策上的差别，具有“预测价值”和“反馈价值”。对于未来事件，运用、依据相关的信息，使用者可以预测其结果；对于过去所作的预测，运用相关信息可以证实以往预测的可靠程度，或者据以对以往预测加以修正。反馈价值和预测价值是相关性质量特征的基本要素，两者中任何一项要素缺失都会损害会计信息的相关性。

2. 真实可靠及其要素

真实可靠是指财务报告用数据或语言反映的其意欲表述的现象是一致的或相符的，即还应具备如实反映的要求。理想的真实可靠具备三要素：完整、中立的和没有错误。但真实性并非理解为绝对准确，会计信息包括一定的估计，估计和预测所根据的资料和方法、得出的结果同事实相符。

真实可靠的信息还具有中立性，在一些情况下，企业利益相关者们的利益不尽一致，可能存在利益冲突。在这种情况下，要求会计采取不偏不倚的客观公正立场，提供的财务信息不允许存有偏见，会计确认、计量和报告不能有利于一方而不利于另一方，要考虑外部使用者的全体利益。中立态度可能与具体决策者需要的相关信息相矛盾，但企业对外提供的是通用财务报告，用以满足各种不同使用者的共同需要，而非特殊需要。特别需要，如税务部门或信贷机构所需资料，可采用其他方式解决。

财务信息有时候难以同时具备相关性和真实可靠性，可能存在矛盾冲突，追求会计信息的相关性可能损失会计信息的可靠性，例如公允价值计量模式与投资者及其他使用者的决策相关，但公允价值通常要采用评估预测的方法，因而缺乏可靠性。这样在会计实务中就需要根据情况在相关性和可靠性之间进行权衡。

3. 可比性对决策有用的重要意义

《财务报告概念框架》将可比性表述为提高性质量特征。决策者决策面临不同的选择，类似的财务信息如果在不同会计期间、不同企业之间不可比，将会严重损害会计信息的预测价值与反馈价值。缺乏这些品质要素，财务信息的有用性将大打折扣，受到严重的影响。可比性也意味着一致性，即会计方法、会计期间保持一致可以提高财务信息的可比性。

4. 可验证性对信息质量的意义

可验证性保证财务信息如实反映经济现象。可验证性具有客观的含义，会计人员根据客观事实运用会计准则或职业判断所得到的结果，可由其他独立的、符合资格人士验证相符，即为可验证。验证可以采取直接的观察方法，也可以通过技术或方法间接地进行。

5. 及时性和易懂性对信息质量的意义

相关的会计信息还应该是及时的，如果一项决策已经裁定，而后才提供有关信息，此项信息已成为明日黄花，会影响会计信息对决策的有用性。财务信息还应明晰易懂，但作为一种专业性较强的信息产品，财务信息使用者还需具备一定的商业知识，对企业经营活动有一定了解，或借助于专业人士理解财务信息。

6. 重要性和成本效益原则的约束

企业在进行会计确认、计量和报告时如何贯彻实施各项规定，把握会计信息的质量要求，如会计程序的简略程度，报告和披露的翔实或总括程度，对会计处理中所允许的数据的精确程度和误差或详略的限度等，这些都要受重要性约束。判断重要性的关键是：遗漏或简略是否对决策者的决策产生影响。

财务信息不仅考虑其重要性，还受成本效益原则的约束，翔实完备的会计信息使得使用者从中获益，但提供财务信息需要付出代价。所以在选择会计程序或会计方法时，其翔实完备和粗略简括还取决于所费与所得的比较。通过某种程序或方法取得会计信息的成本如超过使用它所获得的利益，那么这种程序和方法常会被摒弃。

第三节　财务会计的基本假设和基本原则

对企业经营活动的计量、确认和报告，是财务会计的基本职能。会计的确认和计量基于什么样的基础，以何种方式或标准进行确认与计量，这就是财务会计确认和计量的一般原则所涉及的问题。以下分别对会计的基本假设、会计的基本原则等概念加以介绍。

一、会计的基本假设

会计的基本假设是财务会计进行确认、计量、记录、汇总和报告的前提条件。会计基本假设包括：经济主体、持续经营、货币计量单位和会计分期四个方面。

（一）经济主体的假设

经济主体也称会计主体，是财务会计的基本概念之一，它规定了会计处理和财务报告的空间范围。会计事项的处理应以特定的主体为对象，仅就该主体所发生的经济活动和经济事项进行确认、计量、记录与报告。国际2010版《财务报告概念框架》将报告主体单列一章，笔者理解，报告主体是基于传统的经济主体。

经济主体的假设超越了法律上的法人概念，作为会计主体不受经济主体法律形式的影响。如对于非法人主体的独资和合伙企业，在会计上都是一个独立的经济主体，业务处理应同其所有者严格区分开来，所有者同企业发生的往来业务，在会计处理上同其他第三者无异。另外母子公司的关系，子公司无论在法律上还是会计上，都是独立的法人或独立主体，但实质上其经营活动和方针政策受控于母公司，为反映公司集团的财务状况和经营成果，需要编制母子公司的合并财务报表。这种做法也是以经济主体的假设为依据，超越了法律主体的观念。

（二）持续经营的假设

企业日常的会计处理，除非有确实的证据表明企业不能继续其营业活动外，均以持续经营假设为前提。所谓持续经营，是指会计方法的选择、会计事项的计量和辨认是以企业（经济主体）将会长时期地以它现时的形式、并按既定的目标持续不断地经营下去的假设为依据的。所谓长时期的持续经营并不是意味着企业永久存在，而是指企业能存在足够长的时间，能按原定的用途去使用它现有的经济资源，能按原先承诺的条件去清偿它的债务。这样就为会计报告和会计方法选择提拱了时间基础。如以历史成本作为企业经济资源的主要计价基础，长期资产折旧和摊销的计算方法，以及企业偿债能力的计算等都基于持续经营这一假设。只有在企业确定将停业清理时，才不适用于这一假设，这时不再继续使用的经济资源将按清理变现的清算价值计算，其债务也不一定能按原先的条件清偿了。

（三）货币计量单位的假设

会计计量是会计记录和会计报告的前提，货币计量单位是会计计量属性的基础。会计计量要求有一个能综合各类经济业务的计量单位作为计量各项经济业务的影响及其结果的共同尺度。在商品经济的条件下，这个共同尺度只能是货币单位，因为货币是价值的一般表现形态，具有其他任何计量单位所不具备的综合能力。所以说会计是一个提供财务价值信息的信息系统，它所提供的主要是企业经济活动中可以用货币计量的方面。然而应用货币单位作为会计统一的计量尺度，实质上还存在着币值稳定的假设。现实经济生活中经常出现的币值变动对这一假设提出了挑战，如何解决这一难题，是会计学界研究和探索的重要问题之一。

（四）会计分期的假设

会计分期假设是持续经营的逻辑延伸，在持续经营的前提下，企业的经营成果在最终结束之前是难以准确计量的。但在企业的经营过程中，与企业有着各方面利益关系的决策者需要及时地了解企业的经营成果和财务状况，以供决策之用。因此有必要将企业持续不断的经营活动归属至人为划分的会计期间，定期对外提供财务报告。这种人为划分的时间段落称为会计期间。会计期间的长度可以按月、按季、按年。通常一年为一个会计年度，需要按会计年度进行总括，提供规范、全面的财务报告。会计年度可以和日历年度相一致，也可以根据经济活动的特点，使用与日历年度不一致的会计年度。由于人为的会计分期，许多经济业务的自然周期可能同会计报告期不一致，为此会计处理就必须确定各项经济业务同特定会计期间的相关性，由此导致了权责发生制、收入的确认和费用的分配等会计问题。

二、会计的基本原则

会计的基本原则是会计人员据以辨认、计量和记录经济业务，提供财务报告的指南。具体包括：历史成本原则、收入原则、配比原则和充分披露原则。

（一）历史成本原则

历史成本是指交易最初发生时的交换价格，历史成本原则也称历史成本基础，根据历史成本原则，经营活动的各项交易均以交易发生时的交换价格入账，财务报表各要素项目也按形成此项要素初始确认的货币金额列报。由于通货膨胀和币值变动的存在以及历史成本与会计信息相关性质量特征的矛盾，以历史成本为基础的会计模式受到越来越多的批评。国际2010版《财务报告概念框架》和我国《基本会计准则》都提出了除历史成本以外的其他计量属性。

（二）收入原则

收入原则也称为收入实现原则。根据收入原则，被确认为某一会计期间的收入一般应符合两个条件：其一，收入必须是已经赚取的，标志是获取收入的过程已经完成，如商品已交付，劳务已经提供；其二，收入是能够客观计量的，收入产生的现金流入是确实可实现的，判断的依据是市场的交易行为已经发生，已收回账款或收取账款的要求权已经确立。这样，在销售成立或劳务履行时便确认收入的实现，而不问现金是否收讫，但收回现金的要求权必须确立无疑。这就为收入的确认和计量提供了统一和合理的辨认标准。

（三）配比原则

所谓配比原则是指在确认费用时应把它们同相关的收入联系起来，在计量一个会计期间的经营成果时，应从该期的收入中把为赚取这些收入而发生的费用扣除，从而确定该期间的净收益。收入原则要求对收入的确认是在收入赚取之时，而不问与该收入相关的现金是否收讫。那么与此相对应，费用的确认是在费用发生之时，而不管现金是否支付。可以说配比原则是因为会计分期而产生的，确定一定会计期间的收益时，应把特定会计期间收入和费用的确认置于同一基础，以进行合理的配比。但企业的有些支出很难与相应收入一一对应，在这种情况下往往根据受益关系和稳健性原则，如果没有足够的证据表明支出将在未来给企业带来经济利益，则此项支出确认为支出当期的费用。

（四）充分披露

充分披露是指企业财务报告应按照会计准则的要求，披露的财务信息应该全面、完整、及时，不应遗漏影响财务报告使用者据以决策的重要信息。财务报告包括财务报表和相关附表及注释等，如会计方法及会计政策、某些项目的数据计算都应在注释中加以说明。充分披露原则主要在于职业判断的整体把握，界定何种程度披露才为充分。同前述的会计信息质量要求，重要性原则等都是密切联系的，具有一定的弹性。

三、权责发生制的概念

权责发生制也称应计基础，涉及的是会计分期基础上收益的确认问题，实际上是收入实现原则同配比原则的总括。所谓权责发生制是指这样一种会计基础：收入的确认是在收入赚取之时，而不论其账款是否收讫；而与之相配比的费用则在其发生时确认，而不管相关账款是否支付。这样就产生了记录权责及递延或预计收入和费用的会计处理程序。与权责发生制相对应的另一收益确定的基础称为收付实现制或现金基础。在收付实现制基础上，收入的确认是在收到现金之时，而不问收入何时赚得；对费用的确认是在现金支付之时，而不管费用何时发生。这种严格的收付实现制现在已不被采用，但改进了的收付实现制可能在一些服务性企业中仍有使用。在日常的营业活动中，它们只是在收到或支付现金时才记录收入或费用，但对取得具有长期经济寿命的资产支出，也是先将其资本化为长期资产，然后在使用过程中通过折旧或摊销分期转化为费用。但公认会计准则要求企业提供的是以“权责发生制”基础所编制的财务报告，如国际会计准则委员会的《财务报告概念框架》特别提出：财务成果计量是在权责发生制基础之上的[①]。

第四节　一般（通用）目的的财务报表及其基本要素

企业的财务报表是财务报告的主体内容，是企业向有关方面传递财务信息的主要渠道。财务报表是指一般（通用）目的的财务报表，主要有：资产负债表、损益表、现金流量表以及留存收益表或业主权益表等。这些报表的附表及附注和财务状况说明书都是企业财务报告的重要组成部分。

财务报表内容的总括分类称为财务报表的要素，简称会计要素。财务报表的要素可以分为两大类：其一是表达某一时日的财务状况的要素，即反映经济资源及对其要求权存量信息的要素，如资产、负债和所有者权益；其二为表达某一期间内交易或经济事项对企业经营活动所产生的影响，即反映经济资源流量信息的要素，如收入、费用、利得和损失，以及所有者对企业的投资和企业向所有者的分派。表达存量和流量的要素互相联系，互相转化，描述企业的经营活动和经营成果，是会计程序对象的具体化。

一、会计要素的确认与计量

会计要素的确认和计量可以说是财务报告信息形成过程中最基本也是最关键的程序，会计确认和计量是会计工作的重要内容。

（一）会计确认

会计确认是判断某一项目是否符合会计要素的定义及其确认标准，并将其纳入财务报表的过程。会计确认包括对会计要素文字表述和货币数额，并将该数额包括在财务报告之中。确认并纳入财务报告的项目不仅应符合会计要素的定义，还应满足以下的确认标准：

（1）与该项目相关的未来经济利益，很可能流入或流出该企业（主体）；

（2）该项目的成本或价值的货币数额能够可靠地计量。

在判断是否符合确认条件时应考虑前面提到的重要性原则，一般来说一个项目的确认会导致另一项目的确认，例如确认收入的同时会确认一项应收账款。从确认的条件可以看出，会计确认和计量涉及不确定性，不确定性程度依存于企业的经营环境，通常以

① The Conceptual Framework for Financial Reporting, Chapter 1, OB17. IFRS, 2011 © IFRS Foundation.

编制报表时的证据加以判断。成本或价值的可靠计量同前述的可靠性及相关性特征相联系，可靠并非不能采用估计或预计，合理的估计方法是可靠计量所允许的，不会损坏真实可靠的特征。不符合确认条件、未纳入财务报表的事项可以采用注释、说明或附表等方式加以披露。

（二）会计计量属性

会计计量是指对被确认并载于财务报告中的项目给予一定货币金额的过程，实质上是同会计确认同时进行的。会计计量涉及前面提到的货币计量单位的基本假设和历史成本的会计原则。历史成本是最基本、最常用的计量基础。在财务信息质量要求的相关性和资本保持（保全）的概念要求下，历史成本不再是唯一的计量属性。国际会计准则委员会的《财务报告概念框架》提出财务资本保持与实物资本保持的概念[①]。我国基本会计准则没有提及资本保持概念。

1. 资本保持概念

所谓资本保持是指企业在计算其所赚取的利润时，应保证企业资本得到保全不受侵蚀。关于资本保持有不同的观点，被广泛关注的是财务资本保持和实物资本保持两种资本保持概念。

（1）财务资本保持

财务资本保持通常是指投入的货币资本应该得到保全，资本概念一般与企业净资产或所有者权益等同，在编制报表时可以根据需要采用名义货币或一般购买力调整的货币表示。在财务资本保持的概念下，只有在剔除一定期间内的业主投入及企业对业主分配的条件下，期末的财务资本大于期初财务资本，表明企业经营赚取了利润。

（2）实物资本保持

实物资本保持通常是指经营能力的维持，经营能力一般是指企业的产能，如制造业的产出量等。在实物资本保持的概念下，剔除该期间的业主投入与企业对业主分配的条件下，只有期末的产能（维持产能的所有资源得到保证）大于期初产能的情况下利润才会赚取。

目前被广泛采用的是财务资本保持概念，大多情况下编制财务报表以名义货币作为计量单位。

2. 财务会计的计量属性

历史成本原则在某些条件或情况下不能满足财务信息质量的要求，有损于资本保持。为弥补历史成本的缺陷，会计还采用了除历史成本以外其他可选择的会计计量基

---

① Conceptual Framework for Financial Reporting, Chapter 4, 4.59. IFRS, 2011 © IFRS Foundation.

础，如我国基本会计准则提出历史成本、重置成本、可变现净值、现值和公允价值的计量属性，国际会计准则委员会《财务报告概念框架》提出了历史成本、现行成本、可变现净值、贴现值等计量属性概念[①]。

（1）历史成本

历史成本对于资产是指购置一项资产时所支付的现金或现金的等价物，或购置资产所支付对价的公允价值；对于负债则是指债务形成时收取的现金或现金等价物，或负债的合同金额。简言之，历史成本就是形成会计要素交易当时的交易价格。

（2）现行成本

现行成本也称为重置成本，对于资产是指现时取得同样或类似资产所支付的现金或现金等价物；对于负债则是指现时清偿某项负债需要支付的现金或现金的等价物金额。

（3）可变现净值

可变现净值也称清算价值，对于资产是指按正常的处置程序出售一项资产所收取的现金或现金的等价物、扣除该资产从现时状况至得以销售所发生的相关费用后的净额。如换季滞销商品的改制、包装费用等。对于负债则是指按正常的商业程序偿付一项负债需要支付的现金或现金等价物的金额。

（4）贴现值

贴现值对于资产来说是指在正常的经营活动中，未来使用该资产或处置该资产预期取得的现金流入按适当利息率贴现的贴现值；对于负债来说，则是指在正常的营业活动中清偿一项负债预期的现金流出按适当利息率贴现的贴现值。

（5）公允价值

我国基本准则还提出了公允价值的概念，公允价值通常理解为交易双方在信息明晰、情况熟悉下自愿公平成交价格。由于现实经济环境的复杂性，公允价值的计量需考虑当时的具体情况，因而获取客观可靠的公允价值有相当的难度。

由于历史成本以实际交易价格为依据，易于操作、可以验证，为人们广泛接受和理解，虽然受到很多的批评，但迄今为止会计界仍未能找到更好的会计模式代替它，历史成本的会计模式仍被认为是较其他会计模式更为合适的会计计量模式。现行财务会计可以说是以历史成本为基础的混合计量模式，对于某些会计业务，采用一些改良性的计量基础，如短期有价证券投资可能采用市场价值计量，有些长期负债可能采用贴现值计量。

① Conceptual Framework for Financial Reporting, Chapter 4. 4.55, IFRS, 2011 © IFRS Foundation.

二、资产负债表及其要素

资产负债表是用于反映企业在某一特定日期财务状况的报表，也称为财务状况表。资产、负债和所有者权益是构成资产负债表的基本要素，资产、负债和所有者权益在资产负债表上是按照会计方程式的关系表述的。

（一）会计方程式

取得并拥有一定的经济资源是企业进行经营活动的基本条件，各种可以以货币计量的经济资源称为资产。企业为取得和持有资产所需的资本主要来源于两个方面，或来自于投资者的投资，或来自于信贷。投资及其产生的增值（称利润或净收益）称为所有者权益，信贷提供的资本对资产的要求权称为负债，因此在任何时日，资产的存量总是等于负债与所有者权益之和。这样资产、负债、所有者权益三者之间存在以下关系：

资产 = 负债 + 所有者权益

以上关系式称为会计等式，也叫做会计方程式。资产负债表就是按会计等式所表达的关系排列而成的，它反映一个会计主体在某特定时日的资产分布和资本结构。由于企业在经营活动中产生的经营成果，即收入减去费用后的利润属于企业的所有者，归属于所有者权益，因此企业的经营活动都将引起资产、负债和所有者权益项目之间或内部的增减变动，但不会改变“资产 = 负债 + 所有者权益”的平衡关系，这将在第二章详细介绍。

资产负债表的编报有两种传统格式：账户式或报告式。表 1－1 为长城公司 2011 年 12 月 31 日的简略资产负债表，该表采用账户式，资产列示在左方，负债和所有者权益列示在右方。报告式的资产负债表则将资产列于上方，负债和所有者权益列于下方。

表 1－1 长城公司资产负债表

2011 年 12 月 31 日 单位：千元

资　产		负债和所有者权益	
流动资产		流动负债	
现金	1 100	银行借款	17 500
交易性证券投资	3 500	应付账款	4 600
应收账款	12 000	预收收入	3 000
存货	20 000	应付税款	2 000
预付费用	1 300	流动负债合计	27 100

续表

资　产		负债和所有者权益	
流动资产合计	37 900	长期负债	
长期资产		长期借款	32 000
长期股权投资	5 500	负债合计	59 100
固定资产		所有者权益	
设备	48 000	普通股（面值1元）	40 000
建筑物	65 000	资本公积	26 000
减：累计折旧	（13 000）	留存收益	30 300
固定资产合计	100 000	所有者权益合计	96 300
无形资产	12 000		
资产总额	155 400	负债和所有者权益总额	155 400

（二）资产负债表的要素

报告于资产负债表上的项目应依据会计准则进行确认和计量，要符合资产、负债和所有者权益的定义。

1. 资产

资产一般定义为：企业所拥有的或由企业所控制的、由过去的交易或事项而产生的、可用货币单位计量的经济资源。资产包括各种财产、债权和其他权利。作为企业资产通常应具备如下特征：

（1）资产应该是企业所拥有或实际控制的经济资源。所谓“拥有”是指企业对该项资产的所有权；控制是指企业对某些资产虽然没有所有权，但实际上可以对其自由支配和使用，如企业融资租入的固定资产等。

（2）资产是由于企业过去的交易或事项所引起的。一项经济资源能否列为资产，应看其是否由于企业已发生的交易或事项所产生。

（3）资产应是能以货币单位可靠计量的经济资源。一项经济资源能否确认为资产，应看其能否以货币单位客观地计量。如企业的人力资源，由于无法以货币计量，不能确认为企业资产。

（4）资产代表企业未来的经济利益。未来经济利益是指直接或间接地为企业资产的净流入作出贡献的能力。这种贡献可以是直接增加未来的资产流入，也可以是因耗用或提供经济效用而节约的未来资产的流出。

在财务报表中，资产还应作进一步的分类，通常划分为流动资产和长期资产。

流动资产是指现金和那些在一年内或超过一年的一个营业周期内转化为现金或耗用的资产，如现金及各种存款、短期投资、应收和预付款项及存货等。

长期资产是指企业所拥有的经济效用在一年以上的经济资源，通常包括长期投资、固定资产、无形资产及递延费用等。

长期投资是指持有期在一年以上股权投资、债权投资及其他投资，如对其他企业的股票投资、债券投资和长期贷款等。

固定资产是指企业经营活动中所使用的厂场、设备和房地产。

无形资产是指可以使企业在经营活动中长期受益，但又不具有实物形态的资产，如企业所拥有的专利权、非专利技术、商标、商誉、版权等。

递延费用也称为预付费用，是指一些不应计入当期损益的长期性支出，通常在以后年份分期摊销计入损益，如预付的房租费、租入资产的改良支出等。

2. 负债

负债是指由于过去的交易或事项所引起的，企业所承担的、可以货币单位计量的，将在未来向其他主体或个人交付资产或提供劳务的经济责任，履行经济责任将导致未来资源的流出。负债通常具有如下特征：

（1）负债代表企业未来的经济责任，须在将来某个时点（通常有确切的收款人和偿付日期）通过转让资产或提供劳务来清偿，即会导致资源（经济利益）的流出。

（2）负债是由过去的交易或事项所引起的。

（3）负债应该是可以用货币计量的经济责任。

负债通常划分为流动负债和长期负债。

流动负债是指将在一年或超过一年的一个经营周期内清偿的债务，包括短期借款、应付票据、应付账款、预收货款、应付工资和应付所得税以及应计未付的各项费用。

长期负债是指偿还期超过一年或一个经营周期（视两者孰长）的负债，如长期借款、应付公司债、融资租赁负债及其他长期应付款等。

3. 所有者权益

所有者权益是企业所有者对企业净资产的享有权。所谓净资产是指企业资产总额减去负债以后的余额，企业的债权人对企业资产的求偿权先于所有者，所以所有者权益也称为剩余权益。所有者权益包括所有者投入企业的实收资本和累积留存的未分配利润。累积留存的未分配利润又称为留存收益，我国分为盈余公积和未分配利润，不能直接计入当期收益的利得和损失（稍后介绍）。

所有者投资是指其他主体或个人将财产交付企业，以取得或增加对该企业的权益。

企业获取资产是所有者投资的最常见方式，但企业也可能接受劳务，或是企业负债的偿付或转换。

企业向所有者分派是指企业向所有者拨付资产、提供劳务或承担负债而导致企业净资产的减少。对于股份公司来说，向股东分派现金股利是企业向所有者分派的最常见方式。所有者权益因所有者对企业的投资和企业净收益而增加，因企业向所有者的分派和企业的净损失而减少。

对于公司制企业，在资产负债表中要求将构成所有者权益的实收资本同企业累积的留存收益分开列示。在以后各章中我们还可以了解到，以上介绍的资产负债表要素根据要求还可以进一步细分。

三、收益表及其要素

收益表也称为损益表，是企业的基本报表之一。收益表可以采用多步式，也可以采用单步式，但都遵循收入与费用配比的基本模式。

（一）收益表基本模式

收益表是反映企业在一定期间内经营活动成果的报表，经营活动成果是企业经营活动收入与费用相配比的结果，所以收益表的基本模式是：

收入 - 费用 = 收益

企业除了正常营业活动和所有者对企业投资及企业向所有者分派等交易和事项外，某些偶发性事项或交易及其他事项亦可能引起企业净资产的增加或减少，称之为利得或损失。在编制损益表时，收入减去费用，其差额称为营业收益。利得和损失在收益表上应作为单独项目列示于正常营业收益之下，公司营业收益减去损失加上利得即为企业的净损益。可见，收入、费用、利得和损失是构成收益表的基本要素。净利润属于企业所有者的投资所得，归属于所有者权益，是所有者权益的组成部分。将一个会计期间的收益考虑进来，可以将上述会计方程式扩展为：

资产 = 负债 + 所有者权益 + 收入 - 费用

再考虑会计期内企业对所有者的利润分派和所有者向企业新增投资，会计方程式又可以扩展为：

资产 = 负债 + 所有者权益（期初）+ 收入 - 费用 + 投资 - 利润分派

表 1 - 2 为长城公司 2011 年度的简略收益表和留存收益表，收益表计算出的净收益减去当年的利润分配，反映于年末资产负债表的留存收益之中。

财务会计准则并未将留存收益表列为主要报表之一，但大多数公司的年度财务报表都包括留存收益表或股东权益变动表。

留存收益表反映企业留存收益的变动情况，内容包括留存收益的期初余额、本期的净收益（或亏损）、留存收益的分派和留存收益的期末余额。留存收益表上的留存收益期末余额应同资产负债表上的数额相一致。有些企业将收益表和留存收益表合为一体，称为收益及留存收益表，如表 1 - 2 所示。

表 1 - 2　　长城公司收益表和留存收益表

（2011 年度，截至于 12 月 31 日）　　单位：千元

损益表项目	金　额
销售收入	121 000
减：销售成本	75 000
销售毛利	46 000
减：营业费用：	
销售费用	14 500
管理费用	6 500
营业费用合计	21 000
营业利润	25 000
减：利息费用	3 100
税前利润	21 900
减：所得税费（25%）	5 475
净利润	16 425
留存收益期初余额（2011 年 1 月 1 日）	18 825
合计	35 250
减：已宣布的现金股利	4 950
留存收益期末余额（2011 年 12 月 31 日）	30 300

（二）损益表的基本要素

损益表的基本要素包括收入、费用、利得、损失、综合收益。

1. 收入

收入是指企业在某一期间内，通过销售商品、提供劳务或构成其不断进行的主要营

业活动的其他业务而实现的收入。企业取得收入会导致现金或其他资产的流入，或负债的减少（或两者兼而有之）。收入的确认应遵循收入实现的基本原则。

2. 费用

费用是指企业在赚取收入的经营活动过程中发生的各项耗费。企业发生费用会导致现金或其他资产的流出，或其他资产的耗费或负债的增加（或两者兼而有之）。

3. 利得

利得是指企业由于主要经营活动以外的或偶然发生的交易，以及在某一期间内除了由于收入或所有者投资以外的其他所有交易及事项引起的所有者权益的增加，如商业企业处置其固定资产所获取的收益，是构成净收益的组成部分。

4. 损失

损失是指企业由于主要经营活动以外的或偶然发生的交易，以及在某一期间内除了由于费用或企业向所有者分派以外的其他所有交易及事项引起的所有者权益（净资产）的减少，如企业因自然灾害所发生的损失等，是构成净损益的组成部分。

5. 综合收益

综合收益是企业在某一期间内除了所有者投资和企业向所有者分派以外、即除权益性交易以外的其他所有交易或事项引起所有者权益（净资产）的变动。收入、费用、利得和损失都是综合收益的组成部分，但综合收益不限于收入、费用、利得和损失，而是按照总括概念确定的收益。关于综合收益将在第八章详细介绍。

资产、负债、所有者权益、收入、费用、利得、损失、综合收益、所有者向企业投资和企业对所有者的分派都是会计基本要素，即要素大分类，大类由细分类构成。本书以后各章将陆续介绍会计基本要素的具体构成。

四、现金流量表及其内容

现金流量表是揭示企业现金流动情况的报表，反映一定期间内企业获取现金的方式和现金的使用情况，有助于报表的使用者预测企业创造现金的能力，评价企业的财务弹性和投资决策，分析对企业的投资风险。

现金流量表是企业对外提供的重要财务报表，现金流量表上将企业的现金流量分为三大部分：营业活动所提供的现金、投资活动所提供的现金和筹资活动所提供的现金。可以说营业活动的现金流动、投资活动的现金流动和筹资活动的现金流动是现金流量表的基本内容。现金流量表从营业活动、投资活动和筹资活动三个方面揭示企业现金的流动情况，为预测和评价企业创造现金的能力提供信息。现金流量表的详细内容及编制程序和方法将在第十章详细介绍。

本章提示：

本章财务会计的基本理论，基于通用性和国际视野的目的，应注意以下几点：

1. 财务会计概念内容涉及我国企业会计基本准则、美国会计准则和国际财务报告准则。

2. 财务报表要素注重通用原则，不涉及具体会计准则及应用规则。

3. 从译文来说，IASC和IASB中文都可译为“国际会计准则委员会”，本文对两者译文未予区分。

4. 国际《财务报告概念框架》第四章关于会计要素的表述，收益包括收入和利得，费用包括费用和损失，净收益则指收入加上利得减去费用和损失。通常所说的收益是指净收益。

5. 以后各章仍基于通用原则，一般不针对具体会计准则，具体会计准则将在中级会计和会计实务中详细介绍。本教材既是通识教材，也是后续课程如会计实务和原版英文教材的基础。

思考题

1. 我国企业会计准则的发展与我国会计环境变化有何联系？

2. 我国《企业会计准则——基本准则》与国际《财务报告概念框架》相比，各自包括哪些主要内容？

3. 财务报告基于什么目标，提供哪些财务信息？

4. 基于财务报告目标，财务会计信息应具备哪些质量特征？

5. 财务会计的基本假设有哪些，基本原则有哪些？

6. 在通货膨胀的环境下，货币计量单位的假设会导致什么样的会计问题？

7. 为什么说会计分期的假设会导致会计上的计提和递延？

8. 如何理解会计确认和计量？

9. 比较我国《企业会计准则——基本准则》与国际《财务报告概念框架》，两者都包含哪些相同的内容？

10. 什么叫资本保持，国际《财务报告概念框架》提出了哪些资本保持概念？

11. 会计要素的确认应满足哪些条件？

12. 收入原则包含哪些内容，何谓收入实现？

13. 什么叫配比原则，它同收入及成本原则有什么关系？

14. 什么叫权责发生制，它同收付实现制有什么不同？权责发生制同收入原则、成本原则以及配比原则有什么联系？

15. 收益表反映哪些主要内容，用于什么目的？

16. 资产负债表的主体由哪三个部分构成，提供给使用者什么信息？

17. 区别收入和利得、费用和损失。

18. 为什么称所有者权益为剩余权益？

第二章

经济业务分析与复式记账原理

本章学习目标

1. 理解复式记账原理和借贷记账法；
2. 重点掌握分析企业经济业务，作会计分录和登记日记账；
3. 掌握过账程序，理解总分类账与明细分类账的目的、功能及其联系；
4. 掌握并理解试算平衡；
5. 熟练掌握会计循环的前三项步骤。

在企业日常的生产经营过程中会发生各种经济活动或事项，财务会计将这种直接影响会计主体财务状况或经营成果的经济事项称为经济业务或商业交易。企业发生了经济业务或交易后，财务会计的基本工作就是采用复式记账的专门方法对这些经济业务进行全面系统的记录与汇总，并对外提供出一套反映企业财务状况、经营成果及现金流量信息的会计报表。财务会计完成这些工作需要采用一系列专门的会计方法和工作程序，复式记账方法是会计处理程序中最重要的核心内容，理解了复式记账原理才能奠定学习财务会计知识体系的基石，因此学习财务会计应首先从学习复式记账方法开始。

第一节　复式记账的基本原理

财务会计的记账方法经历了由单式记账到复式记账的发展演变过程，复式记账法是由意大利数学家卢卡·巴其阿勒在15世纪末提出的，至今已有五百多年的历史，为世界各国所通用，并沿袭至今。

一、复式记账和借贷记账法

复式记账法是为世界公认的科学的记账方法，采用复式记账可以全面地记录和反映企业生产经营活动的全貌。

（一）复式记账法

企业在日常生产经营过程中发生的各种经济活动或事项称为经济业务或交易，会计上也称为会计事项，如企业购买商品、支付工资、销售商品等。任何事项都有两个方面，存在因果关系、来龙去脉。所谓复式记账法是指相互联系地记录各项经济业务的来龙去脉，如实反映交易的全貌，并可利用会计要素之间的内在联系和平衡关系，来检查会计记录的准确性。从第一章我们已经了解了会计方程式：资产 = 负债 + 所有者权益，企业发生的经济业务将会引起资产、负债和所有者权益项目之间或内部各项目间的增减变动，但不会改变“资产 = 负债 + 所有者权益”的平衡关系，即对某一经济主体而言，平衡关系在该经济主体持续经营的任一时点都成立（因此被称为会计恒等式）。可见复式记账的原理是建立在会计恒等式的基础上的。

例如，一项经济业务如果导致某项资产增加，则必然伴随另一项资产的减少（如以现金购置办公设备）；或是伴随一项负债的增加（如赊购机器）；或是伴随所有者权益的增加（如业主向企业投入现金）。

企业的净资产属于所有者，因此所有者权益不仅因所有者向企业投资和企业向所有者分派资产而变动，而且更会随企业的经营成果而变动。企业一定会计期间内赚取的收入与发生的费用相配比的经营成果即净收益（或净亏损）会使得所有者权益按照相应的金额增加（或减少）。也就是说：企业赚取的收入（和利得）使得所有者权益增加；发生的费用（和损失）则使所有者权益减少，即收入减去费用后的利润归属于所有者权益，所有者权益涵盖了收入与费用。从动态的角度考察会计方程式可以扩展为：

资产 = 负债 + 所有者权益 + 收入 − 费用

如果将等式右边的费用移至等式左边，变动后如下：

资产 + 费用 = 负债 + 所有者权益 + 收入

所以企业发生经济业务所引起的增减变动将扩展至资产、负债、所有者权益、收入和费用这五类项目内部或之间。上述引起资产变动的原因除了负债、所有者权益及资产本身外，还会由收入或费用引起，如企业因赚取收入而使资产增加（如现销或赊销商品），或发生费用而使资产减少。不仅如此，根据扩展的方程式，资产和费用具有相同的变动方式，负债、所有者权益和收入具有相同的变动方式。

根据会计等式两边的对应关系可以推知：当某一经济业务的发生使得资产、负债、所有者权益、收入和费用要素中某一项目发生一定金额的变化时，必然要引起其他要素的某一项目的相应金额的变化或同一要素中另一项目的相应金额的变化，以维持平衡关系。五大要素之间增减变动的对应关系归纳如表 2－1。

表 2－1　　五大要素之间增减变动的对应关系表

某类项目的变动	对应项目的变动
资产增加	资产减少
负债减少	负债增加
所有者权益减少	所有者权益增加
收入减少	收入增加
费用增加	费用减少

可见，企业的任何经济业务的发生，必然要导致双重影响，即涉及至少两个或两个以上的项目的变化，且变化的金额相等，并保持会计等式的平衡。所以，在对发生的经济业务进行会计记录时，要在两个或两个以上的相关项目中同时记录，且记录的金额相等。这是复式记账的基本原理。

（二）借贷记账法

复式记账就是要相互联系地记录经济业务，那么用什么样的方法来实现复式记账的原理呢？这就是记账方法。用“借”和“贷”作为记账符号，登记经济业务的双重影响、来龙去脉就称为借贷记账法。“借”、“贷”二字最初表示债权和债务，但借贷记账法用于各种不同类型的交易和各类会计事项，逐渐失去了原来的字面含义，成为复式记账法下标志记账方向的记账符号。虽然过去也用过其他复式记账法，如增减记账法，但实践表明，借贷记账法仍是最为科学的记账方法。

在借贷记账法下，会计等式的左边为借方，右边为贷方。在扩展的等式中资产和费用“借”表示增加，“贷”表示减少。相对应的等式右边项目，即负债、所有者权益和收入则与之相反，“贷”表示增加，“借”表示减少。等式两边“借贷相等”。引入借贷记账法，表 2－1 可以表示如表 2－2，借与贷表示各要素的增减变化。

表 2－2　借贷对于各要素的含意

借	贷
资产增加	资产减少
负债减少	负债增加
所有者权益减少	所有者权益增加
收入减少	收入增加
费用增加	费用减少

二、账户及其基本结构

前已指出，财务会计就是运用会计方法与会计程序对企业经济业务归类汇总，最终提供反映企业财务状况和经营成果的财务报告。对经济业务的归类汇总就是通过账户和账簿记录来完成的。

（一）账户

企业经济业务发生的影响体现为各种会计要素及要素间的增减变化，会计五大要素都是由具体项目构成，如资产包括流动资产和长期资产，长期资产中又有长期投资、固定资产等。为了反映具体项目的有规律的增减变动，会计处理系统要为会计要素中的每一项目开设一个专门记录该项目增减变化的记账专户，并赋予一个名称，即“账户”名称，如“销售收入”。在我国会计处理系统中将账户的名称称为“会计科目”，我国会计准则提供了一般的会计科目表。值得注意的是账户与会计科目既有联系又有区别，“会计科目”只是“账户”的名称，账户除了名称以外还必须有一定的结构。

在实践中，每一个企业都应该根据企业的特点和需要设置账户，既要满足会计处理的需要，也要考虑对外报告和内部管理的要求。在我国企业一般按照会计准则的“会计科目表”设置账户，同时可以根据具体业务的特点增减会计科目。

（二）账户的基本结构

前已指出，账户只有名称还不够，为了分门别类归集汇总经济业务，还需要一定的结构。企业的经济业务的种类纷繁复杂，但从数量方面对某一特定会计要素项目的影响看，不外乎增加和减少两个相反方向的变化。因此，用来记录经济业务的账户，在结构上也相应分为左右两个基本部分，基于借贷记账法，同会计等式一样左方称为借方，右方称为贷方。“借”、“贷”对一个账户而言，借贷两方表示相反的方向，如果借方表示增加，则贷方就表示减少；反之亦然。

这样，经济主体在每一会计期间发生的成千上万笔各式各样的经济业务就可以在这些账户中归类汇总成为专业的会计信息。账户可以采用不同的格式，但主要内容都包括名称、增加金额、减少金额、日期及摘要等，详解见本章第二节。在教学中为了方便起见，抽象出T型账户这样的简化格式，如图2－1所示。

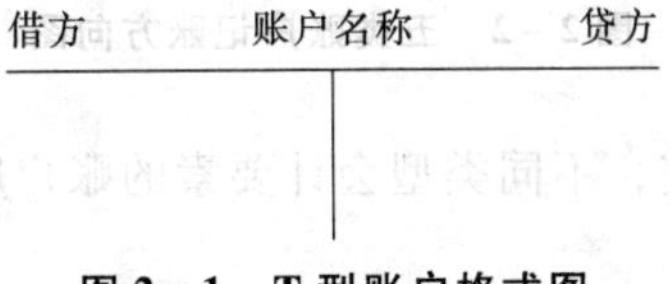

图2－1　T型账户格式图

而企业会计实务中，通常采用三栏式（即借方、贷方和余额）或多栏式账户，以增加更多信息，满足管理方面的需要。

前已了解：账户的左右两方记录相反变化的金额，即如果借方记录增加额，贷方就记录减少额；反之如果借方记录减少额，贷方就记录增加额。由于会计分期提供财务报告，对一个特定的会计期间，会计处理上将一个账户记录的金额归为四类：期初余额、本期发生的增加额、本期发生的减少额和期末余额。这期间该账户记录的增加金额之和就是本期增加的发生额；反之，就是本期减少的发生额。在会计主体开业之初，即最初的会计期间，该账户期初余额为零，本期增加发生额与本期减少发生额相抵后的差额即为本期的期末余额。之后，将本期的期末余额转至下一会计期间，就成为下期的期初余额，前后会计期间之间就如此依序连续衔接。上述四项金额的关系可表述为如下公式：

本期期末余额＝期初余额＋本期增加的发生额－本期减少的发生额

显然，通常情况下，账户余额的方向（借或贷）与其记录增加额的方向相同，如果增加计入借方，则该账户余额通常在借方；相反，如果增加计入贷方，则该账户余额通常在贷方。

三、复式记账规则

根据表2－2，已经了解了会计要素的增减变化与借贷的对应关系，即资产和费用类的项目，增加额记入其账户的借方，减少额记入其贷方；负债、所有者权益和收入类的项目，增加额记入其账户的贷方，减少额记入其借方。具体到账户的使用上，如图2－2所示。

借方 资产类	贷方	借方 负债类	贷方	借方 所有者权益类	贷方	借方 收入类	贷方	借方 费用类	贷方
+	-	-	+	-	+	-	+	+	-
*			*		*				

“+”表示增加额　“-”表示减少额　“*”表示正常余额所在方向（收入、费用账户期末结账后无余额）

图 2-2　五类账户记账方向图

依据上述记账方向的规定，不同类型会计要素的账户所记录的金额的具体内容可归纳为下列公式表示：

资产类和费用类要素账户期末余额 = 期初余额 + 本期借方发生额 - 本期贷方发生额

负债、所有者权益和收入类要素账户期末余额 = 期初余额 + 本期贷方发生额 - 本期借方发生额

显然，资产类和费用类账户的正常余额在借方；而负债、所有者权益和收入类账户的正常余额在贷方。

在引入了账户这样的记账工具，并规定了不同类要素账户的记账方向之后，依据复式记账的基本原理对经济业务进行记录时，将遵从这样的记账规律：即会计主体发生的每一笔经济业务，应分别记入一个（或几个）账户的借方和另一个（或几个）账户的贷方，记入该账户（或几个账户）借方的金额（或金额之和）应等于记入另一个（或几个）账户贷方的金额（或金额之和）。可以归纳为：有借必有贷，借贷必相等；称为借贷记账法下的记账规则。

第二节　日记账和分类账

企业的经济业务的实质体现为各种会计要素中的具体项目的有规律增减变动。会计处理系统根据账户设置专门的账簿系统来记录这些具体的变化，包括各种日记账和分类账。下面先学习会计分录，它的实质内容与日记账相似。

一、会计分录

在实际工作中，经济业务发生后，会计人员要对当时填制的、用以记载交易具体内

容、证明交易发生的书面证明即原始凭证进行审核和分析，确定经济业务涉及的具体账户，并运用复式记账规则，分析确定记账方向（即应借记还是应贷记）及金额，并以书面方式记录。这种确定每项交易应借记、应贷记账户的名称及其金额的具有一定惯用格式的记录被称为会计分录。会计分录的基本格式为：

借：账户名称　　金额

　　贷：账户名称　　金额

编制会计分录时，一般按以下步骤进行：

(1) 对经济业务进行分析，确定其所涉及的账户的名称和性质。

(2) 根据账户的性质及经济业务的具体内容，运用复式记账规则确定应借记和贷记的方向和金额。

可见，会计分录是运用复式记账规则的具体体现，即“有借必有贷，借贷必相等”的规律。

现以京顺公司 2011 年 12 月发生的经济业务，说明以复式记账法编制会计分录的过程。京顺公司是一家小型的运输服务公司，本例中该公司根据业务特点和需要设置账户，账户一览表如表 2－3 所示。

表 2－3　　京顺公司账户一览表

资产类	股东权益类
101　现金	301　股本
111　应收票据	312　留存收益
131　应收账款	331　收益汇总
151　在用物料用品	**收入类**
161　预付保险费	401　营业收入
163　预付房租	**费用类**
181　固定资产	501　广告费
182　累计折旧	503　汽油费
负债类	504　工薪费
211　应付账款	506　水电费
231　预收收入	507　保险费
241　应付工薪	508　房租费
	509　物料用品费

【例 2-1】假设京顺公司于 2011 年 12 月 1 日开业，12 月份发生的经济业务如下：

（1）2011 年 12 月 1 日股东投资 50 000 元，款项已存入银行。

这项业务涉及资产和股东权益两类要素，其中资产类要素的具体账户是“现金”，股东权益类要素的具体账户是“股本”，股东投入资金使资产和股东权益同时增加，因此应记入“现金”账户的借方和“股本”账户的贷方。用会计分录的形式记录如下：

借：现金	50 000
贷：股本	50 000

（2）12 月 1 日以现金 40 000 元购买货运汽车 4 辆。

这项业务只涉及资产要素，一项是“固定资产”账户，另一项是“现金”账户，以现金购买汽车引起货运汽车这一项资产增加，现金减少，因此应记入“固定资产”账户的借方和“现金”账户的贷方。用会计分录的形式记录如下：

借：固定资产	40 000
贷：现金	40 000

（3）12 月 1 日起为上述汽车在东方安泰保险公司保险一年，并支付保险费共 2 400 元。

这项业务涉及资产类要素，支付全年保险费使预付保险费这一项资产增加，现金这项资产减少。因此应记入“预付保险费”账户的借方和“现金”账户的贷方。这里需要明确的是：除现金外，该项业务涉及的另一账户所属的会计要素是资产（预付保险费）而不是费用（保险费），是因为 2 400 元保险单的受益期是一年而不是当前的这一个会计期间（12 月份），它将带来未来的经济利益。所以，应将 2 400 元的尚未享用的保险利益作为资产入账。以后在每个会计期末，才将当期内被耗用掉的资产转化为相关的费用。（详见第三章第一节）

借：预付保险费	2 400
贷：现金	2 400

（4）12 月 1 日以现金 1 200 元支付当日起 3 个月房租。

这里的预付房租与上一笔业务中预付保险费类似，是可带来未来经济利益的经济资源，属于资产要素。这项业务使一项资产——预付房租增加，同时另一项资产——现金减少，因此应记入“预付房租”账户的借方和“现金”账户的贷方。用会计分录的形式记录如下：

借：预付房租	1 200
贷：现金	1 200

（5）12 月 4 日从东方物料公司赊购在用物料用品 1 400 元。

这项业务使一项资产——在用物料用品增加，另一项负债——应付账款增加，因此应记入“在用物料用品”账户的借方和“应付账款”账户的贷方。用会计分录的形式记录如下：

借：在用物料用品 1 400

　　贷：应付账款——东方物料公司 1 400

（6）12月7日向金昌商店预收4 500元的货物运费，约定从12月12日开始向其提供为期60天的货物运输服务。

这项业务使一项资产——现金增加；而且预收运费的同时，意味着对客户（金昌商店）的负债的增加，因为预收的运费将来要以提供货运服务给客户的方式来偿还，所以这项业务同时使另一项负债——预收收入增加，因此应记入“现金”账户的借方和“预收收入”账户的贷方。用会计分录的形式记录如下：

借：现金 4 500

　　贷：预收收入 4 500

（7）12月10日提供完货运服务后，向客户金江维修店开出金额5 000元的账单。

这项业务使一项资产——应收账款增加，同时因为已经提供了货运服务从而可确认收入成立，即另一项收入——营业收入增加，因此应记入“应收账款”账户的借方和“营业收入”账户的贷方。用会计分录的形式记录如下：

借：应收账款——金江维修店 5 000

　　贷：营业收入 5 000

（8）12月12日向金盛体育用品商店提供货运服务并收取现金800元。

这项业务使一项资产——现金增加，同时因为已经提供了货运服务从而可确认收入成立，即另一项收入——营业收入增加，因此应记入“现金”账户的借方和“营业收入”账户的贷方。用会计分录的形式记录如下：

借：现金 800

　　贷：营业收入 800

（9）12月15日向东方物料公司支付12月4日赊购的在用物料用品的金额1 400元。

这项业务使一项负债——应付账款减少，另一项资产——现金减少，因此应记入“应付账款”账户的借方和“现金”账户的贷方。用会计分录的形式记录如下：

借：应付账款——东方物料公司 1 400

　　贷：现金 1 400

（10）12月20日完成对金陵电器城的货运服务，向其开出账单5 700元，款项未收。

这项业务使一项资产——应收账款增加，另一项收入——营业收入增加，因此应记入“应收账款”账户的借方和“营业收入”账户贷方。用会计分录的形式记录如下：

借：应收账款——金陵电器城　　5 700

　贷：营业收入　　5 700

(11) 12月24日收到东方时代报社发来的12月份的报纸广告费账单460元，款项未付。

12月的报纸广告费是应归属于当前月份这一会计期间来承担的费用，因此使一项费用——广告费增加，另一项负债——应付账款增加，因此应记入“广告费”账户的借方和“应付账款”账户的贷方。用会计分录的形式记录如下：

借：广告费　　460

　贷：应付账款——东方时代报社　　460

(12) 12月26日收回金陵电器城所欠账款中的500元。

这项业务使一项资产——现金增加，另一项资产——应收账款减少。

借：现金　　500

　贷：应收账款——金陵电器城　　500

(13) 12月27日以现金购买在用物料用品200元。

这项业务使一项资产——在用物料用品增加，另一项资产——现金减少。

借：在用物料用品　　200

　贷：现金　　200

(14) 12月28日收到东方油联加油站开出的未付汽油费账单680元。

收到汽油费账单使这项费用增加，由于费用尚未支付，应付账款这项负债增加。

借：汽油费　　680

　贷：应付账款——东方油联加油站　　680

(15) 12月29日收到并支付12月份水电费账单150元。

借：水电费　　150

　贷：现金　　150

(16) 12月31日宣布并支付股东股利3 000元。

股利是按照股东持有股份的比例分派给股东的公司收益。股利分派使留存收益（即留存于公司内的累积净收益）这项股东权益减少，同时现金减少。

借：留存收益　　3 000

　贷：现金　　3 000

所谓简单分录，正如上述的各项业务的例子，许多经济业务只涉及两个账户的增减变化，这些经济业务的会计分录为一借一贷的分录形式，就称为简单分录。还有一些经济业务会同时涉及两个以上的账户，作出的会计分录称为复合分录，有一借多贷或多借一贷这两种分录形式。假如上述业务（5）购买物料用品，部分支付现金，剩下赊欠形成应付账款，记账会计分录即为复合分录，会计分录如下：

借：在用物料用品
　　贷：现金
　　　　应付账款

通常，为保证会计分录反映的账户对应关系清晰，便于日后的检查核对，应避免作多借多贷式的会计分录。

二、日记账

上文的会计分录形式是为便于教学而采用的简化形式，在会计实务中，会计分录通常是记录在一定格式的记账凭证中；或者是按照经济业务发生的时间顺序登记在日记账中。日记账是把每笔经济交易的会计分录进行序时登记的一种列表式记录，可分为普通日记账和特种日记账。特种日记账是为登记某些经常重复发生的特定类型的经济业务而设计的，如现金收款、付款业务和商品赊购、赊销业务等会在企业的日常经营中大量出现，因而可对其设置专栏式的用于登记某类特定经济业务的特种日记账；有些经济业务不是经常重复发生，则没必要设置特种日记账来登记，只需在普通日记账中登记即可。企业一般都需要设立普通日记账，是否使用特种日记账可以根据自身的业务特点确定，如果企业业务量大而且复杂，可能需要设置特种日记账。普通日记账采用通用格式，是可以用来登记任何类型经济业务的简单日记账。下面以例 2－1 中京顺公司 2011 年 12 月的交易为例说明普通日记账的一般格式，普通日记账的基本内容见表 2－4。

（1）日期栏。普通日记账的第一栏登记会计分录的年、月、日。通常，年、月只是在日记账每页的顶端及年、月有变动的地方重新书写。

（2）摘要栏。登记有关账户的名称和简要文字说明。第一行紧靠在该栏左边填写借方账户名称，第二行向右移一格填写贷方账户名称，第三行简明扼要地概括经济业务的基本情况。

（3）过账记号栏。在将相关金额过入到对应的分类账户时，需要在此栏填列该分类账户的编号。因此该栏填列的数字表示已过账到某一编号的账户，该栏填列的√号则表示已过入到对应的明细分类账户。在过账前该栏是空着的。

（4）借方金额栏。将该笔业务涉及的借方账户金额填入该栏，要与借方账户同一行次。

（5）贷方金额栏。将贷方金额填入该栏，要与贷方账户同一行次。每笔分录的借方和贷方总金额应该相等。

表 2－4　　**京顺公司普通日记账**　　第 1 页

日期		摘　　要	过账记号	借方金额	贷方金额
2011					
12	1	现金	101	50 000	
		股本	301		50 000
		股东投资 50 000 元			
	1	固定资产	181	40 000	
		现金	101		40 000
		用现金 40 000 元购买 4 辆货运汽车			
	1	预付保险费	161	2 400	
		现金	101		2 400
		为上述汽车购买一年期保险			
	1	预付房租	163	1 200	
		现金	101		1 200
		交付 3 个月房租			
	4	在用物料用品	151	1 400	
		应付账款——东方物料公司	211/√		1 400
		赊购备用的物料用品			
	7	现金	101	4 500	
		预收收入	231		4 500
		预收客户的货运费			
	10	应收账款——金江维修店	131	5 000	
		营业收入	401		5 000
		为客户提供货运服务并开出账单			
	12	现金	101	800	
		营业收入	401		800
		为客户提供货运服务并收取现金			

续表

京顺公司普通日记账 第2页

日期		摘要	过账记号	借方金额	贷方金额
2011					
12	15	应付账款——东方物料公司	211/√	1 400	
		现金	101		1 400
		支付12月4日购买物料用品的应付款			
	20	应收账款——金陵电器城	131/√	5 700	
		营业收入	401		5 700
		提供货运服务并向客户开出账单			
	24	广告费	501	460	
		应付账款——东方时代报社	211/√		460
		收到当月广告费账单			
	26	现金	101	500	
		应收账款——金陵电器城	131/√		500
		收回客户所欠的部分账款			
	27	在用物料用品	151	200	
		现金	101		200
		以现金购买在用物料用品			
	28	汽油费	503	680	
		应付账款——东方油联加油站	211/√		680
		收到当月货运汽车汽油费账单			
	29	水电费	506	150	
		现金	101		150
		支付当月水电费			
	31	留存收益	312	3 000	
		现金	101		3 000
		支付股东股利			

三、过账和分类账

（一）过账

日记账上的会计分录反映了经济业务涉及的账户、记账方向及金额，然而日记账上的会计分录虽然可以清楚地反映每一笔经济业务的内容，但是只将一定会计期间的会计分录简单地按时间顺序排列起来，提供的信息很零散，未能反映某一具体会计要素项目的变动情况。使用者无法一目了然地洞察经济主体在一定会计期间的整个经济全貌，也无法对经济主体的全部财务状况、经营成果等情况有一个全面、完整与系统的认识。因此经济业务以会计分录形式记入日记账，或以记账凭证记录后，下一步就是按每笔会计分录指示的借记账户和贷记账户及金额转记到对应的分类账中去，这一程序称为过账。

这里的分类账指的是将账户按资产、负债、所有者权益、收入和费用这五个类别的顺序分别编号并顺序排列成的活页账本或合订本，其中，每一个账户都有一个规定的编号，这是为了便于分析经济业务和作出分录，每个企业都把其所有账户的名称及编号列成账户一览表（如前述例子中的京顺公司账户一览表 2－1）。这样就将大量而分散的会计分录资料，按照会计要素的种类和构成项目加以归类与汇总整理，为最终编制会计报表提供所需的分类数据指标。

（二）总分类账和明细分类账

分类账根据会计要素的具体构成分层设置，一般需要设置总分类账和明细分类账，以提供不同详细程度的会计信息。提供反映总括信息的账户称为总分类账，又称为控制账户或统驭账户。我国“会计科目表”中的账户名称都是总分类账的账户名称，如固定资产、应付账款、实收资本等。

为了满足管理或对外报告的需求，需要对总分类项下的项目进一步细分，相应设置反映详细信息的明细分类账，简称明细账；如对顾客的应收账款账户需要针对各个顾客分别单独设置应收账款明细账，对供应商的应付账款账户需按供应商设置应付账款的明细分类账。相对于可提供明细数据的应收账款或应付账款明细分类账而言，应收账款或应付账款的总分类账则能提供反映此类性质相同、数量众多的经济事项的总括数据。这样，从总分类账户中极易得出应收账款或应付账款的总额数据，而对各个顾客和供应者的交易的详细记录，则可从明细分类账的相应账户记录中得到。显然，总分类账户的余额应该等于其控制的各个明细分类账户余额之和。

前面曾介绍过 T 型账户，通常是用于教学的简化账户形式。而实际工作中使用的总分类账户则更完备些，包括日期栏、摘要栏、过账记号栏、借方金额栏和贷方金额栏。其一般格式有T型账户的扩充形式和三栏式两种，分别如表2－5和表2－6所示。而明细分类账则根据情况，可以采用多栏式。

1. T型账户的扩充形式

表2－5　　　　**账户名称**　　　　账户编号

日期		摘要	过账记号	借方金额	日期		摘要	过账记号	贷方金额

2. 三栏式

三栏式账户的每一行都有借、贷、余三栏，它的特点是每笔分录过账后都能立刻结出余额。

表2－6　　　　**账户名称**　　　　账户编号

日期		摘要	过账记号	借方金额	贷方金额	余额	
						借	贷

由日记账分录过入分类账的过账程序如下：

（1）过账时，先在相应账户的日期栏填入相应分录的日期，年、月是在新账页的顶端及年、月有变动的地方重新书写。

（2）把日记账中该笔分录的借方和贷方金额分别记入到相应账户的金额栏。

（3）把该笔分录所在的日记账的页数填在相应账户的过账记号栏。

（4）把相应账户的编号填列在日记账的过账记号栏。（参见上述日记账内容）

（5）对于涉及明细分类账的分录，应在过入对应的总分类账户的同时也过入到相应的明细分类账户中，并在日记账的过账记号栏内用√表示，称为总分类账和明细分类账的平行登记。

【例2－2】根据表2－2京顺公司的账户一览表和会计处理的需要，京顺公司设置的总分类账如图2－3所示，应收账款和应付账款的明细分类账分别如图2－4和2－5所示，在登记应收账款总分类账的同时应登记应收账款的明细分类账。根据【例2－1】的京顺公司2011年12月份经济业务所作2011年12月的日记账分录分别过账如图2－3、2－4和2－5所示。

总分类账

现金 账户编号 101

日期		摘要	过账记号	借方金额	贷方金额	余额	
						借	贷
2011							
12	1	略	日 1	50 000		50 000	
	1		日 1		40 000	10 000	
	1		日 1		2 400	7 600	
	1		日 1		1 200	6 400	
	7		日 1	4 500		10 900	
	12		日 1	800		11 700	
	15		日 1		1 400	10 300	
	26		日 2	500		10 800	
	27		日 2		200	10 600	
	29		日 2		150	10 450	
	31		日 2		3 000	7 450	

总分类账

应收账款 账户编号 131

日期		摘要	过账记号	借方金额	贷方金额	余额	
						借	贷
2011							
12	10	略	日 1	5 000		5 000	
	20		日 2	5 700		10 700	
	26		日 2		500	10 200	

总分类账

在用物料用品 账户编号 151

日期		摘要	过账记号	借方金额	贷方金额	余额	
						借	贷
2011							
12	4	略	日 1	1 400	略	1 400	
	27		日 2	200		1 600	

总分类账

预付保险费

账户编号 161

日期		摘要	过账记号	借方金额	贷方金额	余额	
						借	贷
2011							
12	1	略	日 1	2 400		2 400	

总分类账

预付房租

账户编号 163

日期		摘要	过账记号	借方金额	贷方金额	余额	
						借	贷
2011							
12	1	略	日 1	1 200	略	1 200	

总分类账

固定资产

账户编号 181

日期		摘要	过账记号	借方金额	贷方金额	余额	
						借	贷
2011							
12	1	略	日 1	40 000		40 000	

总分类账

应付账款

账户编号 211

日期		摘要	过账记号	借方金额	贷方金额	余额	
						借	贷
2011							
12	4	略	日 1		1 400		1 400
	15		日 2	1 400			0
	24		日 2		460		460
	28		日 2		680		1 140

总分类账

预收收入

账户编号 231

日期		摘要	过账记号	借方金额	贷方金额	余额	
						借	贷
2011 12	7	略	日 1		4 500		4 500

总分类账

股本

账户编号 301

日期		摘要	过账记号	借方金额	贷方金额	余额	
						借	贷
2011 12	1	略	日 1		50 000		50 000

总分类账

留存收益

账户编号 312

日期		摘要	过账记号	借方金额	贷方金额	余额	
						借	贷
2011 12	31	略	日 2	3 000		3 000	

总分类账

营业收入

账户编号 401

日期		摘要	过账记号	借方金额	贷方金额	余额	
						借	贷
2011 12	10	略	日 1	略	5 000		5 000
	12		日 1		800		5 800
	20		日 2		5 700		11 500

总分类账

广告费

账户编号 501

日期		摘要	过账记号	借方金额	贷方金额	余额	
						借	贷
2011 12	24	略	日 2	460		460	

总分类账

汽油费

账户编号 503

日期		摘要	过账记号	借方金额	贷方金额	余额	
						借	贷
2011 12	28	略	日 2	680		680	

总分类账

水电费

账户编号 506

日期		摘要	过账记号	借方金额	贷方金额	余额	
						借	贷
2011 12	29	略	日 2	150		150	

图 2－3 总分类账

应收账款明细分类账

金江维修店

日期		摘要	过账记号	借方金额	贷方金额	余额	
						借	贷
2011 12	10	略	日 1	5 000		5 000	

应收账款明细分类账

金陵电器城

日期		摘要	过账记号	借方金额	贷方金额	余额	
						借	贷
2011							
12	20	略	日 2	5 700		5 700	
	26		日 2		500	5 200	

图 2－4 应收账款明细分类账

应付账款明细分类账

东方物料公司

日期		摘要	过账记号	借方金额	贷方金额	余额	
						借	贷
2011							
12	4	略	日 1		1 400		1 400
	15		日 2	1 400			0

应付账款明细分类账

东方时代报社

日期		摘要	过账记号	借方金额	贷方金额	余额	
						借	贷
2011							
12	24	略	日 2		460		460

应付账款明细分类账

东方油联加油站

日期		摘要	过账记号	借方金额	贷方金额	余额	
						借	贷
2011							
12	28	略	日 2		680		680

图 2－5 应付账款明细分类账

过账后应收账款及应付账款明细分类账的记录如下列各账户所示，应收账款明细账余额表详见表 2－7，应付账款明细账余额表详见表 2－8。

表 2－7　　应收账款明细分类账余额表　　单位：元

明细账	余 额
金江维修店	5 000
金陵电器城	5 200
合计	10 200

表 2－8　　应付账款明细分类账余额表　　单位：元

明细账	余 额
东方物料公司	0
东方时代报社	460
东方油联加油站	680
合计	1 140

（三）账簿

通过以上账户记录将经济业务归类汇总，账户记录的书面形式就是账页；将不同账户记录的账页按一定顺序装订成册，就是账簿或账册。企业会计通过账簿系统连续系统的记录就形成编制会计报表所需要的资料。所以账簿是累计、储存经济活动的数据库。在信息技术高度发展的今天，账簿登录、存储可以通过计算机系统完成，形成电子数据库。但是企业的会计数据不仅需要实时备份，通常还需以书面文件的形式加以保存。账簿可以采用活页式也可以采用订本式，账簿的设置、使用及保管等详细内容将在会计实验课中介绍。

第三节　试算平衡表和会计循环

企业会计的日常工作就是分析经济业务、编制日记账会计分录，并将日记账会计分录过入总分类账和明细分类账。到了会计期末，当日记账分录都过入分类账后，为了检查记账过程中是否发生差错，从而保证会计信息的正确，在会计实务中通常要进行试算平衡。

一、编制试算平衡表

试算平衡是以会计恒等式（资产 = 负债 + 所有者权益）理论为基础，运用复式记账所自然形成的平衡关系来对记账结果进行验证。根据复式记账规则，每笔分录都是借方金额等于贷方金额，所以当一定会计期间的全部会计分录都过入分类账后，必然是全部账户的借方发生额与全部账户的贷方发生额相等；由于各账户的期末余额是各自的借贷两方发生额相抵后而得，因此全部账户的借方期末余额合计必然等于全部账户的贷方期末余额合计。

试算平衡表是列示总分类账户名称及其余额的一种表式，用以确定所有账户的借方余额总和与贷方余额总和是否相等。如果试算平衡表的借方余额总和与贷方余额总和不相等，即试算平衡表不平衡，则说明记账有错误，那就必须查对账目，找出差错。必须指出的是，试算不平衡表明记账有误，但相反则不然，即试算平衡了并不能保证记账无误，如：

（1）漏登整笔经济业务；

（2）重登整笔经济业务；

（3）把金额过入到错误的账户或会计分录使用了错误的账户；

（4）过账时借贷方登入相同的错误金额；

（5）一项登错的金额恰好与另一项或几项登错的金额的错误相互抵消等。

以上所列错误都无法通过试算平衡检验出来，即虽然发生错误但试算平衡表的余额合计中借、贷仍然相等。实际上，凡是不破坏“有借有贷，借贷相等”这一记账规则的错误都不会引起试算平衡表的不平衡。

【例 2－3】京顺公司 2011 年 12 月 31 日编制的调整前试算平衡表如表 2－9 所示：

表 2－9 **京顺公司试算平衡表**

2011 年 12 月 31 日 单位：元

账　户	借方发生额	贷方发生额	借方余额	贷方余额
现金	55 800	48 350	7 450	
应收账款	10 700	500	10 200	
在用物料用品	1 600		1 600	
预付保险费	2 400		2 400	
预付房租	1 200		1 200	

续表

账　户	借方发生额	贷方发生额	借方余额	贷方余额
固定资产	40 000		40 000	
应付账款	1 400	2 540		1 140
预收收入		4 500		4 500
股本		50 000		50 000
留存收益	3 000		3 000	
营业收入		11 500		11 500
广告费	460		460	
汽油费	680		680	
水电费	150		150	
合计	117 390	117 390	67 140	67 140

试算平衡表上京顺公司的全部账户的借方发生额等于贷方发生额，账户借方余额等于贷方余额，表明京顺公司的记账过程基本无误。

二、会计循环的基本步骤

本章介绍了经济业务发生之后企业会计人员所进行的若干环节的会计日常工作（包括将经济业务记入日记账，再登入分类账，并进行平衡验证）。由于会计工作最终是要以会计报表的形式定期对外提供反映企业财务状况和经营成果的会计信息，因此会计的日常工作，除了已介绍的环节外，还要继续进行若干步骤，一直延续到编制出本会计期的会计报表，同时结束那些仅属于本期的会计账目，并为下一会计期间的开始做好准备工作。为编制出所需的会计报表，这样一系列的会计工作环节是一个系统的、规范化的会计处理程序。由于这些依次继起的环节在每一个会计期间都会周而复始地发生，因此称之为会计循环。

会计循环一般包括以下基本步骤和内容：

（1）分析交易、作日记账分录——根据原始凭证分析经济业务，运用复式记账规则确定每笔业务应借记和应贷记的账户及金额，并按时间顺序在日记账中登记。

（2）过账——根据日记账分录，将应借记和应贷记的金额，分别转记到相应的总分类账和明细分类账中。

（3）调整前试算平衡——通过编制试算平衡表将各账户的余额按借贷方向分别合

计以验证是否相等，目的在于判断是否存在账户记录的错误。

（4）会计调整——根据权责发生制基础，于会计期末在日记账中编制账项调整分录（递延或应计的收入和费用的会计分录）并过入分类账中，以保证会计记录的准确和完整。

（5）调整后试算平衡——根据会计调整过的各账户余额编制调整后试算平衡表。

（6）编制报表——根据调整后的试算平衡的账户余额编制会计报表。

（7）结账——在日记账中结清暂时性账户并过账，从而结束专门归集本期净收益的收入和费用类账户，并把本期净收益转入到所有者权益类账户。

（8）结账后试算平衡——根据各账户余额编制结账后试算平衡表，为下一会计期间的会计循环做好准备。

本章介绍了会计的日常工作，即分析经济业务、作日记账会计分录、过账和试算平衡，这些工作在企业会计中是持续、大量、频繁发生的。而每一会计期末的后期工作将在下一章介绍。

本章提示：

1. 本章作为讲解复式记账与会计循环的入门级章节，本着由浅入深的教学原则，对部分相关账户的名称进行了简化命名，或是直接使用了会计要素名称，没有使用财政部 2006 年颁布的会计科目表规定的名称。如未作“库存现金”账户与“银行存款”账户的区分，都以“现金”账户来记录；“预付保险费”、“预付房租”等账户，则是用“待摊费用”账户代替。

2. 本章重在介绍复式记账的基本原理和借贷记账法以及在此基础上的基本记账程序与步骤。为了便于操作而采用简明的日记账，而非记账凭证或科目汇总表等形式，目的是简化相对次要的细节与过程，突出核心原理与会计程序的主脉。

? 思考题

1. 什么是复式记账？
2. 导致会计等式一边变动，但不影响两边恒等的会计业务有哪些？
3. 使得会计等式两边数额发生变动的业务有哪些？
4. 什么叫账户？账户有哪些基本内容？
5. 理解复式记账规则。

6. 借和贷对于各会计要素的账户有什么不同？
7. 什么是过账？日记账和总账有什么不同？
8. 总分类账和明细分类账是什么关系？
9. 理解账户的发生额和余额。
10. 什么是试算平衡，目的何在？
11. 试算平衡借贷相等，是否表明会计处理绝对无误，为什么？

第三章

会计调整和损益的确认及计量

本章学习目标

1. 理解权责发生制基础；
2. 熟练掌握期末账项调整的四种基本类型；
3. 熟悉编制财务报表的过程；
4. 掌握结账程序；
5. 掌握会计信息处理的基本方法和程序，熟悉会计循环过程。

上一章我们已经学习了会计循环的前三个环节：以会计分录记录交易、过账和试算平衡。其中，前两个环节的作用是将会计主体发生的日常经济业务通过会计的专门术语与方法来表述和记录，并对会计数据进行分类汇总；而试算平衡是在一个会计期间的日常业务都记录入账后进行的，目的在于检查和判断先前的会计记录是否有误，并为编制会计报表准备数据资料。本章将继续介绍会计循环剩余的步骤：期末账项调整、调整后试算平衡、编制会计报表、结账和结账后试算平衡。这些步骤都是在会计期末进行的。

第一节　损益的确认和计量与会计调整

会计分期要求持续经营企业应定期提供财务报表，反映该期间企业的财务信息，以利于使用者适时决策所用。这就要求企业分期确认收入与费用，第一章我们已经了解到收入与费用的确认应遵循权责发生制的原则，根据权责发生制的收入与费用相配比的要求，形成会计循环必须包括第四个步骤——期末会计调整，解决配比原则下损益的分期确认和计量。

一、会计分期与损益的确认及计量

（一）会计分期与权责发生制

会计分期假设将会计主体持续不断的经营过程人为地划分为一个个时间长度相等的会计期间，以便于分期结算账目、归集收入与成本费用、确定经营成果（净收益）、定期向外报送财务报表。具体到收入的确认，不在于是否收到了现金，而是收入的赚取过程是否完成，收取账款的权利是否确立。如果收入的赚取过程已完成，已经获取收款权利，不管当期是否收讫现金，都应确认为当期的收入，即收入实现原则。费用的确认不在于是否付出了现金，而是费用是否发生，是否因费用发生而使企业受益并形成付款的责任。如果企业因此受益，已承担付款的责任义务，不管当期是否支付现金，都应确认为当期的费用。此处的受益与会计主体赚取收入的经营过程紧密相关，即为赚取收入而发生的有因果联系的费用应与赚取的收入在同一会计期间配比入账。

（二）会计分期与损益的确认和计量

基于权责发生制会计基础，会计需要在每个会计期末对归属于本会计期间的收入与费用（二者又统称为损益）进行全面的考察分析，以确使收入与费用在其实现和发生的期间得到确认并客观计量。通常，在经过会计循环的前三个步骤后，汇总了日常经济业务影响的分类账户的金额，有些经济业务的自然周期可能同会计报告期不一致，一项交易不仅仅影响一个会计期间的净收益，而且与几个会计期间的净收益相联系，如预付保险费、在用物料用品、固定资产等。这些资产伴随之前的现金收付而产生，但会使其后的会计期间受益。因此在后续的会计期间中按照收益原则考虑各当期内应承担的资产消耗，并相应地确认与计量归属于当期的费用。同样预收收入收到现金时并未提供商品或劳务属于负债，其后续会计期间交付了商品或提供劳务，属于负债的偿还，就应具体考虑当期清偿与预收收入相关的负债金额，并相应地计量并确认归属为当期的收入。前述这些会计事项被称为递延项目。除此之外，还有一些会计事项导致本期已经发生了实际的相关权责，即收入已实现和赚取，费用已经发生，依据权责发生制，应将其确认为收入或费用，但由于现金的收付将在以后的会计期间才会进行，因而截止于会计期末，这些收入、费用与相应的资产负债等项目尚未在会计循环的前三环节中得以记录，基于权责发生制要求，应将它们在本期确认与计量，这些会计事项被称为应计项目。

由于上述的递延和应计项目的原因，为客观反映各会计期间的经营成果，有必要在期末编制财务报表之前对跨期影响的相关账户进行调整，以正确计量和确认归属于当前会计期间的收入与费用，使得当期内已赚得的全部收入与为赚得该收入而发生的相关费用相配比，得出当期净收益。如果忽略相关账户的调整，就会对相关几个会计期间的收入和费用的确认与计量产生错误的影响，造成高估或低估各期的收入和费用，从而影响到各期净收益的正确确认和客观计量，同时也影响到各会计期间的相关资产、负债以及所有者权益的计量。因此正确地归集和确认属于各个不同会计期间的收入与费用是保证财务会计信息客观、真实可靠的基本要求。在会计分期决定损益的前提下，会计调整成为会计循环中有着特殊重要意义的一项必要内容。

二、会计调整

由于递延项目和应计项目的存在，每个会计期末，在日常业务的日记账分录全部过账之后、财务报表编制之前，需要进行会计循环的第四个步骤——期末账项调整。账项调整的内容虽然多样，但其实质不外乎是对已登账的将使后续会计期间收益的资本性支出和在未来交付商品或提供劳务的预收收入进行摊配，并对本期已发生但尚未登账的费用和收入进行计提。因此期末账项调整通常有以下四种类型：

（一）按受益期摊配已登账的资本性支出

资本性支出是指可使连续的若干个会计期间受益的支出，如企业购买的房屋、机器设备、物料用品及为若干期间支付的保险费等预付费用。资本性支出与仅使支出当期受益的收益性支出不同，收益性支出是为赚取当期收入而发生，在支出当时就记作当期费用；而资本性支出则在支出当时资本化为资产入账，在每个会计期末，则要把本期内估计已耗用的或已使本期受益的那部分资产转为相应的费用。

【例3-1】仍沿用上一章中京顺公司的例子，承接【例2-1】、【例2-2】和【例2-3】，在2011年12月31日会计期末时，属于此类的调整如下。

（1）预付保险费的调整

京顺公司2011年12月1日支付的为期一年的保险单2 400元，当时日记账分录为：

2011年12月1日	借：预付保险费	2 400	
	贷：现金		2 400

该项保险的受益期为12个月，每个月因公司的运输设备享受保险而被耗用的金额平均为200元（2 400÷12）。12月31日应将本月已耗用的保险金转为本月的费用。调整分录如下：

2011年12月31日	借：保险费	200	
	贷：预付保险费		200

本例的所有调整分录在日记账中的记录详见京顺公司普通日记账第3页，表3－1。

表3－1 **京顺公司普通日记账** 第3页

日期		摘要	过账记号	借方金额	贷方金额
2011					
12	31	保险费	507	200	
		预付保险费	161		200
		摊提12月保险费			
	31	房租费	508	400	
		预付房租	163		400
		摊提12月房租费			
	31	物料用品费	509	700	
		在用物料用品	151		700
		登记12月耗用的物料用品			
	31	折旧费	510	750	
		累计折旧	182		750
		登记12月折旧费			
	31	预收收入	231	1 500	
		营业收入	401		1 500
		将赚取的营业收入从负债账户转入收入账户			
	31	工薪费	504	3 760	
		应付工薪	241		3 760
		计提应计工资			
	31	应收账款——金盛公司	131/√	1 000	
		营业收入	401		1 000
		登记未开出账单的货运收入			

预付保险费的会计分录过账后，相关账户的记录如图 3－1 所示。

总分类账

预付保险费 账户编号 161

日期		摘要	过账记号	借方金额	贷方金额	余额	
						借	贷
2011							
12	1		日 1	2 400		2 400	
	31	调整（1）	日 3		200	2 200	

总分类账

保险费 账户编号 507

日期		摘要	过账记号	借方金额	贷方金额	余额	
						借	贷
2011							
12	31	调整（1）	日 3	200		200	

图 3－1 预付保险费调整的总账记录

上述预付保险费调整后的影响结果是：12 月的收益表将正确列示归属于当月的保险费 200 元；余下的 2 200 元预付保险费将在 12 月 31 日的资产负债表中作为资产列示。这样就使得财务报表准确地反映了经济主体的财务状况和经营成果。如果期末不作这项调整，将低估当期费用，从而高估当期净收益，夸大期末股东权益，且高估期末资产。

（2）预付房租的调整

京顺公司 2011 年 12 月 1 日预付 3 个月房租 1 200 元，支付当时日记账分录为：

2011 年 12 月 1 日　　借：预付房租　　1 200
　　　　　　　　　　　　贷：现金　　1 200

12 月 31 日应将 1 200 元中本月已耗用的 1 个月房租 400 元（1 200 ÷ 3）确认计入费用。调整分录为：

2011 年 12 月 31 日　　借：房租费　　400
　　　　　　　　　　　　贷：预付房租　　400

日记账记录见表 3－1 京顺公司普通日记账第 3 页，将该笔调整分录过入相关的总分类账后，对应的账户记录如图 3－2 所示。

总分类账

预付房租 账户编号 163

日期		摘要	过账记号	借方金额	贷方金额	余额	
						借	贷
2011							
12	1		日 1	1 200		1 200	
	31	调整（2）	日 3		400	800	

总分类账

房租费 账户编号 508

日期		摘要	过账记号	借方金额	贷方金额	余额	
						借	贷
2011							
12	31	调整（2）	日 3	400		400	

图 3－2 预付房租调整的总账记录

通过上述预付房租的调整，12 月收益表将正确列示 400 元房租费，余下的 800 元预付房租将在资产负债表中作为资产列示。这样就使得财务报表准确地反映了经济主体的财务状况和经营成果。

（3）在用物料用品的调整

2011 年 12 月 4 日与 12 月 27 日京顺公司分别购入在用物料用品 1 400 元和 200 元，购买当时的会计分录分别为：

2011 年 12 月 4 日　　借：在用物料用品　　1 400
　　贷：应付账款——东方物料公司　　1 400
2011 年 12 月 27 日　　借：在用物料用品　　200
　　贷：现金　　200

12 月 31 日，对尚未耗用的物料用品进行实地盘点，在用物料用品盘点确定余额为 900 元，因此，12 月消耗掉的物料用品为：1 400 + 200 − 900 = 700（元），应将消耗掉的这部分物料用品计作费用，调整分录为：

2011 年 12 月 31 日　　借：物料用品费　　700
　　贷：在用物料用品　　700

该笔调整分录过账后账户记录结果如图 3－3 所示。

总分类账

在用物料用品 账户编号 151

日期		摘要	过账记号	借方金额	贷方金额	余额	
						借	贷
2011							
12	4		日 1	1 400		1 400	
	27		日 2	200		1 600	
	31	调整（3）	日 3		700	900	

总分类账

物料用品费 账户编号 509

日期		摘要	过账记号	借方金额	贷方金额	余额	
						借	贷
2011							
12	31	调整（3）	日 3	700		700	

图 3－3 在用物料用品调整的总账记录

（4）固定资产的折旧

房屋、机器设备、运输设备和办公设备等固定资产虽然在使用过程中能够保持实物形态不变，但其价值随着会计主体服务而取得收入，由于使用或时间推移而磨损减少（即折旧），因此在会计期末要把使该会计期间受益而应由该期承担的那部分损耗转为该期的费用（即折旧费）。本例中京顺公司 12 月 1 日购进 4 辆货运汽车，花费 40 000 元，当时，将购买运货汽车支出作为资产入账：

2011 年 12 月 1 日　　借：固定资产　　40 000
　　贷：现金　　40 000

假设货运汽车的预计使用年限为 4 年，使用寿命终了时的剩余残值为 4 000 元，按直线法（即每期折旧额相同的折旧方法）折旧。这样，每年折旧额为（40 000－4 000）÷4＝9 000（元），12 月折旧费为 9 000÷12＝750（元）。因此，12 月末应将 750 元从资产账户转入费用账户。但特殊的是，与前面三种情况的期末账项调整不同，这里不直接贷记“固定资产”账户，而是专门开设“累计折旧”账户，该账户的余额通常在贷方，反映从开始投入使用到目前为止货运汽车累计损耗掉的价值。

2011 年 12 月 31 日　借：折旧费　　750
　　贷：累计折旧　　750

该笔调整分录过账后账户记录如图 3 - 4 所示。

总分类账

累计折旧

账户编号 182

日期		摘要	过账记号	借方金额	贷方金额	余额	
						借	贷
2011 12	31	调整（4）	日 3		750		750

总分类账

折旧费

账户编号 510

日期		摘要	过账记号	借方金额	贷方金额	余额	
						借	贷
2011 12	31	调整（4）	日 3	750		750	

图 3 - 4　固定资产折旧调整的总账记录

累计折旧账户是它所对应的固定资产账户的备抵账户（或称对销账户），固定资产账户通常反映原始价值即历史成本。在资产负债表上，累计折旧账户的贷方余额将从相应的固定资产账户的借方余额中减去（即固定资产原始价值 40 000 元 - 累计折旧 750 元），得出该项固定资产的账面价值 39 250 元，作为总资产的一部分列示在资产负债表上，39 250 元表示该项固定资产尚未耗费的剩余资产价值，它将在未来的会计期间继续为企业经营活动提供服务使企业受益，因而其成本应逐步通过折旧摊配在以后各期分期确认为费用。

（二）摊配已登账的预收收入

有时，企业在提供商品或劳务之前，就预先收取了部分或全部货款（或服务费），根据收入实现原则，此时企业并未交付商品，不符合收入实现的确认原则，所以不能直接贷记收入类账户，而是贷记负债类账户，表示企业现时承担着将在未来向客户提供商品或劳务的经济责任。因此，这类交易常借记“现金”，同时贷记“预收收入”等负债类账户。之后，随时间推移，企业提供了商品或劳务后，一方面，负债因偿还而减少；另一方面，收入得以实现。所以到会计期末，应将通过提供商品或劳务而偿还的这部分负债从负债账户的借方消除，同时确认本期已赚得的收入，将其记录到相关收入账户的贷方。

京顺公司 12 月 7 日预收金昌商店货运服务费 4 500 元，当时会计分录为：

2011 年 12 月 7 日　　借：现金　　4 500

　　　　　　　　　　　贷：预收收入　　4 500

假设至 12 月 31 日，京顺公司已提供完成了预约货运服务的三分之一，则应将总预收收入 4 500 元的 1/3 即 1 500 元作为当期的收入确认入账。

2011 年 12 月 31 日　　借：预收收入　　1 500

　　　　　　　　　　　贷：营业收入　　1 500

这笔调整分录过账后账户记录如图 3－5 所示。

总分类账

预收收入　　账户编号 231

日期		摘要	过账记号	借方金额	贷方金额	余额	
						借	贷
2011							
12	7		日 1		4 500		4 500
	31	调整（5）	日 3	1 500			3 000

总分类账

营业收入　　账户编号 401

日期		摘要	过账记号	借方金额	贷方金额	余额	
						借	贷
2011							
12	10		日 1		5 000		5 000
	12		日 1		800		5 800
	20		日 2		5 700		11 500
	31	调整（5）	日 3		1 500		13 000

图 3－5　预收收入摊配调整的总账记录

上述调整分录入账后的影响结果是：负债账户预收收入的余额为 3 000 元，表示未来期间仍需继续向客户提供货运服务以履行此经济责任的金额，而在营业收入账户贷方则记入 1 500 元，将 12 月的营业收入记录刷新为 13 000 元，从而正确地反映了京顺公司 12 月赚得的营业收入。如果没有上述调整分录，将会低估本期的收入，进而低估本期的净收益和期末的股东权益，并且同时高估期末的负债。

（三）计提未登账但已发生的费用

企业常常在实际付款前就已享用了某些服务，从而形成了现在承担着的未来偿付责任即负债。这种偿付责任是在一定时期内积累（如工薪费、水电费等）或随时间推移自然增长起来的（如利息费）。到会计期末，对于这些已发生但尚未进行现金支付的费用，应根据权责发生制将其作为当期的费用计提入账，以正确地反映受益会计期间的成本费用，并同时将偿付责任确认为应计费用这样的负债项目，所以这类调整的典型会计分录是借记某一费用类账户，贷记应计费用等负债类账户。

假设京顺公司的惯例是于每月 6 日支付员工上月的工资，则 12 月份的工资 3 760 元将于 2012 年 1 月 6 日发放给员工，但根据权责发生制基础，对京顺公司而言，截至于 12 月底，12 月的工薪费用已发生，应在 12 月这个会计期间入账。所以应作的调整分录为：

2011 年 12 月 31 日　借：工薪费　3 760

　　　　　　　　　　贷：应付工薪　3 760

这笔调整分录过账后记录如图 3－6 所示。

总分类账

工薪费　　账户编号 504

日期		摘要	过账记号	借方金额	贷方金额	余额	
						借	贷
2011 12	31	调整（6）	日 3	3 760		3 760	

总分类账

应付工薪　　账户编号 241

日期		摘要	过账记号	借方金额	贷方金额	余额	
						借	贷
2011 12	31	调整（6）	日 3		3 760		3 760

图 3－6　应付工薪调整的总账记录

应付工薪上述调整分录入账后的影响结果是：根据权责发生制，将本期内因使用雇员劳动而应付给雇员的全部工资作为本期的费用，而不仅是本期内实际付讫的工资；此外，本期应承担而未付的工资作为负债反映。如果遗漏这项调整，将低估本期费用而夸大净收益，且低估期末负债、夸大期末股东权益。

（四）计提未登账但已赚取的收入

有些情况下，企业在会计期内虽已实现了某些收入（如已提供了商品或服务的赊销收入，已提供了贷款的利息收入等），但截至会计期末由于尚未向客户开出收款账单或者未到最终的合约收账时点，从而一方面形成应计收入这样的资产类项目，另一方面根据收入实现原则，应将属于本期的收入确认入账。

假设京顺公司12月31日向一客户——金盛体育用品商店提供了货运服务，金额1 000元，当日尚未来得及开出账单作原始凭证，也未收到款项，因此该会计事项未出现在第二章第二节京顺公司2011年12月的业务举例与日记账中（例2-1），但月末根据权责发生制进行账项调整时，则需将此赊销收入计提入账。

2011年12月31日	借：应收账款——金盛公司	1 000
	贷：营业收入	1 000

这笔调整分录过账后的记录如图3-7所示。

总分类账

应收账款　　　　账户编号131

日期		摘要	过账记号	借方金额	贷方金额	余额	
						借	贷
2011							
12	10		日1	5 000		5 000	
	20		日2	5 700		10 700	
	26		日2		500	10 200	
	31	调整（7）	日3	1 000		11 200	

总分类账

营业收入　　　　账户编号401

日期		摘要	过账记号	借方金额	贷方金额	余额	
						借	贷
2011							
12	10		日1		5 000		5 000
	12		日1		800		5 800
	20		日2		5 700		11 500
	31	调整（5）	日3		1 500		13 000
	31	调整（7）	日3		1 000		14 000

图3-7　赊销收入调整的总账记录

上述调整的影响结果是：当期收益表中的收入增加 1 000 元，从而净收益增加 1 000 元；期末资产负债表中的资产增加 1 000 元，同时，股东权益增加 1 000 元。如果遗漏这项调整将使相关项目被低估。

（五）会计调整小结

上述四种类型的会计调整，其会计分录的借贷方对应账户类型可归纳为表 3-2。

表 3-2　会计调整类型表

账户 类型	借　方	贷　方
摊配已登账的资本支出	费用	资产（预付费用、在用物料、累计折旧等）
摊配已登账的预收收入	负债（预收收入）	收入
计提未登账的费用	费用	负债（应计费用）
计提未登账的收入	资产（应计收入）	收入

上述会计调整分录类型的进一步总结如下：

（1）每一类型的调整分录都至少涉及一个收益表项目（收入或费用），同时涉及一个资产负债表项目（资产或负债）。调整分录都不会涉及现金账户，因为涉及现金的会计事项已在发生的当时登账，而期末调整只是在权责发生制基础上对非现金项目进行调整，使各个会计期间应承担的费用和应赚取的收入得到正确的归属，以正确地反映各期的经营成果和财务状况。

（2）第一和第二种类型属于递延项目的调整，指先前已支付现金，形成资产，递延至期末才能确认部分或全部费用；以及先前已收取现金，形成负债，递延至期末才能确认部分或全部收入。递延项目的现金收付发生在前而收入或费用的权责成立在后。

（3）第三和第四种类型属于应计项目的调整，指费用已发生或收入已实现，应于本会计期间计提入账，而现金的支付与收取将在以后发生。应计项目的收入或费用的权责成立在前而现金收付发生在后。

第二节　会计报表

期末各项调整分录过账后，会计期内全部的交易与会计事项全部登记入账，可结计出各有关账户的发生额和余额，为编制财务报表提供了归类汇总财务信息。在编制财务报表之前通常要进行调整后的试算平衡，而后根据其汇总的各账户余额编制财务报表。

在实务中可将调整前试算平衡表、账项调整和调整后试算平衡表汇编成一张工作底稿，称为编制财务报表的工作底稿（或底表），为编制报表作准备。

一、工作底稿

工作底稿是一种多栏式表格，表中列示出各项调整会计分录、结账分录及准备财务报表所需的各项数据。每次编制财务报表之前（即月末、季末、年末）均可先做工作底稿。该表只是会计人员用于初步汇总数据指标的一种方法，并非正式会计记录。因此，工作底稿在形式上会有各种变化，且通常用铅笔填写，以方便涂改错误。

工作底稿一般包括七个栏目，基本结构如下：

（1）账户编号栏；

（2）账户名称栏；

（3）调整前试算平衡表栏；

（4）调整栏；

（5）调整后试算平衡表栏；

（6）收益表栏；

（7）资产负债表栏。

在后五个表栏中又各分成借方和贷方两栏。

【例 3－2】 仍以京顺公司为例，承接【例 2－3】、【例 3－1】，京顺公司 2011 年 12 月份的工作底稿见表 3－3。

工作底稿的编制说明如下：

（1）将会计循环第三步所编制的调整前的试算平衡表的内容（包括账户编号、名称及金额）分别填入工作底稿的前两栏并分别合计借贷两方金额，平衡后数据下划双线。

（2）将调整分录的金额对应记入调整栏。对于未包括在调整前试算平衡表中的账户，则要在前两栏中先把这些账户的编号及名称填列在那些早已列出的账户的下端，不必再按账户编号顺序排列。然后，将该栏借方和贷方金额分别合计。

（3）将每一账户的第三栏和第四栏的金额按同向相加、反向相抵减进行运算后的金额记入到第五栏（即调整后试算平衡表栏），最后借贷合计。

（4）将第五栏中的所有收入和费用账户的余额按同一借贷方向转记入收益表栏，并将借贷方金额分别合计，两项合计金额之差即收入总额与费用总额之差，也就是本期净收益。如例中京顺公司费用总额 7 100 元，收入总额 14 000 元，12 月净收益 6 900 元，这一金额应计入借方栏，最后将借、贷方栏合计数结平。若是净亏损，则记入贷方栏。

（5）将第五栏中所有资产、负债及股东权益账户的余额转记到资产负债表栏。这里需注意的是：本期净收益将使留存收益增加，从而股东权益增加，所以应将净收益记入资产负债表栏的贷方栏，这样就使得该栏借贷合计数平衡。

根据京顺公司账户记录完成工作底稿后，编制财务报表的绝大多数数据资料都已具备，可以进入编制全套财务报表的工作程序。

表 3－3　　京顺公司工作底稿

2011 年 12 月　　单位：元

账户编号	账户名称	调整前试算平衡表		调整		调整后试算平衡表		收益表		资产负债表	
		借方	贷方	借方	贷方	借方	贷方	借方	贷方	借方	贷方
101	现金	7 450				7 450				7 450	
131	应收账款	10 200		(7)1 000		11 200				11 200	
151	在用物料用品	1 600			(3)700	900				900	
161	预付保险费	2 400			(1)200	2 200				2 200	
163	预付房租	1 200			(2)400	800				800	
181	固定资产	40 000				40 000				40 000	
211	应付账款		1 140				1 140				1 140
231	预收收入		4 500	(5)1 500			3 000				3 000
301	股本		50 000				50 000				50 000
312	留存收益	3 000				3 000				3 000	
401	营业收入		11 500		(5)1 500 (7)1 000		14 000		14 000		
501	广告费	460				460		460			
503	汽油费	680				680		680			
506	水电费	150				150		150			
		67 140	67 140								
507	保险费			(1)200		200		200			
508	房租费			(2)400		400		400			
509	物料用品费			(3)700		700		700			
510	折旧费			(4)750		750		750			
182	累计折旧				(4)750		750				750
504	工薪费			(6)3 760		3 760		3 760			
241	应付工薪				(6)3 760		3 760				3 760
				8 310	8 310	72 650	72 650				
	净收益(12 月份)							6 900			6 900
								14 000	14 000	65 550	65 550

二、收益表和留存收益表

收益表是反映经济主体在一个会计期间内经营成果的报表，列报于收益表上的金额都是本会计期间的流量数据。

（一）收益表

收益表反映企业的经营成果，所谓经营成果是企业收入与费用相配比的结果。所以列报于收益表上的项目是收入与费用两大类。收益表可分为单步式和多步式（详见第四章）两种类型，本章采用最简单的单步式收益表。基本模型是：收入 - 费用 = 收益（利润）。

【例 3-3】根据京顺公司的工作底稿的收益表栏提供的数据，遵循收入减去费用，即配比原则编制的收益表，如表 3-4 所示。

表 3-4　　**京顺公司收益表**

2011 年 12 月　　单位：元

项　目	金　额	
服务收入：		
营业收入		14 000
营业费用：		
工薪费	3 760	
广告费	460	
汽油费	680	
水电费	150	
保险费	200	
房租费	400	
物料用品费	700	
折旧费	750	
费用总额		7 100
营业收益（净收益）		6 900

从收益表可以了解到，京顺公司从开业到年末 12 月 31 日，共赚取收入 14 000 元，相应地产生费用 7 100 元，赚取营业收益 6 900 元。除营业收入外，企业还可能发生正常业务以外的其他业务损益，还会交纳所得税费等。这些将在本书以后章节和以后专业的课程中陆续介绍。

（二）留存收益表

留存收益表反映的是经济主体由于一定会计期间赚取的净收益和对所有者收益分配后，留存于企业内部的净收益的累计金额发生变化的过程。具体来讲，公司向股东发放股利则使留存收益减少，同时，每个会计期间的净收益或净亏损都反映为留存收益的增加或减少。

【例 3－4】 京顺公司留存收益表列示如表 3－5 所示。

表 3－5 **京顺公司留存收益表**

2011 年 12 月 单位：元

留存收益（2011 年 12 月 1 日）	0
加：2011 年 12 月净收益	6 900
合计	6 900
减：股利	3 000
留存收益（2011 年 12 月 31 日）	3 900

从上表可以看出：留存收益表反映了 2011 年 12 月 31 日资产负债表的留存收益余额 3 900 元是怎样从 2011 年 12 月 1 日开业时留存收益金额为零变动来的。变动的部分原因是 2011 年 12 月的经营成果即收益表的净收益 6 900 元；而另一方面的原因则是向股东发放股利 3 000 元。

留存收益表可以反映收益表和资产负债表相关数据的勾稽关系，即：

留存收益期初余额＋会计期净收益－会计期间收益分派＝留存收益期末余额

三、资产负债表

最后，根据工作底稿（或调整后试算平衡表）中的资产、负债和所有者权益账户的余额的资料以及留存收益表中的留存收益期末余额数据来编制资产负债表。

【例 3－5】 京顺公司资产负债表编制如表 3－6 所示。

表 3-6 京顺公司资产负债表

2011 年 12 月 31 日 单位：元

资产			负债及股东权益		
流动资产			流动负债		
现金		7 450	应付账款		1 140
应收账款		11 200	预收收入		3 000
在用物料用品		900	应付工薪		3 760
预付保险费		2 200	负债总额		7 900
预付房租		800			
流动资产合计		22 550	股东权益		
固定资产			股本	50 000	
固定资产原值	40 000		留存收益	3 900	
减：累计折旧	750		股东权益总额		53 900
固定资产净值		39 250			
资产总额		61 800	负债及股东权益总额		61 800

第三节 结账和结账后试算平衡

收入、费用账户是用于累积某一会计期间收入与费用流量的暂时性账户，这些数据用于编制收益表，计算出净收益。这些使命完成后，在期末，暂时性账户的余额最终要结转至留存收益账户，即被结清，通过留存收益表与资产负债表留存收益相勾稽。所谓结清账户是指通过会计分录把该账户的余额转到另一个账户去，从而使该账户余额为零。这一程序是会计循环的最后阶段，称为结账步骤。

一、结账

结账时通常要使用“收益汇总”账户，它是会计期末用于结转本期收入和费用的汇总账户。步骤如下：

（1）用收益汇总账户来结清所有的收入类账户的余额。具体是通过作一笔结账分录并将其过账来完成。

(2) 同样，用收益汇总账户结清所有费用类账户的余额。这时，收益汇总账户的贷方发生额与借方发生额相抵后得出余额，该余额即等于总收入与总费用配比后的结果，也就是净收益。

(3) 最后把收益汇总账户的余额结转到留存收益账户，从而结清收益汇总账户，使其余额为零。收益汇总账户也是个暂时性账户。

【例 3－6】 沿用京顺公司的例子，结账分录见表 3－7。

表 3－7　　　　**京顺公司普通日记账**　　　　（单位：元）　第 3 页

日期		摘　要	过账记号	借方金额	贷方金额
2011					
12	31	营业收入	401	14 000	
		收益汇总	331		14 000
		结清收入类账户			
	31	收益汇总	331	7 100	
		广告费	501		460
		汽油费	503		680
		工薪费	504		3 760
		水电费	506		150
		保险费	507		200
		房租费	508		400
		物料用品费	509		700
		折旧费	510		750
		结清费用类账户			
	31	收益汇总	331	6 900	
		留存收益	312		6 900
		将12月净收益结转留存收益			

上述结账分录过账后记录如图 3－8 所示。

营业收入　　　　账户编号 401

2011	2011
12.31　结账（1）　14 000	12.31　结账前余额　14 000

收益汇总 账户编号 331

2011			2011		
12.31	结账（2）	7 100			
12.31	结账（3）	6 900	12.31	结账（1）	14 000

广告费 账户编号 501

2011			2011		
12.31	结账前余额	460	12.31	结账（2）	460

汽油费 账户编号 503

2011			2011		
12.31	结账前余额	680	12.31	结账（2）	680

工薪费 账户编号 504

2011			2011		
12.31	结账前余额	3 760	12.31	结账（2）	3 760

水电费 账户编号 506

2011			2011		
12.31	结账前余额	150	12.31	结账（2）	150

保险费 账户编号 507

2011			2011		
12.31	结账前余额	200	12.31	结账（2）	200

房租费 账户编号 508

2011			2011		
12.31	结账前余额	400	12.31	结账（2）	400

物料用品费 账户编号 509

2011			2011		
12.31	结账前余额	700	12.31	结账（2）	700

折旧费 账户编号 510

2011			2011		
12.31	结账前余额	750	12.31	结账（2）	750

留存收益 账户编号 312

2011			2011		
12.31	日 2	3 000	12.31	结账（3）	6 900
			12.31	期末余额	3 900

图 3-8 京顺公司总账记录

结账分录过入分类账后，收入、费用及收益汇总账户都被结清。当下一会计期间开始时，这些过渡性账户余额为零，随一个新的会计期间的展开，收入和费用类账户又重新开始归集属于新会计期间的收入和费用，会计期间结束时，收益汇总又被用来归集这一期间的净收益或净亏损。

在实际工作中，结账只在每一会计年度结束时进行。在月末或季末编制中期会计报表时，一般并不结账，账项调整也只在工作底稿上进行，通过工作底稿就能据以编制出中期会计报表。在会计年度结束时，才在日记账上作出调整和结账分录并将其过账。

二、结账后试算平衡

结账后，通常要进行结账后的试算平衡，编制结账后试算平衡表，以检查调整和结账分录的过账是否发生差错。结账后，只有资产负债表账户或永续性账户仍有余额。所以结账后试算平衡表上只会出现资产、负债和所有者权益类账户。

【例 3-7】 京顺公司结账后试算平衡表如表 3-8 所示。

表 3-8　　京顺公司结账后试算平衡表

2011 年 12 月 31 日

	借方金额	贷方金额
现金	7 450	
应收账款	11 200	
在用物料用品	900	
预付保险费	2 200	
预付房租	800	
货运汽车	40 000	
累计折旧		750
应付账款		1 140
预收收入		3 000
应付工薪		3 760
股本		50 000
留存收益		3 900
	62 550	62 550

到此为止，一个会计循环结束。随另一个新的会计期间开始，又将进行一个新的会计循环，上述结账后试算平衡表中账户的余额将成为新的会计期间的各分类账户的期初余额。

三、会计循环小结

在持续经营与会计分期的假设前提下，对企业连续不断的经营活动进行记录与报告的财务会计工作因而具有了依次衔接、循环往复、连续不断的特点，这样在每一个会计期间依次重复发生的、为编制出所需会计报告而进行的一系列会计处理程序被称为会计循环。本书的上一章与本章对采用复式记账方法与权责发生制基础下的一整套会计循环过程进行了学习，现将其总结如下：

1. 分析经济业务、编制日记账分录

随着一个会计期间的开始，会计主体发生种种日常经济业务。首先，要对于业务发生时留下的相关原始凭证进行审核与分析，运用复式记账规则确定每笔业务应借记和应贷记的账户及金额，并按时间顺序在日记账中逐笔登记。

2. 过账

根据日记账中的记录，将涉及的账户应借记和应贷记的发生额，分别转记到相应的总分类账簿中，对于有必要开设明细分类账簿的，还应将相关账户发生额过记到对应的明细分类账簿中。

3. 调整前试算平衡（非必要）

利用会计期末各账户的余额，通过编制试算平衡表，并将其按借贷方向分别合计以验证是否相等，目的在于判断是否存在账户记录的错误。

4. 期末会计调整

实施以会计分期假设和权责发生制为理论基础的期末账项调整程序，目的在于把某些收入和费用归属到本会计期间并完善相关资产与负债账户的期末记录，为编制会计报表归集正确的数据。通常所作的调整分录包括四种类型：（1）按各受益期摊配已登账的资本性支出；（2）按各赚取期摊配已登账的预收收入；（3）计提未登账的费用；（4）计提未登账的收入。会计期末在日记账中编制上述四类账项调整分录并过入到相关分类账簿中，以保证会计记录的准确和完整。

5. 调整后试算平衡（非必要）

根据经过会计调整程序的各账户余额编制调整后试算平衡表，检查记账错误并为编制报表汇总数据资料。

6. 编制会计报表

编制收益表、留存收益表及资产负债表等会计报表可直接依据调整后的试算平衡表及相关账户的具体记录进行，也可通过编制工作底稿进行。

7. 结账

结账程序包括结清收入、费用和其他过渡性账户。具体是先将收入和费用账户的余额转到收益汇总账户，再将收益汇总账户的余额转到留存收益账户，使得收入与费用等暂时性账户余额结清，并把当期的净收益转入到所有者权益类账户。

8. 结账后试算平衡（非必要）

根据各账户余额编制结账后试算平衡表。编制结账后试算平衡表是为检验经过结账这一系列程序后，借贷双方是否仍然能够保持相等，以检查记账是否有错误。

上述会计循环的各项程序中，登记日记账和过账属于会计期间进行的日常账务处理工作，而调整前试算平衡、会计期末调整、调整后试算平衡、编制会计报表、结账及结账后试算平衡则是在会计期末日常经济业务入账之后进行的会计工作。试算平衡并非必要程序，仅为检查错误和方便会计处理。在实际工作中采用工作底稿时，会计循环中的编制会计报表与结账程序这两项工作可以同时分头进行。并且在具体的会计实践工作中，为了结合会计主体的实际情况与具体条件，科学合理地组织会计工作，会选择不同的账务处理程序设计，这样在上述基本会计循环的一般处理框架下，在某些特定的环节中还会有各种不同的具体顺序与程序的安排。

结合本章和上一章的内容，我们了解了企业会计工作的全套基本程序和基本方法，即：运用借贷记账法、设置和使用账户、分析并登记经济业务到编制会计报表的全过程，为以后各章的学习奠定了基础。

本章提示：

1. 本章按先易后难、由简入繁的学习逻辑，将股东权益简单划分为股本与留存收益两部分，而我国现行准则要求应包括实收资本、资本公积、盈余公积与未分配利润这四部分内容。

2. 本章中的收益表在我国通常称为利润表。本章中的“收益汇总”账户在我国财政部2006年颁布的会计科目表中对应的账户命名为“本年利润”，而结账时“留存收益”账户所对应的我国账户名称为“利润分配——未分配利润”。

3. 为介绍基本原理，本章例解选择了最简单的基本经济业务，将股东权益划分为股本与留存收益，以简明而且易于理解的留存收益表衔接收益表与资产负债表，但根据现行的会计准则，要求在编制资产负债表之前编制股东权益变动表，该表涉及影响股东权益变动的相对复杂的经济业务。

？思 考 题

1. 什么是期末账项调整，其理论依据是什么？哪些项目类型需要调整？
2. 调整后试算平衡表的作用是什么？
3. 什么是工作底稿？
4. 收益表反映了什么内容？
5. 留存收益表的作用是什么？
6. 资产负债表包括哪些内容，其结构特点是什么？
7. 什么是过渡性账户？永久性账户有哪些？
8. 什么是结账程序，如何将过渡性账户结清？
9. 为什么要编制结账后的试算平衡表？

第四章

商品交易和商业企业的会计业务

本章学习目标

1. 了解商业企业商品交易的特点；
2. 掌握商品销售收入的确认和销售业务的会计处理；
3. 掌握购货业务的会计处理；
4. 掌握商品销售成本的确定及其会计处理；
5. 熟悉商业企业收益表的结构与内容，掌握收益表的编制方法。

前两章中，我们以小型服务性企业为例介绍了会计处理程序和会计循环的最基本形式。小型服务性企业的经营模式比较简单，而商业企业的经营过程相对来说就要复杂许多，但会计处理的基本原理、方法和程序对商业企业同样适用。

商业企业是从事商品流通活动的经济主体。在社会再生产过程中，商品的一般流通过程是由制造企业通过生产过程将原材料加工为产成品后销售给批发商，批发商再将这些商品直接或经过某些工序（如包装、改装等）处理后转售给零售商，最后，由零售商卖给消费者。商品流通过程中涉及的批发商和零售商都属于商业企业。商业企业的经营循环过程是“购货—存储—销售”，它的基本特征是通过商品买卖活动赚取利润。本章将按照商业企业的主营业务利润的形成过程，即：商品销售收入 - 商品销售成本 - 经营费用 = 营业利润，介绍商业企业经营活动的会计处理程序。

第一节　商品销售收入的确认和计量

一、商品交易的有关条件

在进行商品交易时，买卖双方首先要就商品的价格以及货款偿付的时间等问题达成一致，这就是所说的商品销售条件。商品销售条件主要包括商业折扣、现金折扣和交货条件等。

（一）商业折扣

商业企业在对外销售商品时一般会提供商品零售价目表。不过，为了增加销售量，销货方往往会采用商业折扣的方法来调整实际销售价格。商业折扣是指企业在商品价目表的标价上给予一定的价格扣除。商业折扣是因购买量大而给予购买方的优惠，通常作为企业的促销手段，有利于扩大商品销售。商业折扣通常用百分数来表示，商品标价扣减商业折扣后的净额才是实际销售价格。例如，华鑫贸易公司甲商品的零售价格为每件10元，如果顾客购买50件及以上则给予10%的商业折扣。若某顾客购买了50件甲商品，则其购买价格不是500元，而是450元（500－500×10%）。商业折扣虽然会影响买卖双方的实际交易价格，但这个价格是开具发票的价格，因而不会影响买卖双方的会计处理。

（二）现金折扣

现金折扣是指销货方为鼓励购买方在规定的期限内早日偿还货款而向买方提供的债务扣除。现金折扣通常出现在以赊销方式销售商品及提供劳务的交易中。赊销是商业信用的主要方式，在一定程度上会扩大企业的销售规模，但收回账款期限的长短又会对企业的资金周转产生影响。因此，当企业赊销商品时，通常都规定一个清偿全部账款的期限，也称信用期限。同时销货方为了鼓励购买方尽早偿付货款，往往会给出一个比信用期限更短的期限，称为折扣期限，购买方在此期限内付款可在发票金额的基础上享受一定比例的折扣。现金折扣一般用符号“折扣/付款期限”表示，例如，“2/10，1/20，n/30”，其含义是：如果买方在发票日10天内付清货款，可以享受从发票金额中扣减2%的价格优惠；如果在发票日11～20天付清货款，可以享受从发票金额中扣减1%的价格优惠；如果在21～30天付款，则不给折扣，应支付全部价款。

以上述华鑫贸易公司销售甲商品为例，如果顾客购买了50件甲商品，享受了商业折扣后的发票价格为450元，如果该顾客在10天内还款，则只需向华鑫贸易公司支付441元（450 - 450 × 2%），但是如果这个顾客在20天以上30天以下付款，就需要按全款支付450元。

（三）交货条件

商业企业在向外埠（或国外）企业销售商品时，买卖双方需要对商品交易中所发生的运输费用由谁负担作出约定，一般有两种方式：起运站交货和到达站交货。采用起运站交货方式，运输费用由购买方负担；采用到达站交货方式，运输费用则由销售方承担。然而，当商品交由货运公司从事运输任务时，又有两种付费方式：即运费预付和货到付运费，于是就有了如表4-1所示的两种交货条件下的四种组合方式。

表4-1　不同交货条件下买卖双方运费承担与支付表

交货条件	购买方	销售方
起运站交货，运费预付	负担运费	代垫运费
起运站交货，货到付运费	负担并支付运费	
到达站交货，运费预付		负担并支付运费
到达站交货，货到付运费	代垫运费	负担运费

商业企业在处理因商品交易而发生的运输费用时，需遵循权责发生制和收支配比原则，在发生费用的当期予以确认，销售方记作销售费用，购买方计入商品采购成本。不过在会计实务中，很多商业企业往往会因其业务特点将采购环节发生的运输费用计入当期经营费用而不是计入商品采购成本。同时，由于费用结算方式所引起的代垫款项，买卖双方是通过“应收账款”或“应付账款”账户结算的。

二、商品销售收入的确认

商品销售收入的确认应以权责发生制为基础，遵循收入实现原则。当发生商品所有权转移时，无论此时是否收到货款，均应确认销售收入。例如，如果采用现销方式销售商品，交付商品的同时收取货款，销售收入实现，则以实际收到的货款金额借记“现金”账户，贷记“销售收入”账户。如果采用赊销方式销售商品，一旦开出发票并发运货物，销售方就应确认销售收入，并根据发票金额借记“应收账款”账户，贷记“销售收入”账户。如果企业采用预收货款方式销售商品，在收到购买方支付的预付款时，销售方并未提供商品，因而不具备确认收入实现的条件，此时，销售方应作负债处理，借记“现金”账户，贷记“预收收入”账户；待发运商品并开出发票后再确认收入，借记“预收收入”账户，贷记“销售收入”账户。

三、商品销售的会计处理

商业企业销售商品包括现销、赊销、预收款销售以及分期付款销售等方式，本章只介绍赊销商品的会计处理。

（一）赊销商品

【例4-1】天天贸易公司于2011年12月1日销售给方泰公司100千克甲商品，零售价格为每千克100元，购买100千克及以上可享受10%的商业折扣，付款条件是：1/10，n/30，天天贸易公司开出的发票价格为9 000元（10 000×90%）。天天贸易公司编制会计分录如下：

借：应收账款——方泰公司　　9 000

　贷：销售收入　　9 000

（二）销货运费的支付

【例4-2】沿用【例4-1】，在该笔销售业务中，假设买卖双方约定的交货条件为：起运站交货且运费预付。天天贸易公司在发货时为方泰公司垫付运费100元。

根据交货条件，起运站交货的运费是由购买方承担。在赊销商品时，凡由销售方代购买方垫付的运费，或由购买方代销售方垫付的运费，销售方都应通过“应收账款”账户予以结算。天天贸易公司编制会计分录如下：

借：应收账款——方泰公司　　100

　贷：现金　　100

如果买卖双方约定的交货条件不是起运站交货、运费预付，而是另外其他三种交货条件之一时，会计处理就会发生相应的变化。其会计处理如下：

（1）如果交货条件约定为：起运站交货，货到付运费，则天天贸易公司在发货时不需要作任何有关运费的会计分录。

（2）如果交货条件约定为：到达站交货，运费预付，此时天天贸易公司在发货时需支付并承担运费100元。天天贸易公司编制会计分录如下：

借：销售费用——运费　　100

　贷：现金　　100

（3）如果交货条件约定为：到达站交货，货到付运费，这时本应由天天贸易公司承担运费，但货运公司是在商品运到后向方泰公司收取的，则天天贸易公司会在收到方泰公司代其垫付运费100元的运费凭证时，编制如下会计分录：

借：销售费用——运费　　100

　　贷：应收账款——方泰公司　　100

销售方在四种不同的交货条件下对运费的会计处理汇总如表 4－2 所示。

表 4－2　　销售方运费记录类型表

交货条件	销售方（天天贸易公司）会计记录
起运站交货，运费预付	借：应收账款——方泰公司　100 　贷：现金　100
起运站交货，货到付运费	不作会计分录
到达站交货，运费预付	借：销售费用——运费　100 　贷：现金　100
到达站交货，货到付运费	借：销售费用——运费　100 　贷：应收账款——方泰公司　100

（三）退货与折让货款

在商品交易中，购买方在收到商品后，如果发现商品有缺陷或出现与双方所签署的合同约定不相符合等原因时，销售方一般会允许其将商品退回，或者不退还商品而给予购买方一定的价款折让处理。无论是退货还是采用折让货款的方式解决，买卖双方都要达成一致，并由销售方根据具体情况开具退货或折让货款的相关凭证。此凭证至少一式两联，买卖双方据以作出退货或折让的记录。

销售退回和折让在性质上属于销售收入的减少，但企业通常不直接冲减销售收入，而是专门设置“销售退回和折让”账户，用来单独反映退货或给予购买方的货款折让业务。这样处理的主要原因是，销售退回和折让的实质是销售失败，其发生的金额大小以及频率，无论对于商业企业自身而言，还是对于企业外部的会计信息使用者来说，都是重要的会计信息。“销售退回和折让”账户是“销售收入”账户的备抵账户，企业在编制收益表时将“销售退回和折让”金额列示为销售收入的减项。

【例 4－3】 沿用【例 4－1】，12 月 3 日方泰公司在收到的 100 千克甲商品中，发现有 10 千克商品损坏，其余 90 千克与合同约定的品质不符。经过协商，天天贸易公司同意损坏的 10 千克甲商品作退货处理，其余的 90 千克甲商品折让 5% 的货款。天天贸易公司开出退货及折让货款的会计凭证，退货款为 900 元（10×90）、折让的货款为 405 元（90×90×5%），共计 1 305 元并送达方泰公司。天天贸易公司编制会计分录如下：

借：销售退回和折让　　1 305
　　贷：应收账款——方泰公司　　1 305

（四）收取货款

1. 在折扣期内收取货款

如果购买方在折扣期内付款，就可享受到现金折扣，销售方就要少结算货款，即销售方不能全额收回在赊销时按发票价格所确认的销售收入。对于给予购买方的现金折扣，销售方需要专门设置“销售折扣”账户予以反映。“销售折扣”账户是“销售收入”账户的另一个备抵账户，用来提供企业销售政策方面的会计信息。在收益表上，将一定会计期间的销售折扣总额（“销售折扣”账户的借方发生额）与销售退回和折让总额（“销售退回和折让”账户的借方发生额）一起列为当期销售收入的减项，抵减后的差额称为“销售净额”。销售方在处理销售折扣业务时，按实际收到的现金借记“现金”账户，按给予购买方的现金折扣金额借记“销售折扣”账户，同时贷记“应收账款”账户以结清该笔业务的全部款项。需注意的是，现金折扣仅指对销售商品的货款给予的折扣，不包含除货款以外的其他任何款项，如运费等。

【例 4-4】沿用【例 4-1】，假定方泰公司在 12 月 11 日之前将货款付给天天贸易公司，则该公司可以享受的现金折扣金额为：(9 000 - 1 305) ×1% =76.95（元）。

方泰公司实际付给天天贸易公司的款项为：9 000 - 1 305 - 76.95 +100 = 7 718.05（元）。

天天贸易公司收到货款时，编制会计分录如下：

借：现金　　7 718.05
　　销售折扣　　76.95
　　贷：应收账款——方泰公司　　7 795

如果选择另外其他三种交货条件之一时，其会计处理如下：

（1）交货条件为：起运站交货，货到付运费，或者到达站交货，运费预付。

在这两种交货条件下，买卖双方不需要互相代垫运费，因此方泰公司付给天天贸易公司的款项为：9 000 - 1 305 - 76.95 = 7 618.05（元）。

天天贸易公司收到货款时，编制会计分录如下：

借：现金　　7 618.05
　　销售折扣　　76.95
　　贷：应收账款——方泰公司　　7 695

（2）交货条件为：到达站交货，货到付运费。

此时，方泰公司付给天天贸易公司的款项为：9 000 - 1 305 - 76.95 - 100 =

7 518.05（元）。

天天贸易公司收到货款时，编制会计分录如下：

借：现金　　7 518.05

　　销售折扣　　76.95

　　贷：应收账款——方泰公司　　7 595

2. 超过折扣期收取货款

如果购买方支付货款的时间超过折扣期限则不能享受现金折扣，此时需要按发票金额支付全部款项。

【例 4－5】沿用【例 4－1】，假定方泰公司在 12 月 31 日将货款付给天天贸易公司，则不能享受现金折扣，方泰公司实际付给天天贸易公司的款项为：9 000－1 305＋100＝7 795（元）。

天天贸易公司收到货款时，编制会计分录如下：

借：现金　　7 795

　　贷：应收账款——方泰公司　　7 795

如果选择另外其他三种交货条件之一时，其会计处理如下：

（1）交货条件为：起运站交货，货到付运费，或者到达站交货，运费预付。

在这两种交货条件下，买卖双方不需要互相代垫运费，因此方泰公司付给天天贸易公司的款项为：9 000－1 305＝7 695（元）。

天天贸易公司收到货款时，编制会计分录如下：

借：现金　　7 695

　　贷：应收账款——方泰公司　　7 695

（2）交货条件为：到达站交货，货到付运费。

此时，方泰公司付给天天贸易公司的款项为：9 000－1 305－100＝7 595（元）。

天天贸易公司收到货款时，编制会计分录如下：

借：现金　　7 595

　　贷：应收账款——方泰公司　　7 595

第二节　购货和商品销售成本

前面提到，在社会再生产过程当中，商业企业是连接生产与消费的桥梁，它通过商品的买卖活动赚取利润。商品采购业务是商业企业经营循环的开始，购入的商品是存货的主要来源。商业企业在对存货成本和商品销售成本的确认上有两种盘存制度：一是永续盘存制，另一个是定期盘存制。采用不同的存货盘存制度，在商品存货的会计处理上也会有些不同。有关存货的两种盘存制度的详细内容将在第五章进行专门介绍，本章将按照定期盘存制阐述商品采购业务的会计处理以及商品销售成本的计算与账项调整。

一、定期盘存制

定期盘存制又称实地盘存制，是会计期末通过对全部存货进行实地盘点来确定期末存货的数量和金额，进而据以计算当期商品销售成本的方法。商业企业对商品存货的会计处理采用定期盘存制，购进商品时要根据相关会计凭证逐笔连续记录购货成本，但对商品销售业务只记录销售收入，不记录销售数量和销售成本。因此，“商品存货”账户平时只反映可供销售的商品成本，不反映商品的账面结存数量与金额，待期末根据实地盘点结果确定期末存货结存数量和金额后，采用倒挤法计算出本期商品销售数量和销售成本，并据以登记入账。定期盘存制的有关计算如下：

期末存货成本 = 期末存货实地盘存数量 × 存货单位成本

本期商品销售数量 = 期初存货数量 + 本期购货数量 - 期末存货数量

本期商品销售成本 = 期初存货成本 + 本期购货成本 - 期末存货成本

上述公式通常称为“存货模型”。需注意的是，在计算期末存货成本时，存货单位成本的确定十分重要，它不仅会影响当期商品销售成本的计算，同时影响到当期营业利润的计算。企业通常可以采用个别认定法、先进先出法、后进先出法和平均成本法等存货计价方法计算确定期末存货成本。如果期末存货数量很少，也可选用最后一次购货的单位成本作为期末存货成本的计算依据。有关存货的各种计价方法将在第五章详细介绍。

二、购货的会计处理

商业企业的商品采购成本（即购货成本）不仅包括所购商品的发票价格，还应包括使所购商品达到可出售状态之前的全部支出，其中，主要有商品运输费、保险费、装卸费以及再包装成本等等。商业企业一般设置“商品存货”账户来记录当期购入商品的成本。购入商品时按发票价格借记“商品存货”账户，由买方承担的运费及其他采购费用，借记“商品存货”账户，发生的购货退回和折让、取得的现金折扣等贷记“商品存货”账户。

在一个会计期间内，用“商品存货”账户的借方发生额（包括发票价格、购货运费及其他采购费用）扣除贷方发生额（包括购货退回和折让、现金折扣），可以确定出本期购货成本，其计算公式如下：

本期购货成本 = 发票价格 + 购货运费及其他采购费用 - 购货退回和折让 - 现金折扣

（一）赊购商品

【例 4-6】仍沿用【例 4-1】，2011 年 12 月 1 日，方泰公司从天天贸易公司购进 100 千克甲商品，零售价每千克 100 元，购买 100 千克及以上可享受 10% 的商业折扣，付款条件：1/10，n/30，天天贸易公司开出的发票价格为 9 000 元（10 000 × 90%）。方泰公司编制购货的会计分录如下：

借：商品存货　　9 000

　　贷：应付账款——天天贸易公司　　9 000

（二）购货运费的支付

【例 4-7】沿用【例 4-2】，买卖双方约定的交货条件为：起运站交货，运费预付。根据交货条件，起运站交货的运费是由购买方承担并计入商品采购成本。在赊购商品时，凡由销售方代购买方垫付的运费，或由购买方代销售方垫付的运费，购买方都应通过“应付账款”账户予以结算。方泰公司在收到天天贸易公司代垫运费 100 元的相关凭证后编制会计分录如下：

借：商品存货　　100

　　贷：应付账款——天天贸易公司　　100

如果买卖双方约定的交货条件不是起运站交货、运费预付，而是另外其他三种交货条件之一，则其会计处理如下：

（1）交货条件为：起运站交货，货到付运费。方泰公司在收到货物并向运输公司支付运费时，编制会计分录如下：

借：商品存货　　100

　　贷：现金　　100

（2）交货条件为：到达站交货，运费预付。则方泰公司在收到货物时不需要作任何有关运费的会计分录。

（3）交货条件为：到达站交货，货到付运费。这时应由天天贸易公司承担运费，但货运公司是在商品运到后向方泰公司收取的，则方泰公司在代天天贸易公司垫付运费时，编制如下会计分录：

借：应付账款——天天贸易公司　　100

　　贷：现金　　100

购买方在四种不同的交货条件下对运费的会计处理汇总如表 4－3 所示。

表 4－3　　　　购买方运费记录类型表

交货条件	购买方（方泰公司）会计记录
起运站交货，运费预付	借：商品存货　100 　贷：应付账款——天天贸易公司　100
起运站交货，货到付运费	借：商品存货　100 　贷：现金　100
到达站交货，运费预付	不作会计分录
到达站交货，货到付运费	借：应付账款——天天贸易公司　100 　贷：现金　100

（三）退货与折让货款

前已述及，如果购买方验收货物发现所购商品有缺陷或出现与双方所签署的合同约定不相符合等原因时，销售方一般会允许购买方将商品退回，或者不退还商品而给予购买方一定的价款折让。购买方在收到销售方同意退货或折让货款的凭证后，借记“应付账款”账户，贷记“商品存货”账户。

【例 4－8】沿用【例 4－3】，12 月 3 日，方泰公司在收到的 100 千克甲商品中发现有 10 千克商品损坏，其余 90 千克与合同约定的品质不符。经协商，损坏的 10 千克甲商品退回卖方，其余商品折价 5%。方泰公司在收到天天贸易公司同意退货和折让价款共计 1 305 元的相关凭证时，编制会计分录如下：

借：应付账款——天天贸易公司　　1 305

　贷：商品存货　　1 305

（四）支付货款

1. 在折扣期内支付货款

如果购买方在折扣期内付款，就可享受到现金折扣。购买方将所享受到的现金折扣用来抵减购货成本，记入“商品存货”账户的贷方。

【例 4－9】沿用【例 4－4】，假定方泰公司在 12 月 11 日之前将货款付给天天贸易公司，则方泰公司可以享受现金折扣 76.95 元，实际付给天天贸易公司的款项为 7 718.05 元。方泰公司支付货款时，编制会计分录如下：

借：应付账款——天天贸易公司　　7 795

　贷：商品存货　　76.95

　　现金　　7 718.05

上述业务处理完成后，就可以确定本期的购货成本，计算如下：

本期购货成本 = 发票价格 + 购货运费及其他采购费用 - 购货退回和折让 - 现金折扣

= 9 000 + 100 - 1 305 - 76.95 = 7 718.05（元）

如果选择另外其他三种交货条件之一时，其会计处理如下：

(1) 交货条件为：起运站交货，货到付运费，或者到达站交货，运费预付。

在这两种交货条件下，买卖双方不需要互相代垫运费，方泰公司付给天天贸易公司的款项为 7 618.05 元。方泰公司支付货款时，编制会计分录如下：

借：应付账款——天天贸易公司　　7 695

　贷：商品存货　　76.95

　　现金　　7 618.05

(2) 交货条件为：到达站交货，货到付运费。

此时，方泰公司付给天天贸易公司的款项为 7 518.05 元。方泰公司支付货款时，编制会计分录如下：

借：应付账款——天天贸易公司　　7 595

　贷：商品存货　　76.95

　　现金　　7 518.05

2. 超过折扣期支付货款

如果购买方支付货款的时间超过折扣期限则不能享受现金折扣，此时需要按发票金额支付全部款项。

【例 4 - 10】 沿用【例 4 - 5】，假定方泰公司在 12 月 31 日将货款付给天天贸易公司，则不能享受现金折扣，方泰公司实际付给天天贸易公司的款项为 7 795 元。方泰公司支付货款时，编制会计分录如下：

借：应付账款——天天贸易公司　　7 795

　贷：现金　　7 795

如果选择另外其他三种交货条件之一时，其会计处理如下：

(1) 交货条件为：起运站交货，货到付运费，或者到达站交货，运费预付。

在这两种交货条件下，买卖双方不需要互相代垫运费，方泰公司付给天天贸易公司的款项为 7 695 元。方泰公司支付货款时，编制会计分录如下：

借：应付账款——天天贸易公司　　7 695

　　贷：现金　　7 695

（2）交货条件为：到达站交货，货到付运费。

此时，方泰公司付给天天贸易公司的款项为7 595元。方泰公司支付货款时，编制会计分录如下：

借：应付账款——天天贸易公司　　7 595

　　贷：现金　　7 595

（五）总价法和净价法

总价法和净价法是在商品采购环节对发生的现金折扣采取的两种会计处理方法。总价法是指将未扣减现金折扣前的发票金额作为应付账款入账金额的方法。在总价法下，商品存货和应付账款按扣除现金折扣前的发票金额记录，现金折扣只有在真正发生时（即顾客在折扣期内支付货款时）才予以确认。如上述举例中，方泰公司购货的会计处理采用的就是总价法。净价法是指将扣减现金折扣后的金额作为应付账款入账金额的方法。在净价法下，商品存货和应付账款按扣除现金折扣后的净额记录，而将由于超过折扣期限而多支付的所丧失的现金折扣金额作为损失记入财务费用。

【例4-11】仍以前述方泰公司从天天贸易公司购货为例，天天贸易公司开出的发票价格为9 000元，付款条件：1/10，n/30；交货条件：起运站交货，运费预付。方泰公司购货的会计处理采用净价法。

（1）2011年12月1日方泰公司购货时以净价8 910元（9 000－9 000×1%）入账。方泰公司编制购货的会计分录如下：

借：商品存货　　8 910

　　贷：应付账款——天天贸易公司　　8 910

（2）方泰公司在收到天天贸易公司代垫运费100元的相关凭证后，编制会计分录如下：

借：商品存货　　100

　　贷：应付账款——天天贸易公司　　100

（3）方泰公司收到天天贸易公司同意退货和折让价款的相关凭证后，仍需按照净额计算并入账：退货和折让价款的净额＝1 305－1 305×1%＝1 291.95（元）。方泰公司编制会计分录如下：

借：应付账款——天天贸易公司　　1 291.95

　　贷：商品存货　　1 291.95

（4）方泰公司在折扣期内付款则可以享受现金折扣，因而实际付给天天贸易公司的款项为应付账款余额 7 718.05 元（8 910 + 100 - 1 291.95）。方泰公司支付货款时，编制会计分录如下：

借：应付账款——天天贸易公司　　7 718.05

　贷：现金　　7 718.05

（5）如果方泰公司超过折扣期付款未能享受现金折扣，则需要按照发票金额扣除退货和折让款项后的余款 7 795 元（9 000 + 100 - 1 305）支付。方泰公司支付货款时，编制会计分录如下：

借：应付账款——天天贸易公司　　7 718.05

　　财务费用——现金折扣损失　　76.95

　贷：现金　　7 795

在实际业务中，现金折扣率一般会高于同期银行存款利率。因此，从有效的财务管理角度看，企业应尽可能在折扣期内支付所欠货款，这也正是净价法的会计处理依据。在这个原则下，如果企业不能在折扣期内付款，应被看做是对企业理财政策的偏离，因而作为财务费用处理来反映这种额外的损失。

三、商品销售成本

（一）定期盘存制下“商品存货”的记录

在定期盘存制下，“商品存货”账户只提供商业企业储备待售的商品数量和成本信息，除了期初库存商品外，平时只登记商品购进业务。企业销售商品时，只记录销售收入，不记录销售成本，待会计期末通过对全部存货进行实地盘点确定期末商品存货数量和成本后，采用倒挤的方式计算并结转商品销售成本。

（二）商品销售成本的确定及其账项调整

在定期盘存制下，期末确定商品销售成本的程序如下：

（1）期末，将“商品存货”账户的期初存货成本与本期购货成本之和（称为“可供销售商品成本”）全部转入“销售成本”账户；

（2）将实地盘点确认的期末存货成本从“销售成本”账户结转至“商品存货”账户，完成倒挤商品销售成本的过程。

在定期盘存制下，确定商品销售成本的会计处理属于期末账项调整内容，该会计处理程序其实就是存货模型的具体应用：

本期商品销售成本 = 期初存货成本 + 本期购货成本 - 期末存货成本

　　　　　　　　 = 可供销售商品成本 - 期末存货成本

下面举例说明商品销售成本的确认和账项调整过程。

【例 4－12】假设方泰公司期初甲商品库存量为 10 千克，成本为 980 元。本期甲商品采购业务详见【例 4－6】至【例 4－9】，本期购货成本为 7 718.05 元。

（1）12 月 12 日，方泰公司发生了下列销售业务：向巍巍公司销售甲商品 80 千克，每千克售价 200 元，付款条件：2/10，n/30；交货条件：到达站交货，运费预付。方泰公司发运商品时支付运费 150 元。方泰公司销售商品和支付运费时编制会计分录如下：

借：应收账款——巍巍公司　　16 000
　贷：销售收入　　16 000
借：销售费用——运费　　150
　贷：现金　　150

（2）甲商品运到巍巍公司后，经验收发现有 10 千克商品由于存储不当产生瑕疵，经双方协商，方泰公司同意对这 10 千克商品折让 20% 的货款，共计 400 元。方泰公司编制会计分录如下：

借：销售退回和折让　　400
　贷：应收账款——巍巍公司　　400

（3）巍巍公司在折扣期内偿付货款，支付金额为：

$$16\ 000-400-(16\ 000-400)\times 2\% = 15\ 288\ (\text{元})$$

方泰公司收到货款时，编制会计分录如下：

借：现金　　15 288
　销售折扣　　312
　贷：应收账款——巍巍公司　　15 600

（4）期末，方泰公司对商品存货进行实地盘点，确定甲商品实际结存数量为 18 千克。假定期末存货成本按每千克 86.98 元计算，则期末存货成本为 1 565.64 元（18 × 86.98）。方泰公司编制的期末账项调整分录如下：

① 将"商品存货"账户的可供销售商品成本 8 698.05 元（980 + 7 718.05）结转至"销售成本"账户，编制会计分录如下：

借：销售成本　　8 698.05
　贷：商品存货　　8 698.05

② 将实际盘点确定的期末存货成本 1 565.64 元从"销售成本"账户转入"商品存货"账户。编制会计分录如下：

借：商品存货　　1 565.64

贷：销售成本　　1 565.64

这两笔调整分录的记账结果是：第一笔调整分录将可供销售商品成本全部转入“销售成本”账户后，“商品存货”账户余额结为零；第二笔调整分录将实地盘点确定的期末存货成本从“销售成本”账户转入“商品存货”账户，从而使“商品存货”账户的期末余额与实际盘点结果一致，同时又完成了倒挤销售成本的过程。至此，“销售成本”账户的借方余额 7 132.41 元（8 698.05 - 1 565.64）就是本期商品销售成本，该余额将列入收益表作为销售净额的减项。

这里需要注意的是，采用定期盘存制确定的商品销售成本是不够准确的，它既包含当期实际的商品销售成本，同时也包含了商品在存储过程中由于管理不善等原因造成的丢失或毁损等导致的损失。

从方泰公司采用定期盘存制确定销售成本的过程可以看到，在定期盘存制下，“商品存货”账户不需要按商品品种规格逐一设置明细账，平时销售商品不需要登记账簿，期末通过盘点一次确定并结转商品销售成本，会计处理程序简便，省掉了大量的簿记工作。这种方法一般适合那些经营商品的品种规格繁多、价值相对较低的小型商业企业（如没有使用电子扫描终端系统的小型药店、食品杂货店等），或者是对容易发生损耗的生鲜商品（如蔬菜、水果、鱼肉、禽蛋等）的会计处理。

第三节　商业企业的收益表

收益表也称损益表、利润表。收益表报告的是会计主体在一定时期内的经营成果，它是对资产负债表中留存收益项目在本期所发生变化的详细说明。收益表的列报方式有单步式和多步式两种。

一、商业企业收益表的基本结构

商业企业的收益表在对外报告时一般都按照多步式编制。这种编制方法可以清晰地反映企业利润的形成过程和利润的结构，以便于信息使用者对其盈利能力作出判断。所谓多步式收益表是通过对当期的收入、费用、支出项目按性质加以归类，按企业利润形成的主要环节分别列示一些中间性收益指标，分步计算得出企业当期净收益。商业企业的收益表具有明显的行业特点，其具体结构如表 4 - 4 所示（本表只列经营业务部分）。

表 4-4　　商业企业收益表

方泰公司收益表（局部）

2011 年 12 月　　单位：元

项　　目	本　　月		本年累计	
销售收入		16 000.00		162 000.00
减：销售退回和折让	400.00		3 600.00	
销售折扣	312.00	712.00	7 200.00	10 800.00
销售净额		15 288.00		151 200.00
销售成本		7 132.41		86 232.00
销售毛利		8 155.59		64 968.00
营业费用				
销售费用	3 185.00		15 285.00	
管理费用	1 182.00	4 367.00	11 883.00	27 168.00
营业收益		3 788.59		37 800.00
其他收入和利得				
其他收入				
利得				
其他费用和损失				
财务费用				
损失				
税前收益				
所得税费用				
净收益				

由表 4-4 可见，商业企业的收益表一般包括六个层次的内容：

1. 销售净额

销售净额 = 销售收入 - 销售退回和折让 - 销售折扣

2. 销售成本

销售成本 = 可供销售商品成本 - 期末存货成本

3. 销售毛利

销售毛利 = 销售净额 - 销售成本

4. 营业收益

营业收益 = 销售毛利 - 营业费用

5. 税前收益

企业除了经营过程中获得的营业收益外，还可能会发生一些非经营性或偶然发生的利得和损失，这些项目也会影响到企业最终的经营成果。

税前收益 = 营业收益 + 其他收入和利得 – 其他费用和损失

6. 净收益

净收益 = 税前收益 – 所得税费用

二、商业企业的营业费用

在商业企业的收益表中，有关商品购销业务的相关内容已在前面作了介绍，这里仅就收益表中的营业费用问题进行阐述。收益表中的其他内容会在后面的有关章节介绍。

营业费用是指商业企业在正常经营活动中发生的除商品销售成本以外的各种费用。一般可划分为销售费用和管理费用两类。销售费用是指企业在销售商品过程中发生的各种费用，例如广告费、运输费、仓储费、保险费、包装费、坏账费用、销售人员薪酬、业务费、销售场地的租金和水电费、销售设施折旧费以及销售耗用的物料用品费等。管理费用是指企业在组织和管理经营活动过程中发生的各种费用，例如管理人员薪酬、办公场地的租金、水电费和保险费、办公用品费以及办公设施的折旧费等。

企业在对营业费用进行会计处理时，为了对外报告的方便，可以按照销售费用和管理费用设置总账账户予以记录，同时为了满足内部管理的需要，又可在这个基础上按照费用的具体内容设置明细账户（如管理费用可细分为职员薪酬、差旅费、水电费等）进行详细记录。

对营业费用的会计处理，应遵循权责发生制和配比原则。这其中既有直接支付费用的会计处理，又涉及应计费用或递延费用的期末账项调整等方面。商业企业对本期发生并应予确认的营业费用，借记相关的费用账户，贷记“现金”、“应付费用”、“累计折旧”等账户。例如，以现金支付本期管理部门发生的水电费，应借记“管理费用”账户，贷记“现金”账户。对当期发生但尚未支付的销售人员薪金，借记“销售费用”账户，贷记“应付工薪”账户。

【例 4－13】 承前例，假设方泰公司 2011 年 12 月以现金支付本月发生的营业费用共计 3 817 元，其中，销售部门 2 785 元（包括前述支付的运费 150 元）、管理部门 1 032 元；月末确定本月最后一周应付员工薪酬共计 550 元，其中，销售部门 400 元、管理部门 150 元。方泰公司编制会计分录如下：

借：销售费用	3 185
管理费用	1 182

贷：现金　　3 817

　　应付工薪　　550

三、结账

期末，当企业编制完财务报表之后，应将全部收入和费用类账户结清，从而结束一个会计循环过程。在前面第三章中我们已经学习了这一结账过程，其基本程序在此依然适用。

【例 4－14】 承前例，假设方泰公司 2011 年末各收入和费用类账户余额如下：

单位：元

账　　户	余　额
销售收入	162 000
销售退回和折让	3 600
销售折扣	7 200
销售成本	86 232
销售费用	15 285
管理费用	11 883

方泰公司编制结账会计分录如下：

（1）结转当年销售净额：

借：销售收入　　162 000

　　贷：销售退回和折让　　3 600

　　　　销售折扣　　7 200

　　　　收益汇总　　151 200

（2）结转当年销售成本和营业费用：

借：收益汇总　　113 400

　　贷：销售成本　　86 232

　　　　销售费用　　15 285

　　　　管理费用　　11 883

（3）结转当年营业收益：

本年营业收益 = 151 200 － 113 400 = 37 800（元）

借：收益汇总　　37 800

　　贷：留存收益　　37 800

将结账分录过入分类账后，所有的收入、费用类账户及“收益汇总”账户都被结清，即将所有临时性账户余额结为零。随着一个新的会计期间的展开，收入、费用类账户又重新开始归集属于新会计期间的收入和费用，而“留存收益”账户期末余额将列报在资产负债表的所有者权益中。

本章提示：

关于收益的确认和计量，即收入与费用的确认和计量，商业企业比较明晰简单，而有些行业比较复杂，如长期建造合同、让渡资产使用权、金融服务等，这些类型业务的收益确认相对于商业企业较为复杂。本章以商业企业为例介绍了收益确认的基本原理与方法。同时为掌握一般原理，避免一一介绍我国具体准则，本章将现金折扣简单处理，直接冲减购货成本。第五章存货成本将作同样处理。

?思考题

1. 现金折扣与商业折扣有何不同，对会计处理有何影响？
2. 试说明四种交货条件下分别由哪方承担运费和支付运费。
3. 试说明销售退回和折让对买卖双方会计处理的影响。
4. 什么是定期盘存制？定期盘存制下，期末如何通过账项调整确定商品销售成本？
5. 如何确定购货成本？
6. 试说明总价法和净价法下会计处理的区别。
7. 试说明商业企业收益表的结构。

第五章

流 动 资 产

本章学习目标

1. 了解现金管理的基本原则和现金内部控制的基本要求；
2. 掌握零用现金的会计处理和银行存款余额调节表的编制；
3. 掌握应收账款的确认和坏账会计处理的备抵法；
4. 掌握应收票据和应收票据贴现的会计处理；
5. 了解存货类别、范围的界定和成本构成；
6. 掌握定期盘存制和永续盘存制及其会计处理；
7. 掌握每种存货计价方法并说明每种存货成本流转假设对财务报表和纳税的影响；
8. 掌握存货计价的成本与市价孰低法。

流动资产是指预计在一年或超过一年的一个营业周期内转化为现金、出售或耗用的资产。这里的一个营业周期是指企业从购买用于出售或用于加工的资产起至收回现金的期间。流动资产一般包括现金、短期证券投资、应收账款、应收票据、预付费用和存货等。其中，现金、证券投资、应收账款和应收票据又称为金融资产。这里的“金融资产”是指一切代表未来收益或资产合法要求权的合同，也称金融工具。本章主要阐述现金、应收账款、应收票据和存货，有关短期证券投资的内容将在第九章介绍。

第一节　现　　金

资产负债表中的资产项目通常按照流动性的强弱来排列先后顺序。由于现金是流动性最强的一种金融资产，因而列示于资产负债表中流动资产部分的第一项。

一、现金的内容及其管理

（一）现金的内容

现金是指企业可以自由运用、具有购买力、可以立即用于支付的交换媒介。现金包括库存现金和银行存款。库存现金是指企业存放在会计部门、由出纳人员保管的现金，例如硬币和纸币。银行存款是指企业存放在银行或其他金融机构的现金，通常是指活期存款。现金还包括银行可接收并存入银行账户的其他票据，如支票、银行本票、银行汇票和汇款单等。企业一般设置“现金”账户反映库存现金和银行存款的增减变动。

（二）现金的管理

现金是企业从事各种生产经营活动所必备的重要资源，企业只有保持一定数量的现金才能保证生产经营活动的正常运行。这就要求企业必须充分、有效地安排使用现金，使其保持合理的数量。企业要想拥有充足的现金，应当遵循以下五项现金管理的基本原则：

（1）加快应收账款的回收速度。顾客越快付钱给企业，企业就可以越快地使用这些现金。一种激励顾客更快付款的常用方法是对提早还款的顾客给予现金折扣。

（2）保持低存货水平。企业持有大量存货的代价是很高的，它们占用了大量的现金以及库房空间。越来越多的企业采用技术手段减少存货，从而节省现金。当然，如果企业没有足够的存货，也会丧失销售机会，因而保持适当的存货水平是企业一项重要决策。

（3）延迟偿还负债。企业通过对其所欠账款的到期日保持跟踪，就可以避免过早付款。但是企业在可能的情况下，也应该通过利用供应商提供的现金折扣来节省现金。

（4）为大额现金支出安排时间。企业应该根据其经营周期仔细考虑大额开支的时机。当企业在正常情况下拥有过剩现金——通常是在经营淡季的时候，应该尽可能地安排任何大额开支。

（5）闲置现金投资。由于库存现金不会给企业带来收益，因而企业应确保将过剩的现金进行投资。不过，为了避免现金危机的发生，闲置现金的投资要有高流动性和无风险，这点是非常重要的。

二、现金的内部控制

（一）内部控制的基本原则

内部控制是指一个组织内为保护资产安全、保证会计记录的可靠性、提高经营效率以及促进对法律法规的遵守而设计和执行的政策及程序。无论企业采用手工记账还是电算化会计系统，大多都适用以下内部控制的基本原则。

1. 建立岗位责任

明确每一岗位的职责并将这一职责落实到每位员工。如果一个企业的岗位责任不明确，出现问题就无法判断责任的归属。所以，当一项特定任务仅由一个人负责时，控制是最有效的。

2. 职责分离

职责分离是指将交易授权、交易记录以及资产保管等职责分配给不同员工，以防范同一员工在履行多项职责时可能发生舞弊或错误。职责分离包含两方面常见的应用：(1) 相互关联活动的分离。例如，企业应该将关联的采购活动分割为不同的独立环节。关联的采购活动包括订货、批准订单、收货、批准付款以及支付货款等。如果由一个人处理相互关联的采购活动，就有可能会发生各种舞弊行为。(2) 记账与实物保管的分离。会计人员既不能保管也不能接触实物资产。同样，资产保管人员不能记账或者接触会计记录。资产的记账职责与保管职责的分离对现金和存货尤为重要，因为这些资产很容易发生舞弊。

3. 凭证传递程序

凭证为已经发生的交易或事项提供了证据。企业应该建立凭证传递程序：(1) 企业要尽可能地使用事先连续编号的凭证。这项控制措施有助于防止业务的重复记录或漏记。(2) 控制制度应该要求雇员将用于编制会计分录的原始凭证迅速地传递到会计部门。这项控制措施有助于确保及时地记录业务，并保证会计记录的准确性和可靠性。

4. 实物控制

实物控制关系到资产的安全以及会计记录的准确性和可靠性。企业应当对资产和记录采取适当的安全保护措施，对访问计算机数据文件应设置授权，对实物资产应定期盘点并将盘点记录与会计记录相核对。例如，现金、有价证券和存货的定期盘点控制。

5. 独立的内部审核

大多数内部控制都有独立的内部审核。内部审计可定期或以突击方式核查会计记录，并将不符及例外情况报告给管理层以采取适当的改正措施。内部审计承担独立的内部审核工作，复核部门和个人的活动，以确定其是否遵守了规定的内部控制，并在需要时提出改进建议。

6. 人力资源控制

人力资源控制活动包括以下内容：(1) 进行背景调查。任何企业都可以采取的最重要且花费较少的措施就是由人力资源部门对求职者的背景进行彻底调查，以雇佣有胜任能力、可靠及守道德的职员。(2) 雇员岗位轮换和规定雇员休假。这些措施可以防止雇员产生偷窃念头，因为他们知道不可能永远隐瞒不法行为。

需要强调的是，任何内部控制政策和程序都有其局限性，制定内部控制政策和程序还应考虑成本效益原则，并关注人在内部控制中的重要作用。工作人员的疲劳、疏忽或漠不关心以及业务处理人员共谋串通，都有可能导致内部控制失效。

（二）现金的内部控制

1. 现金内部控制的基本要求

现金作为普遍接受的支付工具，容易隐藏和转移，具有高度诱惑力，所以是最容易被非法挪用或侵占的资产。此外，由于现金业务量非常大，在收支和记账过程中可能会发生错误。为了保护现金安全、确保现金会计记录的准确性，防止侵吞、盗窃和挪用等不法行为的发生，建立有效的现金内部控制制度是至关重要的。有效的现金内部控制应满足以下基本要求：

（1）将经办现金收支业务的人员与现金记账人员分开。例如，出纳人员不应兼管现金业务的会计记录，记账人员也不应该接触现金。

（2）将现金收入与现金支出业务分开，不能由一人同时处理现金收入和现金支出。

（3）所有的现金收入应每天结计后如数存入银行。

（4）所有的现金支出，超过一定限额都应使用支票，通过银行来支付。

（5）对于零星的小额开支，因不便使用支票，应通过设置一笔预付固定金额的“零用现金”来支付。

（6）定期编制银行存款余额调节表与银行核对账目。

2. 现金收入业务的控制

根据现金内部控制的基本要求，对现金收入业务的控制应遵循以下原则：

（1）只有经授权的出纳人员可处理现金收款业务；

（2）由不同的人员分别负责收款、记录现金收入和保管现金；

（3）收款业务使用汇款通知（邮寄收款）、收银机纸带和银行存款单等凭证；

（4）使用收银机收款并在保险柜和银行金库存放现金；

（5）独立的审核人员每天清点现金收据，会计主管每天将收款总额与银行存款核对。

3. 现金支出业务的控制

一般来说，企业支出采用支票而非现金，现金支出的内部控制更为有效。现金支出业务的控制应遵循以下原则：

（1）只有经授权的指定人员可签发支票及核准供应商；

（2）由不同的人分别负责批准和支付，支票签发人员不负责记录现金支出；

（3）使用事先编号的支票，每张支票必须附有经核准的发票，并在发票上盖“付讫”章；

(4) 将空白支票存入保险柜并限制其他人员接触；

(5) 由独立的审核人员核对支票和发票，并每月编制银行存款余额调节表。

多数企业对现金支出采用付款凭单制度进行控制。付款凭单制度是指为了确保所有支票付款的正确性，而由授权人批准、分别执行的一系列程序。该制度起始于支出的申请和批准，结束于为产生的负债签发支票。在付款凭单制度中，付款凭单是为每项支出编制的批准单。采用付款凭单制度改善了现金支出的内部控制。首先，付款凭单制度固有的批准程序确定了责任，即每个人都有责任复核相关凭证以保证其正确性。其次，付款凭单制度保留了支持每一笔业务的凭证。将这些凭证汇总到一处，监督人员就可以独立地审核每一笔业务的真实性。

三、零用现金

前已指出企业付款使用支票可以使现金支出的内部控制取得良好的效果。但在日常生产经营活动中，企业经常会发生许多小额的零星支出，如邮资、快递费、交通费、小额办公用品的采购等，使用支票来支付既不现实，也太麻烦。为了便于迅速支付和减少成本，通常的做法是在保持良好控制的前提下使用零用现金支付。所谓零用现金是指预先取出一定数额的现金交由专人负责经管，作为专门用于日常零星开支之用的基金。零用现金在使用后凭报销凭证予以补足定额，这种零用现金的管理制度称为定额备用金制度。零用现金的操作包括：(1) 建立零用现金；(2) 用零用现金付款；(3) 补充零用现金。

(一) 建立零用现金

通常需任命一位零用现金管理员负责管理零用现金，然后根据实际情况确定一定时期内所需要的零用现金数额。一般来说，企业期望的零用现金数额应能满足预计三周到四周的用款量。零用现金金额确定后，向零用现金管理员签发规定金额的支票，从银行提取现金备用。

【例 5-1】假设美华公司建立备用金制度，备用金额为 300 元。3 月 1 日按确定金额签发支票，现金管理员取出现金，作如下会计分录：

借：零用现金	300	
贷：现金		300

大多数的零用现金都是按定额建立的，当企业根据需要增加零用现金定额时，仍以上述支票方式予以补足；需要减少定额时，从零用现金管理员手中收回应减少的现金。例如，美华公司在使用过程中发现备用金金额不够，决定在 6 月 1 日将零用现金定额增

加到400元，则增开100元的支票予以补足，此时借记“零用现金”100元，贷记“现金”100元。

需注意的是，零用现金仍然属于现金的一部分，只是为了特殊的使用及管理需要而单独开设“零用现金”账户。

（二）用零用现金付款

零用现金管理员有权按照规定的管理政策用零用现金付款。零用现金的每笔支出必须要有预先编号的零用现金收据等文件证明，并要求管理员和收款人在收据上签名。如果有其他的凭证，如运费单或发票的支持，要将它们作为零用现金收据的附件。在任何时候，零用现金收据的合计数与现金管理员手中剩余现金的总和应等于零用现金定额。在使用零用现金付款时，不必进行会计处理，只有在补充零用现金时才进行相关的会计处理。

（三）补充零用现金

在月末或当零用现金所剩无几时，就要将其补充到确定的额度。零用现金管理员要为已发生的各项零星付款汇总编制支出清单，连同零用现金收据和其他凭证送交会计部门。会计部门要审核收据和凭证，以证实零用现金支付是恰当的。然后由会计主管批准，填制支票将零用现金补足到原来的定额。同时，将所有已报销的凭证加盖“付讫”章，以避免重复报销。会计部门按所支出的费用性质，借记有关费用账户，贷记“现金”账户。

【例5-2】美华公司管理办公室在3月末的各项零星付款汇总如下：购买办公用品195.6元，交通费52元，邮资40元，共计287.6元。零用现金管理员依据零用现金收据申请287.6元的支票。记录支票的会计分录为：

借：管理费用	287.6	
贷：现金		287.6

需注意的是，补充零用现金的会计分录并不影响“零用现金”账户。通过以现金替换零用现金收据的形式来补充，并未改变零用现金账户余额。

（四）零用现金的溢缺

零用现金在实际使用过程中，可能会由于找零等原因，使得零用现金管理员手中剩余的现金与计算出的现金余额出现偏差，形成小额现金短缺或溢余。对于正常的小额溢缺，在补充零用现金时仍给予报销补足，并通过设置“现金溢缺”账户进行反映。

【例5-3】假设美华公司3月末零用现金管理员手中有剩余现金11.2元，而按照汇总清单计算应剩余现金 12.4 元（300－287.6），则发生现金短缺 1.2 元（12.4－11.2），因而会计部门在补充零用现金时应包括短缺部分，即应以 288.8 元（300－11.2）来补充零用现金。会计分录如下：

借：管理费用	287.6
现金溢缺	1.2
贷：现金	288.8

相反，如果现金管理员手中有剩余现金 13.6 元，则发生现金溢余 1.2 元（13.6－12.4），此时，会计部门在补充零用现金时应剔除溢余部分，即应以 286.4 元（300－13.6）来补充零用现金。那么，编制会计分录如下：

借：管理费用	287.6
贷：现金溢余	1.2
现金	286.4

“现金溢缺”账户的借方余额在收益表中列为其他费用，贷方余额列为其他收入。

在会计期末，不管零用现金中还剩多少钱，企业都应该补足零用现金，以便于在财务报表中正确地反映当期发生的费用。

四、借助银行对现金进行控制

银行或其他金融机构为企业提供各种服务。企业将银行作为收发支票的存放处和清算中心，可以保护现金的安全；通过银行可以将其必要的库存现金减少到最低限度；借助银行还有助于对现金进行控制，因为企业和银行双方都要对所有银行业务进行记录。

（一）银行对账单

一般来说开户银行对其开户企业每月寄送银行对账单，列明开户企业银行账户的变化情况。银行对账单通常列示如下基本信息：（1）本期支付的支票及其他减少存款人账户余额的借记事项；（2）本期增加的存款及其他增加存款人账户余额的贷记事项；（3）存款人账户的期初余额和期末余额。银行对账单将所有已付支票的支付日期和金额一起按支票号顺序列出。支票一经支付，银行要在支票上盖“付讫”章。有时也将已付的支票称为已注销支票。另外，银行还随附一份银行对账单备忘录，说明存款人账户发生的其他借项和贷项业务。需注意的是，银行对账单是从银行角度编制的。企业作为资产的“现金”账户，则是银行对该企业的负债账户。

实际上，银行对账单的余额与企业自己的现金账户余额往往是不相等的。导致余额不相符有两方面的原因：一是因时间滞后导致双方中的一方不能在同一期间记录业务，二是任何一方在记录业务时出现错误。第一种情况是指对同一笔收款或付款，由于企业和银行之间结算凭证的传递存在时间差而导致一方已登记入账，而另一方尚未入账，这样的事项称为未达账项。例如，企业签发支票日与银行支付支票日之间可能要间隔几天的时间。第二种情况也时有发生，企业与银行之间的款项往来非常频繁，难免不出差错，所以及时发现错误并更正是很重要的，这也是双方有必要定期核对账目的原因之一。

通常，未达账项多发生在期末对账之前的若干天内，可归纳为以下四类情况：

（1）企业已入账而银行未记录的收入。企业收到顾客的支票后借记现金增加，但尚未送存银行，因而银行在编制对账单时尚未记录存款增加，该支票称为在途存款。

（2）企业已入账而银行未记录的支出。企业签发支票并交给收款人后，贷记现金减少，但收款人尚未向银行办理转账手续，因而银行在编制对账单时尚未记录存款减少，该支票称为未兑现支票。

（3）银行已入账而企业未记录的收入。企业往往委托银行代其收取到期的应收票据或其他项目款，也可利用电子资金转账系统将款项划入企业的账户。银行对账单还包括存款人所获得的利息收入。通常，银行在月末向企业寄送银行对账单时才同时附送通知企业已代其收到款项和利息收入的贷项通知单。

（4）银行已入账而企业未记录的支出。银行一般会定期向企业收取服务费。企业有时存入银行的顾客支票因银行账户存款不足而遭拒付，这种支票称为存款不足支票。银行当初收到支票时已贷记（增加）存款人账户，当顾客支票因存款不足而被“退回”时，银行将借记（减少）存款人账户。通常，银行在月末向企业寄送银行对账单时才同时附送通知企业扣收服务费和存款不足支票的借项通知单。

（二）银行存款余额调节表

企业应设置专人负责核对银行对账单的每一笔记录与企业自己的现金账户记录是否一致。对于存在不一致的情况，需要编制一张银行存款余额调节表来揭示差异，并让企业现金账户余额与银行账户余额相符——这个过程称为调节银行账户。

在编制银行存款余额调节表时，习惯的做法是在银行对账单余额和企业账簿余额基础上，列示导致双方余额差异的所有调节项目，将企业现金账户余额与银行账户余额一起调节到它们正确的现金余额。下面举例说明银行存款余额调节表的编制方法。

【例5-4】2012年3月31日，美华公司现金账户中银行存款余额为4 522.25元，银行对账单余额为5 658.47元，通过核对现金日记账、支票登记簿和银行对账单，取得以下资料：

（1）3月31日，美华公司收到一张1 200元的支票，尚未送存银行。

（2）3月28日，美华公司签发的一张408号支票，金额为1 650元，供货商尚未到银行转账行。

（3）美华公司签发的一张443号支票正确金额为1 226元，银行付款无误，但美华公司错记为1 262元，多记36元。

（4）3月30日，银行代美华公司收取到期的应收票据款2 000元，加上利息20元，共计2 020元，附贷项通知单。

（5）本期银行存款账户所获利息50.22元，附贷项通知单。

（6）银行收取服务费20元，附借项通知单。

（7）3月29日，因客户新兴公司存款不足，银行收到退回新兴公司签发的1 390元支票一张，并收取手续费10元，附借项通知单。

根据以上资料编制银行存款余额调节表如表5－1所示。

表5－1　　银行存款余额调节表

美华公司银行存款余额调节表

2012年3月31日　　单位：元

项　　目	金　　额	项　　目	金　　额
银行对账单余额	5 658.47	公司现金账户余额	4 522.25
加：在途存款	1 200.00	加：银行代收票据	2 020.00
	6 858.47	利息收入	50.22
		443号支票错记	36.00
			6 628.47
减：未兑现支票		减：银行服务费	20.00
408号	1 650.00	存款不足退票	1 400.00
调整后银行余额	5 208.47	调整后账户余额	5 208.47

（三）调整企业现金账户

通过银行存款余额调节表可以看出，调整后的余额是企业将其一切未达账项入账并更正错误后应得的正确余额。企业接着必须要为每一笔调整项目编制调整分录并过账到"现金"账户，以便确定调整后公司"现金"账户余额。这样，"现金"账户所显示的期末余额就是编制资产负债表的金额。

【例5－5】沿用上例，美华公司需要编制以下五笔调整分录。

（1）记录银行代收到期的应收票据：

借：现金　　2 020

　　贷：应收票据　　2 000

　　　　利息收入　　20

（2）记录银行存款的利息收入：

借：现金　　50.22

　　贷：利息收入　　50.22

（3）更正错记的支票：

借：现金　　36

　　贷：应付账款　　36

（4）记录银行服务费：

借：财务费用　　20

　　贷：现金　　20

（5）记录银行退票及银行手续费：

借：应收账款——新兴公司　　1 400

　　贷：现金　　1 400

五、现金的列报

资产负债表第一项列报的现金包括库存现金、银行存款和零用现金，通常将它们加在一起以“现金”项目列报。目前，大多数公司使用“现金和现金等价物”的名称来报告现金。

现金等价物是指企业持有的变现力强的短期投资。作为现金等价物的短期投资要满足以下两个条件：（1）容易转化为已知数额的现金；（2）即将到期，利率的变动不会对其市场价值产生明显的影响。一般认为，只有在3个月内到期的短期投资才满足这些条件。可视为现金等价物的短期投资一般有短期政府国库券、公司发行的短期商业票据、可流通存单以及货币市场基金等。为提高现金的利用效率，许多企业都将其闲置的现金用来购买上述证券。

需要注意的是，现金中可能含有限制使用的现金。限制使用的现金是指不能用于一般用途，仅限于特殊用途的现金。例如，企业根据约定为偿付应付债券而专设偿债基金并交由受托管理人控制的现金。限制使用的现金应该在资产负债表中单独列报为受限现金。如果公司预期在下一年内使用受限现金，应将其列报为流动资产。否则将受限现金列报为非流动资产。

第二节　应收账款

在流动资产中，除现金和短期证券投资外，另一种流动性较强的资产是应收款项。

应收款项是指他人所欠的款项，代表预期以现金方式收回的债权。应收款项通常包括三类：应收账款、应收票据和其他应收款。其中，应收账款和应收票据来自正常销售业务，通常又被称为商业应收款。其他应收款包括应收利息、应收高管人员或员工的借支款以及应收退税款等。这些其他应收款项通常不是由企业经营活动引起的。因此，在资产负债表中作为一单独项目归类和列报。

一、应收账款的确认

应收账款是企业因赊销商品或提供劳务而产生的应收客户欠款。正常情况下，企业一般都期望在30天至60天内收回应收账款。

企业通过设置“应收账款”总分类账反映各种商业应收款项的发生和收回情况。为了加强对应收账款的监督、管理和回收，企业还必须按照每一位客户分别设置明细分类账，以及时了解每位客户的购货、付款和欠款情况。

应收账款的初始确认相对简单。应收账款通常按照实际发生额记账，当企业赊销商品时，按照发票金额借记“应收账款”账户，贷记“销售收入”账户。收回赊销款时，借记“现金”账户，贷记“应收账款”账户。

通常卖方为了鼓励客户早日付款可能会提供现金折扣等信用条件。如果买方选择在折扣期内付款，卖方将按照收到的现金和给予的现金折扣之和来减少其应收账款。此外，销售退回和折让同样也会减少应收账款。买方可能会发现某些商品不能接受或是有缺陷，就会选择将商品退回或要求给予一定的价格折让。卖方依据收到的退回商品或给予的折让金额减少应收账款。

有关应收账款的会计处理已在第四章作了介绍，这里不再举例。

二、应收账款的计量

会计期末尚未收回的应收账款成为企业资产负债表中的一项流动资产，由于各种原因可能导致一些账款不能最终收回，所以期末对应收账款加以计量。

由于种种原因无法收回的账款称为坏账，发生坏账而产生的损失称为坏账损失或坏账费用。这种损失是从事赊销业务所带来的正常且无法避免的风险。在收益表中，通常将坏账费用归入营业费用中的销售费用项目。

坏账的会计处理方法一般有两种：直接注销法和备抵法。

（一）直接注销法

直接注销法是在企业确定来自某客户的应收账款确实无法回收时，直接将损失计入坏账费用，同时注销该项应收账款。

【例 5-6】 假设美华公司在 2012 年 3 月 1 日认定时代公司所欠货款 500 元为坏账，并批准将其注销，该笔货款是 2011 年销售给时代公司货物所产生的。美华公司注销该货款的会计分录如下：

借：销售费用——坏账费用　　500

　　贷：应收账款——时代公司　　500

在直接注销法下，坏账费用将仅反映因不能收回账款而形成的实际损失，企业将按照总额报告应收账款。通过上例可以看出，该法会计处理简便，但也存在以下明显的缺陷：

（1）不符合配比原则。在直接注销法下，企业确认坏账费用的期间与确认收入的期间是不同的。如上例，销售收入反映在 2011 年度的收益表上，而因此项赊销产生的坏账费用却归入了 2012 年度的收益表。因此，在收益表中企业并没有将坏账费用与销售收入相配比。

（2）不符合稳健原则。资产负债表上的应收账款没有按照预期实际上可收回金额列报，其中包含了一定金额的可能坏账，从而导致高估了资产和收益。

在会计实务中，一般不采用直接注销法。

（二）备抵法

1. 备抵法的基本原理

坏账会计处理的备抵法要求企业在每个会计期末，对本期应收账款的可收回性进行分析，根据经验对当期赊销收入中可能无法收回的坏账金额进行估计，并通过会计调整计入当期损益，与同一会计期间的销售收入配比。在备抵法下，需要专门设立一个“坏账准备”账户用来记录估计的坏账金额和注销的坏账金额。“坏账准备”是“应收账款”的备抵账户，贷方登记期末估计的坏账金额，借方登记已确认实际发生的坏账金额。

备抵法弥补了直接注销法的不足，具有以下优点：

（1）在每个会计期末估计无法收回的账款，作为费用计入当期收益表，使费用与收入在同一个会计期间得以配比，在一定程度上防止了高估当期收益。

（2）应收账款在资产负债表上以可变现净值列报。可变现净值是公司预期从应收账款中可以收回的现金净额，它是“应收账款”账户余额减去“坏账准备”账户余额的差额，符合稳健性原则。

（3）当在以后的会计期间确认并注销实际发生的坏账时，虽然影响资产负债表账户，但不会影响注销期间的净收益和资产负债表中应收账款净值及流动资产总额。

2. 备抵法的会计处理

备抵法的会计处理有两个重要特征：① 企业在每个会计期末通过编制调整分录，

将估计的坏账金额借记“销售费用——坏账费用”账户，贷记“坏账准备”账户。② 在以后期间若确认某客户账款为坏账并注销时，企业将实际发生的坏账金额借记“坏账准备”账户，贷记“应收账款”账户。下面举例说明备抵法。

（1）估计坏账费用

【例 5 -7】 假设美华公司 2011 年的赊销收入是 400 000 元，其中在 12 月 31 日仍有 60 000 元没有收到款项。信用经理估计该收入中将有 4 000 元最终无法收回。记录估计坏账的调整分录如下：

借：销售费用——坏账费用　　4 000

　　贷：坏账准备　　4 000

美华公司在收益表中将坏账费用作为销售费用报告。这样，在 2011 年就将估计的坏账与当年的收入配比在一起了。

“坏账准备”账户反映了企业预期在将来无法收回对客户债权的估计金额。企业使用备抵账户而不是直接贷记“应收账款”账户，是因为他们并不知道到底是哪位客户将无法付款。当坏账真正发生时，“坏账准备”账户的贷方余额将用来承担具体的注销。在资产负债表的流动资产部分，企业将从“应收账款”中减去坏账准备，如表 5 -2 所示。

表 5 -2　　坏账准备的列报

美华公司资产负债表（局部）

2011 年 12 月 31 日　　单位：元

流动资产		
……		……
应收账款	60 000	
减：坏账准备	<u>4 000</u>	56 000
……		……

表 5 -2 中的 56 000 元代表了在资产负债表日公司预期的应收账款可变现净值。

（2）坏账的注销

企业会想方设法回收过期的应收账款。当企业竭尽全力地去回收一项过期的应收账款但仍然回收无望时，就应当注销这项应收账款。

【例 5 -8】 假设美华公司在 2012 年 3 月 1 日批准注销时代公司所欠 500 元货款。记录注销该货款的会计分录如下：

借：坏账准备　　500

　　贷：应收账款——时代公司　　500

可见，当发生注销坏账业务时，企业并没有增加坏账费用，而是借记“坏账准备”账户。这是因为企业在对估计的坏账编制调整分录时已经确认了坏账费用。因此，注销坏账的分录应同时减少“应收账款”和“坏账准备”。过账之后，总分类账户的余额如图 5－1 所示。

应收账款

借方		贷方	
1月1日余额	60 000		
		3月1日	500
3月1日余额	59 500		

坏账准备

借方		贷方	
		1月1日余额	4 000
3月1日	500		
		3月1日余额	3 500

图 5－1　注销坏账后的总分类账余额

可见，注销分录仅影响资产负债表账户，但在资产负债表中，应收账款的可变现净值仍然保持不变，如表 5－3 所示。

表 5－3　**可变现净值的比较**　单位：元

	注销前	注销后
应收账款	60 000	59 500
坏账准备	4 000	3 500
可变现净值	56 000	56 000

（3）已注销坏账的收回

企业已经注销的应收账款，有时因为客户的财务状况有所好转或催收力度加强等原因在日后又得以收回。这种情况下，企业应作会计分录登记坏账的收回：① 对已注销的账户编制转回分录，恢复对客户的应收账款的账面值；② 编制正常收回应收账款的分录。

【例 5－9】假设时代公司在 7 月 1 日又偿还了美华公司已在 3 月 1 日注销的 500 元应收账款。美华公司编制如下会计分录：

借：应收账款——时代公司　　500

　　贷：坏账准备　　500

借：现金　　500

　　贷：应收账款——时代公司　　500

第一笔分录中“应收账款”和“坏账准备”同时增加的理由有两个：第一，当企业注销该笔应收账款时，其实是作出了一个错误的判断；第二，时代公司确实付款了，为了将来的信用评估目的，“应收账款”账户应当反映重新入账并收到的款项。

需注意的是，收回坏账与注销坏账一样，不会影响收回期间的净收益和资产负债表的流动资产总额。

3. 坏账费用的估计方法

在例 5－7 中，美华公司预计无法收回的坏账损失金额是给定的。然而，在实际工作中，如果企业运用备抵法，就必须选择一定的方法来估计预期无法收回的坏账费用。坏账费用的估计有两种：销售收入百分比法和应收账款法。

（1）销售收入百分比法

销售收入百分比法着眼于收益表，是通过收益表中坏账费用和销售收入之间的关系来估计坏账的，它强调的是各期间内坏账费用的确定。销售收入越多，可能的坏账损失越大，因而必须在配比基础上依据各期的赊销额来确定相应的坏账费用，即以各期赊销额乘以一定百分比来估计各期的坏账费用。计提百分比的确定通常是基于以往经验及环境的分析。

【例 5－10】假设美华公司 2011 年的赊销额是 400 000 元，根据以往经验认为赊销额的 1% 将无法收回，则估计的坏账费用为 4 000 元（400 000 × 1%），年末记录坏账费用的调整分录如下：

借：销售费用——坏账费用　　4 000

　　贷：坏账准备　　4 000

在此法下，调整分录只需将估计的坏账费用全额入账，而不需要考虑“坏账准备”账户的调整前余额。因此，估计的坏账费用与“坏账准备”账户期末余额一般不会相等。其缺点是估计坏账费用时忽略了当期赊销额中实际已收回的款项。另外，管理层必须对估计的坏账百分比不断进行调整，以避免坏账准备余额与估计的坏账费用相差过大。

（2）应收账款法

应收账款法着眼于资产负债表，即是以分析资产负债表中应收账款和坏账准备之间的关系来估计坏账的。它强调的是期末应收账款中有多少无法收回，通过会计调整分录使“坏账准备”账户期末余额正好等于估计无法收回的应收账款金额，比较准确地反映应收账款的可变现净值。估计坏账准备余额又有两种方法：应收账款余额百分比法和应收账款账龄分析法。

应收账款余额百分比法是假定应收账款中有一定比例的账款是不能收回的，因而用应收账款余额乘以一定的坏账百分比来确定不能收回的应收账款金额。计算出的不能收回的应收账款金额就是“坏账准备”账户的期末余额，然后再将这个不能收回的应收账款金额与“坏账准备”账户调整前余额之间的差额作为对坏账费用的调整金额。

【例 5－11】假设美华公司 2011 年 12 月 31 日的应收账款余额为 60 000 元，美华公司根据以往经验确定的坏账率为 5%，则期末调整后“坏账准备”账户应有贷方余额 3 000 元（60 000×5%）。如果调整前“坏账准备”账户有贷方余额 200 元（即 2011 年因注销坏账而记入“坏账准备”账户的借方金额小于该账户的期初余额），那么调整分录所确认的坏账费用金额为 2 800 元（3 000－200）。年末记录坏账费用的调整分录如下：

借：销售费用——坏账费用　　2 800

　贷：坏账准备　　2 800

美华公司将这笔调整分录过账后，其账户余额如图 5－2 所示。

销售费用——坏账费用

借方	贷方
12 月 31 日调整　2 800	

坏账准备

借方	贷方
	调整前余额　200
	12 月 31 日调整　2 800
	12 月 31 日余额　3 000

图 5－2　过账后的有关账户余额

应收账款账龄分析法是指通过编制应收账款账龄分析表来估计无法收回的应收账款金额的方法。在账龄分析表中，企业将各个客户拖欠的账款余额按照账龄（即所欠账款的时间）的长短进行分类，通常是以 30 天为一个期间，然后根据过去的经验来为每个账龄组的应收账款确定一个坏账比率。应收账款过期的时间越长，成为坏账的可能性就越大，则估计的坏账比率也就越高。用这个比率乘以账龄组的应收账款总额，就是该组估计无法收回的账款金额。将各组的估计数加总，就得到“坏账准备”账户应有的期末余额。

【例 5－12】假定美华公司 2011 年 12 月 31 日编制的账龄分析表如表 5－4 所示。该表列示了美华公司应收账款账龄的划分和估计无法收回的应收账款总额的计算过程。

表 5－4　　**应收账款账龄分析表**　　单位：元

客户	总额	未到期	过期天数			
			1～30 天	31～60 天	61～90 天	90 天以上
兴旺公司	10 000	4 000	2 000	4 000		
大众公司	16 000	16 000				
时代公司	500					500
鑫隆公司	12 000		7 000		5 000	
新华公司	21 500	15 000		4 000		2 500

续表

客户	总额	未到期	过期天数			
			1～30天	31～60天	61～90天	90天以上
合计	60 000	35 000	9 000	8 000	5 000	3 000
坏账比率		1%	3%	8%	20%	50%
估计的坏账	3 760	350	270	640	1 000	1 500

根据账龄分析表的计算，美华公司期末调整后“坏账准备”账户应有贷方余额 3 760 元。假设美华公司调整前“坏账准备”账户有贷方余额 200 元，本期所确认的坏账费用金额为 3 560 元（3 760 - 200）。年末记录坏账费用的调整分录如下：

借：销售费用——坏账费用　　3 560

　　贷：坏账准备　　3 560

美华公司将这笔调整分录过账后，其账户余额如图 5 - 3 所示。

销售费用——坏账费用

借方		贷方	
12 月 31 日调整	3 560		

坏账准备

借方		贷方	
		调整前余额	200
		12 月 31 日调整	3 560
		12 月 31 日余额	3 760

图 5 - 3　过账后的有关账户余额

偶尔“坏账准备”账户在调整之前会出现借方余额，这是由于当年因注销坏账而记入“坏账准备”账户的借方金额超过了该账户的期初余额，而期初余额是基于上一年度对坏账损失的估计。这种情况下，企业将借方余额与计算所得的不能收回的应收账款金额相加，作为调整分录的金额。例如，假如上例调整前“坏账准备”账户有借方余额 200 元，那么调整分录所确认的坏账费用金额应是 3 960 元（3 760 + 200），登账后得到贷方余额 3 760 元。年末记录坏账费用的调整分录如下：

借：销售费用——坏账费用　　3 960

　　贷：坏账准备　　3 960

美华公司将这笔调整分录过账后，其账户余额如图 5 - 4 所示。

销售费用——坏账费用

借方		贷方	
12 月 31 日调整	3 960		

坏账准备

借方		贷方	
调整前余额	200		
		12 月 31 日调整	3 960
		12 月 31 日余额	3 760

图 5 - 4　过账后的有关账户余额

应收账款管理的一个重要方面就是对账龄保持密切的关注。一般来说账龄越长，成为坏账的可能性越大。

应收账款账龄分析表可有助于管理层了解每一笔应收账款的情况，全面评价企业信贷政策和应收账款回收政策的效果。在实际工作中，账龄分析法是大多数企业采用的估计坏账准备的方法。

三、应收账款的出售

为了加速应收账款的回收，企业可以将其拥有的应收账款全部或部分出售给代理收账公司。代理收账公司是指通过收费方式从企业购买应收款，然后直接从顾客那里收回款项的金融机构或银行。代理安排千差万别，但通常都会收取服务费，其比例范围一般是应收购货款的1% ~3%。出售应收账款的企业一般将代理收取的服务费作为财务费用处理。

【例 5 -13】 假设美华公司将其60 000元的应收账款出售给一家代理收账的金融公司，该公司收取已售应收款总额2%的服务费共计1 200元（60 000 ×2%）。美华公司记录出售应收账款的分录如下：

借：现金	58 800	
财务费用——服务费	1 200	
贷：应收账款		60 000

第三节　应 收 票 据

企业也有可能要求客户赊购商品时签发正式的信用工具——本票。本票也称期票，是一种无条件的书面承诺，要求在未来某一确切时间支付确定金额的款项给持票人。在本票中，作出付款承诺的一方称为出票人，接收款项的一方称为收款人。本票上可以明确地指定收款人的名称或者也可以指明持票人就是收款人。当企业持有客户签发的本票时称为应收票据。对于本票持有者来说，应收票据比应收账款具有更强的对资产的合法要求权。此外，本票是可转让票据。当转让时，持票人可以通过背书将其转让给另一方。

本票一般在以下场合使用：（1）个人和企业在借出或借入款项时；（2）当交易的金额和信用期限超过了正常限度时；（3）应收账款的结算。当企业的客户需要延期支付未偿还的账款时，企业经常会要求客户签发本票。

一、应收票据利息的计算

在阐述应收票据的确认和计量之前，我们先考虑一个应收账款中没有涉及的问题：利息的计算。

（一）到期日的确定

票据上要注明期限，即票据签发日到票据到期日的时间间隔。大多数票据的期限都短于一年，所以票据的期限通常按天数或按月来表示。

当票据的到期日是以天数来表示时，就需要数出签发后实际经历的天数来确定到期日。当数天数时，通常采用“算尾不算头”的方式，即票据签发日不计入内，但应包括到期日。例如，一张6月1日签发的90天到期的票据，其到期日为8月30日（6月2日至30日共29天；7月1日至7月31日共31天；8月1日至8月30日共30天）。

当票据的到期日是以月来表示时，票据的到期日就是从其签发日往后数若干个月。例如，一张6月1日签发的3个月期的票据的到期日是9月1日。一张月末最后一天签发的票据到期日也是往后某个月的最后一天。也就是说，一张7月31日签发的两个月期的票据的到期日是9月30日。

（二）利息的计算

下面给出了带息票据利息计算的基本公式：

利息 = 票据面值 × 利率 × 以年表示的时间

票据上给定的利率一般都是年利率。公式中的计息时间是将票据流通在外的时长以一年的分数来表示。当到期日以天数表示时，公式中的计息时间为：天数/360；当到期日以月来表示时，公式中的计息时间为：月数/12。这里要注意的是，在本书举例和作业中，为方便起见，计算利息时都假设一年是360天，而现实中大多数金融机构都使用365天来计算利息。

二、应收票据的确认

在会计实务中，应收票据不管是否计息，都是按照票据的面值，即票据上面反映的金额记入“应收票据”账户的。企业在收到票据时并不确认利息收入，因为根据收入确认原则，直到收入真正赚取时再确认收入，而利息就是随着时间的推移而赚取的。应收票据通常无须设置明细账户，因为按到期日排列的票据本身就是明细账，提供了票据签发人、利率、到期日等相关信息以备查阅。

【例 5－14】假定美华公司于 2012 年 6 月 1 日收到新华公司签发的一张面值 10 000 元、90 天期、利率 9% 的本票，以结算尚未结清的购货欠款。美华公司在收到票据后应当编制以下会计分录：

借：应收票据　　10 000

　　贷：应收账款——新华公司　　10 000

如果企业是借钱给别人而收到票据，会计分录则按照贷出的金额借记“应收票据”账户，贷记“现金”账户。

三、应收票据的到期兑现

票据可能由持有人一直持有至到期日兑现。票据的兑现是指出票人在票据到期日全额付款。对带息票据来说，到期的金额就是票据的面值加上票据指定期间的利息。

【例 5－15】沿用【例 5－14】，新华公司的票据在 8 月 30 日到期，该票据利息金额为：10 000 ×9% ×90/360 =225（元）。则 8 月 30 日美华公司收到上述票据的面值和利息时，编制会计分录如下：

借：现金　　10 225

　　贷：应收票据　　10 000

　　　　利息收入　　225

四、应收票据的拒付

在某些情况下，当票据到期时出票人会拒绝履行偿还义务，则该票据就成为了拒付票据。一张遭拒付的应收票据就不再流通了，然而，拒付并不意味着出票人偿还义务的解除，收款人仍保留了向出票人收取票据面值和利息的权利。由于“应收票据”账户的余额只包括那些尚未到期的票据，所以，当票据到期被拒付后，应将其从“应收票据”账户转到“应收账款”账户来确认这项债权。

【例 5－16】沿用【例 5－14】，假定 8 月 30 日新华公司拒付上述到期票据，则美华公司编制会计分录如下：

借：应收账款——新华公司　　10 225

　　贷：应收票据　　10 000

　　　　利息收入　　225

五、应计利息的期末调整

按照权责发生制要求，对于跨期的应收票据，为了反映本期已赚得但尚未收到的利息，在会计期末必须要将确认的应计利息调整入账。

【例 5－17】假定美华公司持有一张鑫隆公司于 2011 年 9 月 1 日签发的面值 10 000 元、6 个月期、利率 9% 的票据。到 12 月 31 日，该票据已累计实现了 4 个月的利息收入 300 元（10 000×9% ×4/12）。2011 年 12 月 31 日，美华公司应编制调整分录如下：

借：应收利息　　300

　　贷：利息收入　　300

该票据 2012 年 3 月 1 日到期，美华公司收回该票据到期值 10 450 元（10 000＋10 000×9% ×6/12）。美华公司记录收回票据款的会计分录如下：

借：现金　　10 450

　　贷：应收票据　　10 000

　　　　应收利息　　300

　　　　利息收入　　150

六、应收票据的贴现

当企业急需现金时，可以在所持有的应收票据到期前将票据出售给银行，银行则以从票据到期值中扣除一定利息后的差额付给企业现金，这一做法称为应收票据贴现。银行所扣除的利息称为贴现息，银行计算贴现息所使用的利率称为贴现率，银行持有票据的时间称为贴现期。企业贴现实得款计算如下：

贴现息＝票据到期值×贴现率×贴现期

贴现实得款＝票据到期值－贴现息

多数情况下，贴现的票据通常附带追索权，即如果出票人到期不能支付票据款（即拒付），则贴现人负有向其贴现银行偿付该票据款的连带责任。因此，在票据贴现后，贴现人实际上担负着一项或有负债，即未来可能的负债，该负债能否成为真正的负债取决于出票人到期是否支付票据款。为了专门反映这项或有负债，企业可设置“应收票据贴现”账户，它是“应收票据”的备抵账户，其期末贷方余额在资产负债表上作为“应收票据”项目的减项列示，从而反映企业实际持有的未到期的票据金额。

【例 5－18】沿用【例 5－14】，假定美华公司于 2012 年 7 月 1 日将所持有新华公司签发的票据向其开户银行贴现，银行贴现率为 12%。则贴现实得款项计算如下：

贴现期：60 天（7 月 2 日至 8 月 30 日）

贴现息＝10 225×12% ×60/360＝204.5（元）

贴现实得款＝10 225－204.5＝10 020.5（元）

美华公司 2012 年 7 月 1 日编制贴现会计分录如下：

借：现金　　10 020.5
　贷：应收票据贴现　　10 000
　　利息收入　　20.5

如果新华公司在8月30日票据到期时向银行偿付票据款，美华公司则应注销该项或有负债及应收票据，编制分录如下：

借：应收票据贴现　　10 000
　贷：应收票据　　10 000

如果已贴现的票据到期时遭到出票人拒付，贴现银行就会从贴现人的银行账户中扣除票据的本息及拒付手续费，并通知贴现人。此时，贴现人要编制两笔会计分录：一是或有负债已成为真正负债，要代出票人向银行偿付这笔款项，同时记入应收账款以确认对出票人的债权；二是要注销该项或有负债及应收票据。

假定上例中，新华公司因存款不足而拒付到期的票据款，银行通知美华公司其贴现票据被拒付，并将票据到期值10 225元和拒付手续费10元从其银行账户中扣除。美华公司编制分录如下：

借：应收账款——新华公司　　10 235
　贷：现金　　10 235
借：应收票据贴现　　10 000
　贷：应收票据　　10 000

七、应收票据的计价

短期应收票据的计价与应收账款的计价是一样的，企业按照可变现净值来报告短期应收票据，预计不能收回的应收票据金额也记入“坏账准备”账户。确定可变现净值的计算与估计过程、记录适当的坏账费用金额和相关准备账户的分录与应收账款都是相同的。

八、应收款项在资产负债表上的列报

应收款项列示在资产负债表流动资产部分的短期投资下面。企业在资产负债表上应分别披露各主要类别的应收款项，而且既要报告应收款项的总额，又要报告坏账准备金额。应收票据通常列示在应收账款之前，应收票据贴现则作为应收票据的减项。需注意的是，应收长期商业票据不属于流动资产，应列示为长期资产，但是将在下一会计年度内到期的长期商业票据部分则要从长期资产转为流动资产。表5-5列示了美华公司资产负债表中有关应收款项部分。

表 5－5 应收款项的资产负债表列报

美华公司资产负债表（局部）

2011 年 12 月 31 日 单位：元

流动资产		
……		……
应收票据	20 000	
减：应收票据贴现	10 000	10 000
应收账款	60 000	
减：坏账准备	3 760	56 240
应收利息		300
……		……

第四节 存　货

存货是商业企业和制造企业的一项重要资产。从会计角度来看，存货对资产负债表和收益表都有重要影响。存货数量的确定和存货价值的计算直接影响资产负债表，同时，存货计价是否正确也直接影响净收益的计算。因此，存货会计的目的就是正确确定存货数量以及正确计算存货成本和销售成本，从而恰当确定净收益。

一、存货概述

（一）存货的定义

存货是指企业在正常生产经营过程中持有以备出售的产成品或商品、为出售而仍处在生产过程中的在产品以及在生产过程或提供劳务过程中耗用的材料和物料等。由于存货通常能在一年或一个营业周期内被耗用或出售后转换为现金，所以存货属于流动资产。

存货通常是商业企业和制造企业一项数额很大的流动资产，在资产总额中往往也占有相当大的比重，因而加强对存货的计划和控制是企业经营管理活动的一个重要环节。存货过多往往会积压资金，并导致企业资金周转困难，而存货不足又往往会延误生产或失去一部分销售的机会。所以企业必须要保持完备的存货记录，以便于日常对存货进行控制与监督。

（二）存货的类别

对存货进行分类主要取决于它是商业企业还是制造企业。对于商业企业，其存货是由许多不同的商品项目构成。例如，在超市里，罐装商品、奶制品、肉类和农副产品等就是其库存存货项目中的一部分。这些商品具有两个共同的特点：（1）它们都为企业购入并拥有；（2）它们在正常经营过程中以准备向顾客出售的形式存在。因此，商业企业只需要用一种存货类别来描述组成全部存货的各种不同项目——商品存货。这些商品在销售前不进行任何加工处理，其实物形态保持不变。

在制造企业里，存货一般按其存在形态划分为以下三类，即原材料、在产品和产成品存货：

（1）原材料是指企业购入或从其他来源取得的、将被用于制造产品并构成产品实体的各种库存原料及主要材料、辅助材料、自制或外购零部件等。

（2）在产品是指已经进入生产过程但尚未完成全部制造过程，还须进一步加工才能对外销售的产品。

（3）产成品是指已完成全部加工过程，并可以作为商品出售的制成产品。

（三）存货范围的界定

确定存货数量的前提是明确存货的范围。对存货范围的界定，应以企业对存货是否具有法定所有权为依据。凡是在盘存日期法定所有权属于企业的商品，不论存放在何处或处于何种状态，都应确认为企业的存货；反之，凡法定所有权不属于企业的商品，即使存放在企业，也不应确认为企业的存货。在界定存货范围时，应特别关注在途商品和寄销品。

（1）在途商品。对于已经发出但在盘存日期仍处于运输途中尚未收到的在途商品，其所有权通常按买卖双方约定的销售条件而定。如果商品销售条件为“起运站交货”，则商品一经交运，其所有权就转移给了买方，应作为买方的存货；如果商品销售条件为“到达站交货”，则商品在到达买方之前，所有权仍归属于卖方，应作为卖方的存货。

（2）寄销品。寄销品是指一方委托另一方代其销售的货物。代售方虽然持有这些货物，但是并不拥有货物的所有权，寄销品仍属于委托方的存货。例如，许多汽车、船舶和古董的经销商通过寄销方式销售商品来控制其存货成本，并避免购入商品又不能卖出的风险。

（四）存货成本的确定

各种存货应当按照取得时的实际成本计价。存货的来源主要有外购和自制两个途径，企业无论从何种途径取得的存货，其实际成本均应当包括取得或形成存货、并使其达到预期可用状态或可销售状态而发生的所有支出。

1. 外购存货的成本

外购货物所发生的购货成本，应当包括买价和使存货达到可供销售或可供使用状态所发生的各种必要附加成本。

买价即发票价格减去购货退回和折让及现金折扣，是存货成本的主要组成部分。附加成本是指在采购过程中除买价以外需要支付的其他直接或间接费用，如由购货方负担的进口关税、运费、保险费、装卸费、运输途中的合理损耗以及入库前的挑选整理费用等支出。在计算这类存货的购货成本时，应把买价和其他直接支出直接计入各种存货的成本，而间接支出则要按照一定的标准在各种存货之间进行分配。考虑到重要性原则，在附加成本金额较小时，可以不将附加成本计入购货成本，而是在发生时直接计入当期费用。

2. 自制存货的成本

企业通过自制取得的存货主要包括在产品和产成品，其成本由直接材料成本和加工成本构成。某些存货还包括使存货达到目前场所和状态所发生的其他成本，如为特定客户设计产品所发生的、可直接认定的产品设计费用等。通过自制取得的存货成本中的直接材料成本是由所使用或消耗的原材料购货成本转移而来的，因此，计量自制存货的成本，主要是确定存货的加工成本。

存货的加工成本是指企业在自制存货过程中发生的追加生产成本，包括直接人工和制造费用。其中，直接人工是指在生产过程中直接从事产品生产的工人的薪酬；制造费用是指在生产产品过程中发生的各项间接生产费用，包括企业生产部门管理人员的薪酬、折旧费、办公费、水电费等。因而在制造企业，直接材料、直接人工和制造费用构成了产品成本。

在同一生产过程中，若同时生产两种或两种以上的产品，则应将制造费用按照合理的方法在各种产品之间进行分配。企业应当根据制造费用的性质，合理地选择制造费用的分配方法。

二、存货盘存制度

企业在日常经营过程中，其库存存货会不断地被销售，这就需要企业合理地确定存货数量，因为它将直接影响资产负债表中存货价值和收益表中销售成本的确定。在会计实务中，一般有两种确定存货实物数量和保持存货记录的存货会计制度，即定期盘存制和永续盘存制。

（一）定期盘存制

定期盘存制又称实地盘存制，是指平时只记录购货数量和成本，不记录销售数量和成本，待会计期末通过对全部存货进行实地盘点确定期末存货数量和成本后，据以计算出当期销售成本的方法。

定期盘存制具有以下优点：（1）平时不必登记存货发出和结存的数量及金额，因而简化了会计处理工作。（2）存货明细账可以不必按品种规格逐一设置，只需按大类设置即可。

定期盘存制也存在以下缺点：（1）凡未计入期末存货的商品，都视为已经售出，任何非正常的存货损失、差错、甚至盗窃等原因所引起的短缺，都隐匿在销售成本之中，因而削弱了对存货的管理。（2）由于缺乏对存货的连续记录，在账面上不能随时反映各项存货的发出和结存数，因而不便于存货的计划与控制。定期盘存制一般适用于存货品种多、数量大、价值低、收发频繁的小型商业企业。

（二）永续盘存制

永续盘存制又称账面盘存法，是指为每种存货设立明细账，对每种存货的收发进行连续登记，以随时反映每种存货的购入、发出和结存的数量及其成本的方法。永续盘存制下，企业在每次销售发生时都要确定销售成本。采用永续盘存制，并不排除对存货的实地盘点。为了核对存货账面记录的正确性和确定存货损耗情况，企业每年至少应对存货进行一次全面盘点，确定存货的实有数量和金额。如果盘点结果与账面余额不符，就要进行核实，查明原因，并调整账面结存数量和金额。

永续盘存制具有以下优点：（1）可以随时从账面上了解存货购入、发出和结存数量及成本的信息，以便及时判断存货持有量是否适当，能更好地对存货进行计划与控制。（2）通过不定期的实地盘点进行账实核对，可以查明存货溢余或短缺的原因，有利于存货的管理。

永续盘存制的不足之处是，当企业存货的单位价值较低，领用和销售次数频繁，则会加大存货明细记录的工作量。然而，计算机和电子扫描技术的发展，使数据处理的成本已大大降低、永续盘存制的使用日益广泛，促进了企业对存货的计划与控制；所以，大中型商业企业和实行成本会计制度的大中型制造企业一般均采用此法。

（三）两种盘存制下存货购销的会计处理

1. 定期盘存制的会计处理

在定期盘存制下，设置“商品存货”账户来记录当期购入商品的成本。购入商品时按发票价格借记“商品存货”账户，由买方承担的运输及其他费用借记“商品存货”账户，发生的购货退回和折让、取得的现金折扣等贷记“商品存货”账户。每次销售商品时只记录销售收入，不记录销售成本，待会计期末通过对全部存货进行实地盘点确定期末商品存货数量和成本后，采用倒挤的方式计算并结转商品销售成本。其具体会计处理为：先将“商品存货”账户可供销售的商品成本全部转入“销售成本”账户，然后再将实地盘点确认的期末存货成本从“销售成本”账户结转至“商品存货”账户，完成倒挤商品销售成本的过程。

有关定期盘存制下存货购销的会计处理在第四章已经介绍，这里不再赘述。

2. 永续盘存制的会计处理

在永续盘存制下，购入商品成本的会计处理与上述定期盘存制是完全一样的，即购入商品时按发票价格借记“商品存货”账户，由买方承担的运输费及其他费用，借记“商品存货”账户，发生的购货退回和折让、取得的现金折扣等贷记“商品存货”账户。与定期盘存制不同的是，每次销售商品时都需要确定商品销售成本，并作会计分录据以登账。会计期末，当期的销售成本已累计在“销售成本”账户中，而“商品存货”账户的永续记录则反映出期末存货余额。

【例 5－19】下面以第四章定期盘存制下存货购销的会计处理举例来说明永续盘存制下的会计处理。

（1）2011 年 12 月 1 日，方泰公司从天天贸易公司购进 100 千克甲商品，零售价每千克 100 元，购买 100 千克及以上可享受 10% 的商业折扣，付款条件：1/10、n/30，则天天贸易公司开出的发票价格为 9 000 元（10 000 × 90%）。方泰公司编制购货的会计分录如下：

借：商品存货　　　　9 000
　　贷：应付账款——天天贸易公司　　　　9 000

（2）交货条件为：起运站交货，运费预付。则方泰公司在收到天天贸易公司代垫运费 100 元的相关凭证后编制会计分录如下：

借：商品存货　　　　100
　　贷：应付账款——天天贸易公司　　　　100

（3）12 月 3 日，方泰公司在收到的 100 千克甲商品中发现有 10 千克商品损坏，其余 90 千克与合同约定的品质不符。经协商，损坏的 10 千克甲商品退回卖方，其余商品折价5%。方泰公司在收到天天贸易公司同意退货和折让价款共计1 305元的相关凭证时，编制会计分录如下：

借：应付账款——天天贸易公司　　1 305
　　贷：商品存货　　1 305

（4）方泰公司于2011年12月11日之前偿付货款给天天贸易公司，则可享受的现金折扣金额为76.95元（7 695 ×1%）。方泰公司编制付款的会计分录如下：

借：应付账款——天天贸易公司　　7 795
　　贷：商品存货　　76.95
　　　　现金　　7 718.05

在永续盘存制下，“商品存货”账户反映的这批商品的购货成本为7 718.05元（9 000 +100 -1 305 -76.95），则可计算出验收入库的90千克甲商品的单位采购成本为每千克85.756元（7 718.05 ÷90）。

（5）方泰公司于当月12日销售给巍巍公司甲商品80千克，每千克售价200元，付款条件：2/10，n/30；交货条件：到达站交货，运费预付。方泰公司发运商品时支付运费150元，假定销售成本按单位采购成本85.756元计算。方泰公司编制会计分录如下：

借：应收账款——巍巍公司　　16 000
　　贷：销售收入　　16 000
借：销售费用——运费　　150
　　贷：现金　　150

同时，记录销售成本6 860.48元（80 ×85.756）：

借：销售成本　　6 860.48
　　贷：商品存货　　6 860.48

（6）月末，“商品存货”账户中的永续记录得出的期末存货余额为1 837.57元（980 +7 718.05 -6 860.48），但月末经实地盘点确定的存货成本为1 565.64元，两者差额271.93元即为存货盘亏损失。方泰公司编制将期末存货账面余额调整为实际余额的会计分录如下：

借：存货盘亏损失　　271.93
　　贷：商品存货　　271.93

对“存货盘亏损失”的借方余额，如果属于正常损耗或因收发计量差错和管理不善等造成的存货短缺，在收益表中列入营业费用中的管理费用项目；如果是因自然灾害或意外事故等造成的存货毁损，则列入收益表中的“其他费用和损失”项目。

三、存货的计价

（一）选择存货计价方法的依据

存货盘存制度解决了确定存货数量的问题，但要进一步确定存货的金额，就需要对存货进行合理计价。由于存货的计价会直接影响销售毛利，从而影响净收益，因而选择适当的存货计价方法，可使财务报表恰当地反映企业的财务状况和经营成果。

存货是按实际成本进行会计处理的。企业在确定存货数量之后，会用单位成本乘以存货和销货数量来确定存货成本和销售成本。在一个会计期间内，如果某种商品的期初存货和本期购货的单位成本都相同，那么存货成本和销售成本就可以按唯一的单位成本计算。但是在市场经济条件下，商品的价格会不断地发生变化，同一种商品由于取得途径和时间的不同，则不同批次购入的商品单位成本往往是不同的。当这些商品被陆续出售时，就产生了应当按哪种单位成本计算销售成本的问题。

销售成本计价方法的选择与存货的流转有关。存货的流转包括实物流转和成本流转两个方面。存货的实物流转是指在企业的经营过程中商品实体的移动形态，而成本流转则是指在企业经营过程中商品价值的流转形态。销售成本的计价方法着重考虑的是存货的成本流转，而不是实物流转。会计处理上并不要求成本流转与商品的实物流动保持一致，因而企业管理层可以选择适当的成本流转方法。采用不同的成本流转顺序，就产生了不同的存货计价方法。

（二）存货的计价方法

以成本为基础的存货计价方法主要有四种，它们是个别认定法、先进先出法、后进先出法和平均成本法。在这四种方法中，除个别认定法的成本流转与商品实物流转完全一致外，其余三种方法都是假定成本流转同实际的商品实物流转无关。

1. 个别认定法

个别认定法又称个别计价法，是指对各项发出存货和期末存货逐一加以辨认，分别按各自购入时的单位成本计价。采用这一方法，必须为每一项存货保持详细的记录，并在购买的商品上附加标签，注明其购入时的单位成本，以便正确辨认和确定发出商品的成本和期末存货的成本。下面举例说明。

【例5-20】美华公司2012年9月份甲商品的购货、销货和存货的数据如表5-6所示。

表 5－6　　美华公司甲商品购货、销货和存货明细账

日期	业务	数量（件）	单位成本（元）	结存数量（件）
9月1日	期初存货	400	20	400
9月5日	购货	400	22	800
9月8日	销售	600		200
9月14日	购货	600	25	800
9月23日	销售	400		400
9月28日	购货	200	27	600

美华公司9月份共销售甲商品1 000件，经确认出自以下各批购货中：

日期	数量（件）	单位成本（元）	成本总额（元）
期初存货	280	20	5 600
5日购货	240	22	5 280
14日购货	360	25	9 000
28日购货	120	27	3 240
总计	1 000		23 120

如上计算所示，美华公司9月份销售1 000件甲商品的销售成本为23 120元。期末600件甲商品存货的成本计算如下：

期末存货成本＝120×20＋160×22＋240×25＋80×27＝14 080（元）

由于个别认定法的成本流转与商品实物流转完全相符，因而具有一定的客观性。但采用这种方法需要对发出和结存的存货批次进行逐一辨认，以确定其所属的入库批次及实际单位成本，因而，实务操作的工作量较大。这种方法一般适用于品种数量不多、单位成本很高且易于辨认的贵重存货的计价，如珠宝、汽车或者昂贵的古董等。

如今，随着计算机信息系统、条形码、电子产品代码等的使用，从理论上来说，几乎任何种类的产品都可以使用个别认定法。但是，实际上这样做的企业仍然不多。大多数企业并不追踪每一个已售商品的成本，而是建立哪些商品被售出的假设，称为成本流转假设。

2. 先进先出法

先进先出法是假设先购入的商品先售出，并根据这种假设的成本流转顺序对售出的

商品进行计价。采用先进先出法，先购入的商品成本先被确认用于计算销售成本，而不管实际上这些商品是否被出售。

在永续盘存制下采用先进先出法，需要逐笔登记商品的收入、发出和结存数量及金额。每次发出商品时，都要按照先进先出法假设的成本流转顺序确定单位成本。

【例 5－21】仍以【例 5－20】美华公司 2012 年 9 月份甲商品的存货明细账数据为例，在永续盘存制下，按照先进先出法确定销售成本和期末存货成本的计算如表 5－7 所示。

表 5－7　　**美华公司甲商品明细账（先进先出法）**　　单位：元

日期	摘要	收入			发出			结存		
		数量	单位成本	总成本	数量	单位成本	总成本	数量	单位成本	总成本
9.1	期初							400	20	8 000
9.5	购货	400	22	8 800				400 400	20 22	16 800
9.8	销售				400 200	20 22	12 400	200	22	4 400
9.14	购货	600	25	15 000				200 600	22 25	19 400
9.23	销售				200 200	22 25	9 400	400	25	10 000
9.28	购货	200	27	5 400				400 200	25 27	15 400
	合计	1 200		29 200	1 000		21 800	600		15 400

由表 5－7 可知，在永续盘存制下采用先进先出法计算出的当期销售成本为 21 800 元，期末存货成本为 15 400 元。

在定期盘存制下采用先进先出法，平时销售时不必确定销售成本，待月末盘点后再按先进先出法的计算程序一次计算销售成本和期末存货成本。由于先进先出法假定先购入的商品就是先售出的商品，那么，当期销售成本就由期初存货的单位成本开始计算，并顺序推算；而期末存货成本则按最后一次购货的单位成本开始计算，并倒序推算。

如上例，销售成本计算如下：

日期	数量（件）	单位成本（元）	成本总额（元）
期初存货	400	20	8 000
5 日购货	400	22	8 800
14 日购货	200	25	5 000
总计	1 000		21 800

期末存货成本计算如下：

日期	数量（件）	单位成本（元）	成本总额（元）
28 日购货	200	27	5 400
14 日购货	400	25	10 000
总计	600		15 400

可见，在两种不同的存货盘存制下，采用先进先出法计算出的销售成本和期末存货成本的结果是一样的。

先进先出法下的存货成本流转比较接近实际的商品实物流转，特别是那些经营容易腐烂变质商品的企业，如食品、药品等。

3. 后进先出法

后进先出法是假设后购入的商品先售出，并根据这种假设的成本流转顺序对售出的商品进行计价。采用后进先出法，后购入的商品成本先被确认用于计算销售成本，而不管实际上这些商品是否被出售。

在永续盘存制下采用后进先出法，需要逐笔登记存货的收入、发出和结存的数量及金额。每次发出商品时，都要按照后进先出法假设的成本流转顺序确定单位成本。

【例 5－22】 仍以【例 5－20】美华公司 2012 年 9 月份甲商品的存货明细账数据为例，在永续盘存制下，按照后进先出法确定销售成本和期末存货成本的计算如表 5－8 所示。

表 5－8　　美华公司甲商品明细账（后进先出法）　　单位：元

日期	摘要	收入			发出			结存		
		数量	单位成本	总成本	数量	单位成本	总成本	数量	单位成本	总成本
9.1	期初							400	20	8 000

续表

日期	摘要	收入			发出			结存		
		数量	单位成本	总成本	数量	单位成本	总成本	数量	单位成本	总成本
9.5	购货	400	22	8 800				400 400	20 22	16 800
9.8	销售				400 200	22 20	12 800	200	20	4 000
9.14	购货	600	25	15 000				200 600	20 25	19 000
9.23	销售				400	25	10 000	200 200	20 25	9 000
9.28	购货	200	27	5 400				200 200 200	20 25 27	14 400
	合计	1 200		29 200	1 000		22 800	600		14 400

由表5-8可知，在永续盘存制下采用后进先出法计算出的当期销售成本为22 800元，期末存货成本为14 400元。

在定期盘存制下采用后进先出法，平时销售时不必确定销售成本，待月末盘点后再按后进先出法的计算程序一次计算销售成本和期末存货成本。由于后进先出法假定先售出的商品是那些最近购入的商品，那么，当期销售成本就由最后一次购货的单位成本开始计算，并倒序推算；而期末存货成本则按期初存货的单位成本计算，并顺序推算。

如上例，销售成本计算如下：

日期	数量（件）	单位成本（元）	成本总额（元）
28日购货	200	27	5 400
14日购货	600	25	15 000
5日购货	200	22	4 400
总计	1 000		24 800

期末存货成本计算如下：

日期	数量（件）	单位成本（元）	成本总额（元）
期初存货	400	20	8 000
5 日购货	200	22	4 400
总计	600		12 400

可见，在两种不同的存货盘存制下，采用后进先出法计算出的销售成本和期末存货成本是不相同的。产生这种差异的原因在于：定期盘存制是在期末按最早的单位成本一次计算存货成本，而永续盘存制要求随时确定销售成本，因而有些最早或较早的单位成本已计入销售成本，因而剩余存货不一定按最早的单位成本确定。这样，在两种不同的存货盘存制下确定的存货成本，可能取自相同的存货层，也可能取自不同的存货层。

除了煤炭、矿石等少数货场堆放存储的商品外，后进先出法的存货成本流转很少与实际的存货实物流转相吻合。

4. 平均成本法

平均成本法是指按购入的各批商品的平均单位成本对存货进行计价的方法。有些企业将各次购入的同一种商品混放在一起，出售商品时已不能分清所属的批次，因而采用平均成本法比较符合商品的实际流转情况。平均成本法又包括加权平均法和移动加权平均法两种。

（1）加权平均法

加权平均法是以存货的数量为权数，计算存货的加权平均单位成本，借以确定发出商品成本和期末存货成本的计价方法。

在定期盘存制下，通常是在月末一次计算出存货的加权平均单位成本，从而确定发出存货成本和期末存货成本，因而也称为月末一次加权平均法。加权平均单位成本的计算公式如下：

$$\text{加权平均单位成本} = \frac{\text{期初存货成本} + \text{本期购货成本}}{\text{期初存货数量} + \text{本期购货数量}}$$

【例 5－23】 仍以【例 5－20】美华公司 2012 年 9 月份甲商品的存货明细账数据为例，采用加权平均法计算美华公司销售成本和期末存货成本如下：

$$\text{加权平均单位成本} = \frac{400 \times 20 + 400 \times 22 + 600 \times 25 + 200 \times 27}{400 + 400 + 600 + 200} = 23.25\ (\text{元})$$

$$\text{销售成本} = 1\ 000 \times 23.25 = 23\ 250\ (\text{元})$$

期末存货成本 = 600 × 23.25 = 13 950（元）

加权平均法所确定的存货价值，受各批购货数量的影响。加权平均单位成本与商品的现行成本存在一定差距。当物价上涨时，加权平均单位成本将会小于现行成本；当物价下降时，加权平均单位成本则会高于现行成本。但不论物价是上涨还是下降，采用加权平均法计算出的存货成本，都反映出了一种平均水平。因而，加权平均单位成本对本期所有存货的成本都具有代表性，对于储存在同一地点、性能形态相同的大宗商品，采用加权平均法比较适宜。

（2）移动加权平均法

在永续盘存制下采用的加权平均法也称为移动加权平均法，即在每次购入商品后，都要根据现有可供销售商品总成本及总数量，计算出新的加权平均单位成本，据以对发出存货进行计价的一种方法。移动加权平均单位成本的计算公式如下：

$$\text{移动加权平均单位成本} = \frac{\text{本批进货前结存存货成本} + \text{本批购入存货成本}}{\text{本批进货前结存存货数量} + \text{本批购入存货数量}}$$

【例 5－24】 仍以【例 5－20】美华公司 2012 年 9 月份甲商品的存货明细账数据为例，采用移动加权平均法计算美华公司销售成本和期末存货成本如表 5－9 所示。

表 5－9　　美华公司甲商品明细账（移动加权平均法）　　单位：元

日期	摘要	收入			发出			结存		
		数量	单位成本	总成本	数量	单位成本	总成本	数量	单位成本	总成本
9.1	期初							400	20	8 000
9.5	购货	400	22	8 800				800	21	16 800
9.8	销售				600	21	12 600	200	21	4 200
9.14	购货	600	25	15 000				800	24	19 200
9.23	销售				400	24	9 600	400	24	9 600
9.28	购货	200	27	5 400				600	25	15 000
	合计	1 200		29 200	1 000		22 200	600	25	15 000

其中：

$$\text{第一批购货后平均单位成本} = \frac{8\,000 + 8\,800}{400 + 400} = 21\ (\text{元})$$

$$\text{第二批购货后平均单位成本} = \frac{4\,200 + 15\,000}{200 + 600} = 24\ (\text{元})$$

$$\text{第三批购货后平均单位成本}=\frac{9\ 600+5\ 400}{400+200}=25\ (\text{元})$$

由表5－9可知，在移动加权平均法下，期末存货成本为15 000元，本期销售成本为22 200元。

移动平均单位成本受每次购货成本的影响，根据其计算出的存货成本与现行成本的差距比采用一次加权平均法要小，因而更接近现行成本。在存货周转较快，进货次数频繁的情况下，采用移动加权平均法反映的存货流转状况类似先进先出法。然而，这种方法计算比较繁琐。在商品品种繁多的情况下，工作量较大。

（三）存货计价方法对财务报表和纳税的影响

一家企业针对不同性质的存货，可以同时使用一种以上的存货计价方法。企业采用不同的存货计价方法会对以下三个要素之一产生不同的影响：（1）对收益表的影响；（2）对纳税的影响；（3）对资产负债表的影响。

1. 对收益表的影响

为了理解企业为何选择一种特定的存货计价方法，下面以美华公司在永续盘存制下的数据为例，通过对比不同的存货计价方法来说明其对收益表和纳税的影响，如表5－10所示。假定美华公司按每件40元的价格售出1 000件甲商品，营业费用是4 000元，所得税税率为30%。

表5－10　　美华公司存货计价方法影响的比较

美华公司简明收益表　　单位：元

项　目	先进先出法	后进先出法	平均成本法
销售收入	40 000	40 000	40 000
期初存货	8 000	8 000	8 000
购货	29 200	29 200	29 200
可供销售商品成本	37 200	37 200	37 200
期末存货	15 400	14 400	15 000
销售成本	21 800	22 800	22 200
毛利	18 200	17 200	17 800
营业费用	4 000	4 000	4 000
税前收益	14 200	13 200	13 800
所得税费用（30%）	4 260	3 960	4 140
净收益	9 940	9 240	9 660

注意，对于三种存货计价方法中的每一种方法，可供销售商品成本（37 200元）都是相同的。但是，期末存货成本和销售成本却都不同。这一差额是由于分配到销售成本和期末存货成本的单位成本不同而导致的。对于美华公司来说，先进先出法和后进先出法下的销售成本之间存在1 000元的差额，从而导致毛利相差1 000元。

在物价变动期间，成本流转假设会对净收益产生重大的影响。大多数情况下，价格是上涨的（即通货膨胀）。在物价上涨期间，先进先出法会产生较高的净收益，这是因为把较早购入商品的较低单位成本与收入进行了配比。从表5－10美华公司的举例中可以看出，物价上涨期间，先进先出法报告了最高的净收益（9 940元），而后进先出法报告了最低的净收益（9 240元），平均成本法的净收益则处于先进先出法与后进先出法之间（9 660元）。如果物价是下跌的，则使用先进先出法和后进先出法的结果就正好相反：先进先出法报告最低的净收益，而后进先出法报告最高的净收益。

在物价上涨期间如果使用后进先出法，由于反映在销售成本中的是最近购入的商品成本，销售成本就接近商品的现行重置成本水平，从而较好地使现行成本与现行收入相配比，更真实地反映了当期的毛利和净收益，并使企业回收了已售出商品的现行重置成本。

在物价上涨期间如果使用先进先出法，由于反映在销售成本中的是较早购入的商品成本，销售成本就小于商品的现行重置成本水平，使得企业仅回收了早期低成本的商品，从而高估了当期的毛利和净收益。先进先出法下的毛利超过后进先出法的部分（如美华公司先进先出法下的毛利超过后进先出法1 000元）被称为“虚拟利润”。为了重置已售出的商品，企业必须要额外拿出一部分毛利才能继续购置高价格的商品。结果，报告的净收益从真实的角度看也就被高估了。因此，在物价上涨期间先进先出法不能提供最好的收益表信息。

2. 对纳税的影响

在物价变动期间，成本流转假设也会对所得税产生重大的影响。从表5－10美华公司的举例中可以看出，物价上涨期间，由于先进先出法的净收益最高，从而导致最高的所得税（4 260元），而后进先出法的净收益最低，导致了最低的所得税（3 960元），平均成本法的所得税则处于先进先出法与后进先出法之间（4 140元）。如果物价是下跌的，则使用先进先出法和后进先出法的结果则正相反。

受通货膨胀的影响，企业都非常关注存货计价方法的选择。对于管理层来说，较高的净收益是有好处的，它会使外部信息使用者更正面地看待公司。此外，管理层的奖金如果是基于净收益计算的，那将会更高。所以，当物价处于上涨时，公司会愿意使用先进先出法，因为它会导致较高的净收益。然而，在物价上涨期间，许多公司更愿意采用后进先出法，因为当期的所得税支付最低。如表5－10所示，后进先出法下的所得税比先进先出法低300元，这节省的300元税额使企业在经营中有更多可用的现金。

但值得提出的是，纳税申报中应税收益的计算采用何种存货计价方法，应在国家税法允许的范围内选择。

3. 对资产负债表的影响

先进先出法的一个主要优点是，在物价上涨期间，分配于期末存货的成本总是按最近购入的商品成本计价，使得期末存货成本更接近于它的现行成本，从而能较恰当地反映资产负债表日的存货实际价值。

反之，后进先出法的一个主要缺点是，在物价上涨期间，分配于期末存货的成本从现行成本来看可能被严重低估了。如果存货成本中包括多个以前会计期间购入的商品成本，在持续很长时间的通货膨胀期间，低估的程度会更高，使期末存货成本与现行重置成本相差甚远。所以，后进先出法所反映的资产负债表日的存货价值是不合理的。

通过上述不同存货计价方法对财务报表和纳税影响的分析可知，在资产负债表和收益表所报告的结果方面，使用后进先出法而不使用先进先出法，会引起很大的差异。随着物价的上涨，先进先出法会产生比后进先出法更高的收益。在资产负债表上，先进先出法会产生更高的存货成本。因此，使用不同的存货成本流转假设，会使报表分析者对企业财务结果进行比较变得更加复杂。

无论企业选择什么样的存货计价方法，必须在各个会计期间一致地使用这种方法。一致性的应用能够增强对连续期间企业财务报表的分析能力。尽管强调一致性的应用，但并不意味着企业不可以变更它的存货计价方法。企业一旦决定变更存货计价方法，必须在财务报表中披露这一变更以及它对净收益的影响。

四、成本与市价孰低法

对于销售高科技产品或者时尚商品的企业来说，存货价值由于技术的更新或者时尚的变换可能下降得非常快。另外，如果存货长期不能被耗用或销售，就有可能变为过时存货或被降价销售。在这种情况下，要求企业采用除了上述以历史成本为基础的四种存货计价方法之外的存货计价方法，即成本与市价孰低法。

（一）成本与市价孰低法的含义

成本与市价孰低法是指对期末存货应当按照成本与市价两者之中的较低者进行计价的方法，即当存货成本低于市价时，期末存货仍按成本计量；当存货市价低于成本时，期末存货按市价计量。

成本与市价孰低法是对历史成本计价的一种修正，是稳健性原则的具体运用。当存货的市价下跌低于它的成本，表明该存货给企业带来的未来经济利益低于其账面金额。

如果从稳健性来考虑，对因市价下跌造成的存货跌价损失，应在价格下跌发生的当期予以承认，将存货成本减记至它的市场价值，同时确认存货跌价损失，使当期的净收益相应减少。否则，当存货的市价低于它的成本时，如果仍然以其成本计量，就会出现高估资产和净收益的现象。当这些存货在以后按较低的售价出售时，由于其成本早已调低，归入后期的销售成本也就较低，这样，有助于使各个期间保持一个比较正常的利润水平。

在成本与市价孰低法下，“市价”是指存货的现行重置成本，而不是销售价格。对于商业企业来说，市价是指当前从正常的供货商处以正常的数量购入相同商品的成本。使用现行重置成本是因为一个项目的重置成本下跌通常会引起该项目的销售价格下跌。在实际应用成本与市价孰低法时，对市价的衡量应限制在一定的合理范围内，即市价不应超过存货的可变现净值，也不应低于可变现净值减去正常的销售毛利后的金额。这里的“可变现净值”是指在正常经营过程中，以存货的预计售价减去预计发生的加工成本和销售费用后的金额。这样，就为存货的现行重置成本规定了一个上限和下限，“可变现净值”是它的上限，对于必须削价出售的陈旧过时或损坏变质的商品来说，它们的现行重置成本可能超过可变现净值，但存货必须按可变现净值计价。然而，“可变现净值减去正常的销售毛利”这个下限更重要，即使重置成本跌到这个下限之下，存货也仍须按这个下限计价，这是为了防止存货价值的严重低估，以保持企业提供的财务信息的可信性。

（二）成本与市价孰低法的应用

成本与市价孰低法可以采用三种方式加以应用：（1）按单个存货项目；（2）按主要存货类别；（3）按全部存货。下面以美华公司为例说明按成本与市价孰低法确定期末存货成本的计算，如表5－11所示。

表5－11　美华公司成本与市价孰低法下期末存货成本的确定　单位：元

存货项目	成本	市价	成本与市价孰低法		
			单个项目	主要类别	全部存货
甲类存货					
甲－1	14 400	14 080	14 080		
甲－2	20 000	19 000	19 000		
甲－3	48 000	50 000	48 000		
小计	82 400	83 080		82 400	

续表

存货项目	成本	市价	成本与市价孰低法		
			单个项目	主要类别	全部存货
乙类存货					
乙-1	13 600	13 920	13 600		
乙-2	24 960	23 680	23 680		
乙-3	35 720	34 200	34 200		
小计	74 280	71 800		71 800	
合计	156 680	154 880	152 560	154 200	154 880

从表5-11可以看到，按单个存货项目应用成本与市价孰低法确定的期末存货成本为152 560元，存货减值4 120元；按主要存货类别确定的期末存货成本为154 200元，存货减值2 480元；按全部存货确定的期末存货成本为154 880元，存货减值1 800元。显然，按单个存货项目应用成本与市价孰低法，与其他两种应用相比确定的期末存货成本最低，也最为稳健，在实务中的应用也最为普遍。当然，企业可以任选一种方法来应用成本与市价孰低法，但必须坚持一致性原则。

采用成本与市价孰低法，当成本低于市价时，不需要作会计处理。当市价低于成本时，必须将存货减值至市价，以反映存货跌价损失。在会计处理上，通常采用备抵法，即将存货减值金额借记单独设置的“资产减值损失”账户，贷记单独设置的“存货跌价准备”账户。根据表5-11，按单个存货项目比较确定存货跌价损失时，应编制调整分录如下：

借：资产减值损失　　4 120

　　贷：存货跌价准备　　4 120

“资产减值损失”金额在收益表中一般列示在销售毛利之下，作为对销售毛利的调整。“存货跌价准备”账户是存货的备抵账户，其贷方余额在资产负债表中列为存货项目的减项。

本章提示：

1. 我国企业资产负债表中流动资产的第一个项目是“货币资金”，包括库存现金、银行存款和其他货币资金。

2. 坏账损失一般采用备抵法。期末估计坏账损失时，先将应收账款分为单项金额重大和不重大的。单项金额重大的应收账款，应单独进行减值测试。单项金额不重大的应收账款，可以按类似信用风险特征划分为若干组合，再按这些应收款项组合在资产负债表日余额的一定比例计算确定减值损失，也就是采用账龄分析法。

3. 在我国，应收票据反映企业因销售商品、提供劳务等收到的商业汇票，包括商业承兑汇票和银行承兑汇票两种。我国的商业汇票通常为不带息票据。企业将未到期商业汇票向银行贴现，不单设或有负债账户。

4. 存货计价可以根据企业具体情况，一般采用先进先出法、月末一次加权平均法、移动加权平均法和个别认定法。

5. 存货计量采用成本与可变现净值孰低原则，企业在确定存货跌价损失时通常以单个存货项目为基础。对于数量繁多、单价较低的存货，企业可以按照存货类别确定存货跌价损失。

思考题

1. 试说明现金管理的原则和现金的内部控制要求。
2. 试说明定额备用金制度以及零用现金的管理程序。
3. 请解释银行对账单余额与企业现金账户余额不符的原因。
4. 请分别评价坏账处理的直接注销法和备抵法。
5. 试说明坏账费用估计的销售收入百分比法和应收账款法以及会计处理上的区别。
6. 为什么说贴现的应收票据是一项或有负债?
7. 请分别说明定期盘存制和永续盘存制的优缺点以及会计处理上的区别。
8. 请分别说明选择各种存货计价方法的成本流转假设。
9. 请分别评价不同存货计价方法对财务报表和纳税的影响。
10. 试说明成本与市价孰低法的含义及其应用。

第六章

长期营业用资产

本章学习目标

1. 长期营业用资产的性质和分类；
2. 固定资产取得的会计处理；
3. 固定资产的折旧方法及会计处理；
4. 固定资产的后续支出及会计处理；
5. 固定资产处置的会计处理；
6. 无形资产的概念与种类。

长期营业用资产是被企业长期使用，为生产经营提供服务，不是以出售为目的的资产。其可以划分为有形资产和无形资产两种；有形资产又可以分为固定资产和自然资源两类；无形资产是没有实物形态的资产，但是，却可以长期为企业带来经济效益。本章介绍长期营业用资产，即：固定资产、自然资源和无形资产的确认、计量及会计处理。

第一节　长期营业用资产的性质和分类

企业要进行生产经营活动，除了需要现金、存货等流动资产以外，一般还需要拥有建筑物、设备等长期营业用资产，它是为顾客提供商品或劳务的必要条件，帮助企业在多个会计期内获得收入。一般而言，无论企业的规模大还是小，经济活动可能各不相同，但都会或大规模或小规模需用这些资产。所以，长期营业用资产是供企业日常经营之用，可长期使用，不是为了出售而购置的资产。但是，需要注意的是，一个企业的长期营业用资产可能是另一个企业的存货。例如：建筑物对大多数企业来说是长期营业用资产，但是，对开发商来说就是存货。

长期营业用资产应同时具备两个条件：（1）为了生产、经营而非出售所持有；(2) 使用期限在一年或一个营业周期之上。其在资产负债表上列示于流动资产项目的下方。企业为了加强对长期营业用资产的管理，需要对其进行合理的分类，一般可以划分为三类：即固定资产、自然资源和无形资产。

一、固定资产

企业的固定资产是指使用期限在一年或一个营业周期之上，并在使用期间原有实物形态保持不变的资产，如：建筑物、机器设备、运输工具等，在西方被称为厂场设备。固定资产是企业的重要资产，特别是在制造业，其所占比例通常较大。

由于固定资产金额较大，应根据企业的经营特点来正确划分固定资产的范围，以便对其加强管理。需要指出的是，土地是否属于固定资产应依据国家的所有制而定。在西方国家，土地允许私有，不但可以拥有所有权，还能自由买卖，因此可以纳入固定资产进行核算。而在我国，土地归国家所有，任何单位和个人只可以拥有使用权不能拥有所有权，所以，企业为购买土地使用权所花费的支出应记入无形资产。由于土地具有不能再生也不会衰竭的特点，因此，土地不计提折旧。

为了掌握和分析固定资产的增减变动、维修、配置和使用情况，加强固定资产的管理，提高使用效益，并有利于正确进行核算，必须对固定资产进行合理的分类。根据不同的标准和管理要求，固定资产可以进行不同的分类。

在实际工作中，一般按其存在的物质形态和性能划分，固定资产可以分为：房屋、建筑物，设备两大类。

（一）房屋、建筑物

房屋、建筑物指企业为了生产经营活动、设备运转、储藏物资等提供的场所。一般在地价和建筑物无法分离的情况下，两者合并作为建筑物核算。这些固定资产有形磨损比较明显，无形损耗相对较少，它们取得方式可能不同，可以是自行建造，也可以购入取得等等。此类固定资产的使用寿命是有限的，它们长期为企业提供服务并为其带来收益，随着时间的推移，其服务能力将逐渐降低，其损耗的价值与使用时间的长短更为密切，在使用期间必须按期计提折旧。

（二）设备

设备指企业为生产经营而持有的各种机械、器具装置、运输工具（如车辆、轮船、飞机）等。这类资产与房屋建筑物相比，除了有形磨损以外，更易产生无形损耗，因为技术更新等因素很可能导致其过时。在使用期间价值逐渐降低，其磨损的价值除了与使用时间的长短有关以外，更为直接的是使用的程度即工作量的多少，对于这类资产也必须按期计提折旧。

固定资产除了按以上存在的物质形态和性能分类以外，也可以按其他标准进行分类。如：按经济用途分类可以分为生产用固定资产和非生产用固定资产。生产用固定资产，是指直接服务于生产经营活动的固定资产，如厂房、机器设备等；非生产用固定资产，指不直接服务于生产过程的固定资产，如职工食堂、浴室等。按所有权分类，可以分为自有固定资产和租入固定资产。按使用情况分类，可以分为使用中、未使用、不需用固定资产。使用中固定资产，指正在使用的固定资产，包括正在使用的和由于季节性或大修理原因暂时停用的固定资产等；未使用的固定资产指尚未交付使用的和因改扩建原因暂时停用的固定资产；不需用固定资产，指本企业不适用、多余的而准备处理的固定资产。

二、自然资源

自然资源又称递耗资产，包括各种矿山、油田、天然气、森林等。自然资源属于特殊类型的长期资产，具有自身的特点，投资于自然资源就相当于投资于地下的存货（如石油、天然气）或地上的存货（如森林），随着自然资源的开采，其价值将会逐渐耗尽，因此在使用期间必须按期计提折耗，而折耗费用就是自然资源成本中，在特定的时间内已开采或耗尽的部分。

自然资源与固定资产相比有很多不同之处，具体表现为以下几点：第一，在使用过程中，固定资产既能保持原有的实物形态，原有实体又不会因使用而缩小；而自然资源在使用期间，虽然也能保持原有实物形态，但在使用中实体却在不断减少，直至耗尽为止。第二，固定资产一般可以重置；而自然资源很难再生，除了森林以外通常难以重置。第三，固定资产计提折旧不限于其使用；而自然资源只有真正开采时才发生折耗费用，并且，开采出来的资源，销售出去的记入“销货成本”，尚未销售出去的记入“存货”，两者之和记入“累计折耗”等。所以，根据自然资源本身的特点将其单列为一类。

三、无形资产

企业经营用资产除了有形的实物资产之外，还包括无形资产。无形资产是指企业拥有或者控制的没有实物形态的可辨认的非货币性资产，是企业能在未来长期获利的一种以契约形式存在的权利。包括专利权、商标权、版权、特许经营权等。可辨认是指该项资产能够从企业分离出来，并能单独用于出售、转让等。一般有使用期限的无形资产，其成本在使用期间内必须按期摊销。

在现实生活中，一些企业所拥有的无形资产价值可能远远大于其有形资产。比如：美国可口可乐公司凭借其独特的配方，获得了“可口可乐”这个知名品牌，多年以来它为该公司带来了巨大的经济利益，这一无形资产的价值远大于公司的有形资产。

企业对无形资产的确认必须同时满足两个条件：第一，与该无形资产有关的经济利益很可能流入企业；第二，该无形资产的成本能够可靠计量。无形资产与有形资产相比较具有自己的特征。

（一）无形资产的主要特征

无形资产具有许多特征，最主要的是以下两点：

1. 无形资产没有实物形态，长期为企业带来超额的经济效益

缺乏实物形态是辨别无形资产的形式性标准，作为企业的资产，虽然无形资产没有实物形态，它只代表企业所拥有的一种权利，但是，它却和有形资产一样可以长期给企业带来经济效益。当然，没有实物形态不是判断一项资产是不是无形资产的实质性标准，比如：银行存款、应收账款等资产虽然也没有实物形态，因为不能为企业带来超额利润，所以不能将其列为无形资产。无形资产的形成是由综合因素作用的结果，其可以是某种先进的成果或具有明显的优越性。拥有它就可以超出同行其他企业，是获得超额利润的能力来源，判定是否确认一项无形资产时，还必须考虑其是否能够带来超额利润这一本质标准。

2. 无形资产所提供的经济效益具有很大的不确定性

无形资产一般能够给企业带来超额利润，这是其本质标准。但是，由于技术进步等原因，原有的无形资产很可能在新形势下已丧失原本具备的优势，被新的无形资产所替代，而无法像预期那样为企业继续带来超额利润，所以，无形资产所提供的经济效益具有很大的不确定性。主要表现在随着科学技术的快速发展，其优越性和独占性可能突然消失，其使用年限难以确定等等，所以，其所提供的经济利益就有很大的不确定性。

（二）无形资产的种类

企业的无形资产根据不同的标准可以划分为不同的种类：

1. 按期限划分

根据有无期限划分，无形资产可以划分为有限期无形资产和无限期无形资产两种。有限期无形资产，是指法律规定了有效期的无形资产，如专利权、商标权等；无限期无形资产，是指法律没有规定有效期的无形资产，如商誉等。

2. 按经济内容划分

按经济内容划分，无形资产可以分为：专利权、商标权、土地使用权、特许经营

权、商誉等。

(1) 专利权

是指国家专利注册机构授予发明者在法定期限内对其发明创造成果所享有的专门权利。我国专利法规定，依法可以取得专利权的发明创造包括发明创造、外观设计等。专利权受法律保护并有一定的有效期限，他人不经允许不能随意使用，否则必须向持有者支付使用费用。

(2) 非专利技术

又称技术秘诀、专有技术或技术诀窍。是指发明者未申请专利或不够申请专利条件而尚未公开的知识和技巧。包括发明创造、工艺流程、配方、设计资料等。其不需要到有关部门注册登记，不受法律保护，倘若不被泄露，企业可以长期使用，因此取得优越的竞争地位和超额利润。

(3) 商标权

是指专门在产品上使用特定的名称或图案的权利。商标的价值在于背后的企业良好的信誉及生产的享誉内外的优质产品能为企业带来超额的经济利益。企业可以通过设计并申请注册、从其他单位购买、接受投资等方式取得商标权。商标权有一定的法律有效期，到期也可以申请延期。

(4) 特许经营权

又称专营权，是指其所有者一方给予另外一方在某个特定的地区内使用特定商标及名称或行使某些特定功能的权利。一般有两种形式：一是由政府机构授予特定企业使用公共财产或在一定区域内经营某种特许业务的权利，如销售免税商品、生产经营烟酒等；另一种是一家企业按照合同，授予另一企业在一定范围内销售其产品或服务，使用其专利权、商标权等。特许经营对双方均有好处，被特许人可以据此获得可靠的经济效益，特许人则可以因此扩大产品销售等。此种方式在餐饮业更为普遍，如麦当劳快餐公司就是以这种方式授权世界各地的被特许人经营此种快餐业务。但是特许人也存在一定的风险，若被特许人经营不好对特许人会产生负面影响。

(5) 土地使用权

西方一些国家允许土地私有，所以土地就归属于固定资产；我国实行的是土地公有制，凡购买转让的土地，没有所有权，仅是使用权，其被归属于无形资产。我国土地使用权是指国家机关、企事业单位、农民集体和公民个人，以及三资企业，凡具备法定条件者，依照法定程序或依约定对国有土地或农民集体土地所享有的占有、利用、收益和有限处分的权利。土地使用权包括农用地、建设用地、未利用地的使用权。

(6) 商誉

从理论上来说是企业超额利润（如超越社会平均投资回报率）的资本化价值，在实务中一般采用割差法，是指企业购并中所支付的价款超过被购并企业可辨认净资产公允价值（所购买份额）的金额。形成商誉的因素主要有：企业的先进技术、优秀管理团队、优越的地理位置、良好的社会关系等，这些因素使企业可能获得超额利润，但又难以一一归属到某一因素。所以商誉是企业整体价值的组成部分，一般对企业经过自身的长期经营所创出的商誉不予入账，只有购并另一持续经营的企业时，才能将超越所购并净资产公允价值的金额记为商誉。商誉属于无形资产，由于其特殊性需单独处理，所以不包括在无形资产账产中。

第二节　固定资产的购置与折旧

企业可以采用不同的方式取得固定资产，其取得方式不同，价值构成及相关会计处理就不同；对固定资产的成本要在受益期间，按照一定的方法进行分配，称为折旧。固定资产一般应以历史成本计价，指为使某项固定资产达到预定可使用状态之前发生的一切合理、必要的支出。采用历史成本计价的优点是，一方面具有可靠性，另一方面有利于实际收入和实际成本的配比。目前，对取得时固定资产采用历史成本计价已经没有异议，但是，对取得以后是否仍继续按历史成本计价，存在一定的争议。

一、固定资产原始成本的构成

企业获取固定资产的渠道有很多，诸如从外部购入、接受投资者投入、自行建造、非货币性交换等，无论取得方式如何，其原始成本所包含的内容原则上是从取得到投入使用前所花费的一切正常、合理的支出。固定资产的计价标准有三种，即原始成本（历史成本、原值）、净值和重置价值。原始成本指企业取得一项固定资产时所支付的全部金额，包括买价、相关税费、包装费、运杂费、保险费、安装费等一切合理必要的支出；净值又称折余价值，是指固定资产原始成本减去累计折旧的差额；重置价值是指企业在当前的生产技术条件下，重新购建同样的固定资产所需的全部支出。国际会计准则规定历史成本作为基本的计量属性，固定资产应该按照历史成本（原始成本）进行初始计量。对于在某种特殊情况下（如接受捐赠、投资等）无法取得原始成本资料时，就可以采用净值或重置价值等作为计价基础。

外购固定资产的原始成本包括买价、相关税金（包含进口关税、不可抵扣的其他税款等）、相关费用（运杂费、安装费、装卸费、场地整理费、专业人员服务费）等，投入使用前的所有正常合理的支出。

自行建造的固定资产原始成本包括建造该固定资产达到预定可使用状态前所发生的

必要支出，包括直接材料、直接人工、直接机械施工费等。

需要指出的一个问题是，取得的固定资产是用企业的资金还是借款？如果是借款，那么借款费用是否应该记入固定资产成本？长期以来，对利息费用如何进行正确的会计处理，一直存在着争议。为建造厂房和为购买设备融资而发生的利息，存在三种不同的观点：

第一，建造期间，利息支出不予资本化。在此种方法下，利息被视为一种融资成本，而不是建造成本。倡导此方法的人认为，若公司采用发行股票融资，而不是债务融资，那么就不会发生利息费用。反对此方法的人认为，只要是为固定资产而发生的利息费用，这种利息成本就应该记入到固定资产成本中。

第二，将建造使用的所有资金成本资本化，不论这些成本是否可以辨别。主张此种方法的人认为，建造的成本应该包括融资成本，无论这种融资是债务还是股票融资，利息无论是否真实发生，还是应付成本，都应记入固定资产成本中。反对方认为，股票的应付成本具有主观性，不符合客观性原则。

第三，仅将建造期间真正发生的利息费用资本化。持此种观点的人部分地赞同第二种方法，认为利息费用同人工与材料一样，都是一种成本。但是，只对建造期间债务融资发生的利息费用资本化，而投入使用以后的固定资产所产生的利息费用则需要费用化。反对者认为，一项同样的资产所记录的成本应该是一致的，无论它是否采用自有资金，还是债务、股票融资。

一般来说，固定资产成本包括：（1）扣除商业折扣和回扣的、包括进口关税和不能返还的购货税款在内的购买价格（可以抵扣的税款除外）。（2）将资产运抵指定地点并使其达到能够按照管理层预定的方式进项运转所必需的状态而发生的直接可归属成本。（3）企业在购置该项目时，或者在特定期间内出于生产存货以外的其他目的而使该项目所产生的拆卸、搬运和场地清理义务的费用的初始估计金额。

取得单项固定资产的原始成本一般不难确定，但是，如果以一笔款项同时购入两项或两项以上的没有单独标价的固定资产（称为一揽子购入），则需要单独计量和确定每项资产的成本。在这种情况下，应该以各项固定资产获取日的评估价值（公允价值）的比例为基础，对总成本进行分配。

二、购置固定资产的会计处理

企业购置固定资产一般按照取得时的原始成本进行初始计量。一般来说，若买价中附有现金折扣，则无论是否获得该折扣，都在买价中予以扣除，未得到的现金折扣作为财务费用处理。本章此类例题采用这种处理方法，我国对此没有明确的规定。购入固定资产按照付款的情况分为在正常的信用期付款和超过正常信用期的分期付款两种。

（一）赊购固定资产

企业在赊购固定资产时，确定其原始成本以后，作相应的会计处理。其成本包括：买价、相关税费、运费、安装费等，至投入使用前一切正常、合理的费用支出。而非正常的浪费和意外损失支出不属于购置的成本范围，如运输或安装等过程中的不慎损坏发生的修理费等。

【例 6-1】某企业赊购一台机器设备，其费用构成如下：

单位：元

费用构成	金　额
发票总额	100 000
减：2% 现金折扣	(2 000)
不可抵扣的税款	2 600
运输费用	1 000
保险费	1 500
安装费	500
运输途中的意外事故修理费	1 000

成本总额 = 100 000 - 2 000 + 2 600 + 1 000 + 1 500 + 500 = 103 600（元）

（注意：意外的、非正常的费用不能计入固定资产的成本中。）

赊购时的会计分录：

借：固定资产——设备　　103 600

　贷：应付账款　　103 600

【例 6-2】甲企业向乙企业一揽子赊购一栋建筑物和一台设备，价款共计 2 100 000 元，建筑物及设备均已交付使用。资产评估师给出的评估价：建筑物为 1 600 000 元，设备为 400 000 元，则各项固定资产成本分配的计算如表 6-1 所示。

表 6-1　各项固定资产成本分配表　　单位：元

资产	评估价值	比例（%）	成本分配
建筑物	1 600 000	80*	2 100 000 × 80% = 1 680 000
设备	400 000	20**	2 100 000 × 20% = 420 000
合计	2 000 000	100	2 100 000

* 1 600 000/2 000 000 = 80%；

** 400 000/2 000 000 = 20%。

甲企业根据以上分配结果编制会计分录如下：

借：固定资产——建筑物　　1 680 000

　　　　　　——设备　　420 000

　贷：应付账款　　2 100 000

（二）分期付款购置固定资产

企业通常购买固定资产是在正常信用条件期限内付款，但有时购入金额较大的固定资产时，往往采用分期付款的方式，并且付款期限比较长，超过了正常信用条件。一般需要首付一部分资金，以后再按约定还款。按照我国会计准则规定，当付款期超过3年以上，此类购置实质上是融资租赁性质，购入固定资产的成本不能以各期付款额之和确定，而应以各期付款额的现值之和确定。购入固定资产时，按购买价款的现值，借记“固定资产”账户；按各期支付的金额之和，贷记“长期应付款”账户，即此账户记入的是本息总和；再按两账户的差额借记“未确认融资费用”账户。未确认融资费用应在以后各期采用实际利率法进行摊销，符合借款资本化条件的记入固定资产成本，否则，应记入当期的“财务费用”账户。

【例6-3】某企业2010年1月1日采用分期付款的方式购入一套生产线，首付现金50万元，余款分5年付清，每年末支付50万元，付款金额之和为300万元，年利率为10%。2011年1月1日，该设备达到了预定可使用状态。

该生产线购置成本和各期具体处理的会计分录如下：

2010年的利息费用按规定可以资本化，即将利息费用记入固定资产成本；而从2011年起设备已达到预定的可使用状态，所以利息开始费用化，将利息记入财务费用。

(1) 2010年1月1日

因为每期付款金额之和为300万元，所以，长期应付款为300万元；每期付款金额相等，都是50万元，此类分期付款属于年金问题，可以按照年金现值系数计算年金现值。按照年利率10%，5年期，从年金现值系数表中查出年金现值系数为：3.790 8（i =10%，n=5）。

各期付款金额的现值与首付金额之和就是生产线的成本。

生产线成本 = 首付金额 + 年金 × 年金现值系数

= 500 000 + 500 000 × 3.790 8

= 500 000 + 1 895 400

= 2 395 400（元）

会计分录：

借：固定资产——设备　　2 395 400

　　未确认融资费用　　604 600

　　贷：长期应付款　　3 000 000

（2）2010 年 12 月 31 日

年末应摊销的未确认融资费用 =（2 395 400 - 500 000）×10% = 189 540（元）

会计分录：

借：长期应付款　　500 000

　　贷：现金　　500 000

借：固定资产　　189 540

　　贷：未确认融资费用　　189 540

（3）2011 年 12 月 31 日

应摊销的未确认融资费用 =［2 395 400 - 500 000 -（500 000 - 189 540）］×10%

= 1 584 940 ×10%

= 158 494（元）

会计分录：

借：长期应付款　　500 000

　　贷：现金　　500 000

借：财务费用　　158 494

　　贷：未确认融资费用　　158 494

由于 2011 年固定资产已达到预定可使用状态，因此本期摊销的未确认融资费用应计入当期费用。以后各期的金额计算依此类推。假定购入固定资产以后，各期还款金额不相等，那么固定资产的成本就是分别计算各期还款的现值之和，关于年金的详细阐述见第七章。

三、固定资产的折旧

固定资产购入以后，其原始成本就会一直以资产项目出现在资产负债表上，当该项资产被使用，那么财务报表就要反映该使用情况，同时将分期确认的使用费用反映在利润表上。权责发生制会计的一项基本任务就是将长期资产的成本合理地分摊到费用中去，固定资产成本的分期摊配一般称作折旧，自然资源的成本摊配称为折耗，无形资产的成本分配称为摊销。

（一）折旧的含义

折旧是指随着固定资产的使用将其成本分配到各个受益期的过程，这一过程体现了权责发生制和配比原则的要求。固定资产可以为企业提供长期的服务，并为其带来长期的经济利益，随着时间的推移，其服务能力逐渐降低，并且，降低方式将直接影响到如何系统、合理地对固定资产的成本进行分摊。固定资产价值损耗分为有形损耗和无形损耗两种，由于使用而引起的实物磨损称为有形损耗，由于技术进步等原因带来的损耗为无形损耗。遵循配比原则的要求，固定资产可以给企业长期带来收入，那么，为取得固定资产的成本也应该在这一期间与相应的收入配比，这一摊配固定资产成本的过程就称为折旧。因此，折旧是一种成本分摊过程，并不是成本评价的程序，它不代表固定资产市价的变动。固定资产账面价值（原值 - 累计折旧）指的是要在未来期间内进行分配的成本，而不是对于其现值的估计；换言之，折旧的目的不是为了反映固定资产的公允市价。如：一座厂房投入成本 1 000 万元，预计使用年限 50 年，残值为零，经过一年以后，房价升值，该厂房的公允市价为 1 100 万元。但是，折旧仍按原计划进行，计提折旧 20 万元（直线法），其账面价值为 980 万元，与公允市价并不相等。

另外，计提折旧费用并不引起货币资金的流出，计算折旧正确与否对收益表和资产负债表都会产生直接的影响。因为，把固定资产的成本结转到折旧费用账户的定期分录既不会增加也不会减少现金账户余额，所以对企业的现金流量并不产生直接的影响。折旧是一种没有现金流出的费用，也不是为固定资产而提取的重置资金，获得重置资金只能通过收入的赚取活动来实现。

一般而言，企业所有的固定资产都应该计提折旧。但是，以下固定资产不在计提折旧之列：在建工程交付使用前的固定资产、已提足折旧继续使用的固定资产、提前报废的未提足折旧的固定资产等不需要计提折旧。

固定资产计提折旧的时间范围，各国做法不完全一样，通常以每月中 15 日为界限，当月 15 日前增加的固定资产，当月计提折旧，15 日后增加的则当月不计提折旧；当月 15 日前减少固定资产，当月不计提折旧，15 日后减少的则当月照提折旧。书中的例题采用这种做法。我国的规定是，当月增加的固定资产，当月不提折旧，从下月起开始计算；当月减少的固定资产，也是从下月起停止计提折旧。

（二）计算折旧考虑的因素

为了保证正确、合理地计提固定资产折旧，就需要了解影响折旧的因素。一般情况下，影响计提折旧的因素主要有：固定资产原始成本、预计使用寿命、预计净残值。

1. 原始成本（原值）

原始成本指为取得固定资产而支付的全部正常、合理的金额，即初始的入账价值，它是计提折旧的基础。如果固定资产估计有剩余的净残值，则净残值不在折旧的范围之列。应该计提的固定资产折旧总额等于固定资产原值减去净残值的差额，一般实际折旧总额不能超过此差额。

2. 预计使用年限

指固定资产预计的经济服务寿命，即折旧年限。除了土地之外，一般固定资产的使用寿命是有限的，随着时间的推移，由于使用引起的有形磨损是折旧的首要原因，例如：汽车随着使用而发生的实体损耗，降低了其有用性。但是计算机等电子产品，可能在实体还可以使用但已过时时，被一种效益更高的产品所代替，这属于无形损耗。在确定预计使用年限时既要考虑有形损耗也应考虑无形损耗。因此，一项固定资产的使用年限往往低于实际耐用年限。无论是实体磨损还是因过时引起的无形损耗，固定资产的成本均需要在其预计的使用年限内分摊。

一般在确定固定资产的使用寿命时，应考虑下列因素：

(1) 预期使用程度。在估计使用程度时可参考该资产的预计生产能力或实物产量。

(2) 预计有形损耗。可以根据使用的工作班次、维修保养计划以及该资产闲置时的护理和保养等运行因素来确定。

(3) 由于生产变化或改进而造成的技术或商业过时，或由于该资产所生产产品(提供劳务)的市场需求发生变化而造成的技术或商业过时。

(4) 关于资产使用的法律或类似限制，如与租赁有关的到期日。

固定资产的使用寿命可以用估计时间因素和估计工作量来表达，时间因素可以是若干月或年，工作量可以是使用的小时数或产出的数量，其成本就按照时间量或产出量来分配。

3. 预计净残值

预计净残值指假设固定资产使用寿命终了时，企业处置该固定资产可以收回的剩余价值，即该项固定资产处置时获得的收入与处置费用的差额。固定资产原值减去净残值后的差额是计提折旧的基数。在实际工作中，净残值相对于固定资产原始成本来说金额较小，因此，为简化核算手续，通常可以忽略不计，即可以预计残值为零。但是，也有可能净残值较大，如：由于无形损耗的原因，其实物形态尚处在完好状态，但是由于技术进步的影响而被提前报废，此时的净残值可能会较大等等。所以，当有一定的依据可以说明一项固定资产报废时残值较大，应该合理估计，否则将影响折旧，进而影响当期损益。

(三) 固定资产的折旧方法

会计准则要求，企业应以系统合理的方法来进行折旧，每期计提的折旧费用应尽量与所产生的经济效益相匹配。折旧的方法有四种，即直线法、产量法、年数总和法、双倍余额递减法，后两种方法属于加速折旧法。所谓加速折旧法，即前期的折旧金额大，而后期的折旧金额小。企业可以根据固定资产的实际情况选择使用其中的一种折旧方法，使用折旧方法不同，对每期的折旧费用将产生影响，进而影响当期的收益，所以，折旧方法一经选定，一般不得随意变更。

在计算折旧金额时，直线法、产量法、年数总和法这三种方法是事先考虑了净残值，以折旧总额（原值 - 净残值）为基础开始计算；而双倍余额递减法是以原值为基础开始计算折旧，在最后年份再考虑净残值。但是，无论选择哪种方法，折旧总额都是相等的。下面以长城公司 2007 年 1 月 1 日购入有关设备使用的数据，来说明四种折旧的计算方法。如表 6 - 2 所示。

表 6 - 2　　购入有关设备使用的数据

项　　目	计　　量
原始成本	82 000 元
预计净残值	(2 000) 元
应计折旧总额	80 000 元
预计使用年限	5 年
预计总产量	200 000 小时

1. 直线折旧法

直线折旧法，简称直线法，又称为平均年限法，是指将固定资产的应计折旧总额在预计使用年限内平均分摊的方法。其假设固定资产的服务能力是随时间的推移而匀速降低，不考虑该固定资产的实际使用程度，按照此种方法计算出的每期折旧额相等。直线法最大的优点是简便易行，简化了会计核算，不足之处是没有考虑固定资产的使用程度。在实际工作中，直线法适用于各期损耗相对平均的固定资产，如房屋、建筑物等。其计算公式如下：

年折旧额 =（原始成本 - 预计净残值）/预计使用年限

或：

年折旧额 =（原始成本 - 预计净残值）× 年折旧率

年折旧率 = 1/预计使用年限

月折旧额 = 年折旧额/12

月折旧率 = 年折旧率/12

根据表 6 - 2 数据，计算如下：

年折旧额 =(82 000 - 2 000)/5 = 16 000(元)

年折旧率 = 1/5 = 0.2

会计分录：

借：折旧费用　　16 000

　　贷：累计折旧　　16 000

假定该设备于2007年1月1日购入，企业的财务年度终止于12月31日。

直线法下折旧计算见表6-3。

表6-3　**直线法折旧计算表**　单位：元

年度	原始成本	各年折旧					累计折旧	年末账面价值
		折旧总额		折旧率		折旧额		
2007.01.01	82 000							
2007		80 000	×	0.2	=	16 000	16 000	66 000
2008		80 000	×	0.2	=	16 000	32 000	50 000
2009		80 000	×	0.2	=	16 000	48 000	34 000
2010		80 000	×	0.2	=	16 000	64 000	18 000
2011		80 000	×	0.2	=	16 000	80 000	2 000

表6-3的最后一栏列示了固定资产的账面价值，即固定资产的原始成本减去累计折旧的差额。比较累计折旧栏和账面价值栏可以看出，折旧不断增加，账面价值逐渐减少，固定资产最后的账面价值应该等于预计净残值，不能低于（高于）预计的净残值。

2. 产量折旧法

在产量法下，固定资产的原始成本被分配到单位产量或单位劳务中，折旧总额除以总量，得出单位产量应承担的折旧费用，再用其乘以每期的实际产量，即可计算出当期的折旧金额。其计算公式为：

单位产量折旧金额 =(原始成本 - 预计净残值)/总产量

每期折旧金额 = 单位产量折旧金额 × 当期的产量

沿用表6-2的数据，假定该设备1—5年的运转小时数依次为：40 000、60 000、50 000、30 000、20 000小时，该设备在产量法下计算折旧金额如下：

单位产量折旧金额 =(82 000 - 2 000)/200 000 = 0.4（元/小时）

第一年的折旧额 = 40 000 × 0.4 = 16 000（元）

以后各年折旧额的计算以此类推，见表6-4。

表 6 - 4　　产量法折旧计算表　　单位：元

年　度	原始成本	各年折旧				累计折旧	年末账面价值
		单位折旧额		产量	折旧额		
2007.01.01	82 000						
2007		0.4	×	40 000	= 16 000	16 000	66 000
2008		0.4	×	60 000	= 24 000	40 000	42 000
2009		0.4	×	50 000	= 20 000	60 000	22 000
2010		0.4	×	30 000	= 12 000	72 000	10 000
2011		0.4	×	20 000	= 8 000	80 000	2 000

从表 6 - 4 可以看出，在产量法下，各期折旧额随各期的产量不同而不同，较为合理地让损耗程度与折旧额相联系，折旧按固定资产的工作量即使用程度，而不是简单地按使用时间来计算，此种方法弥补了直线法的不足，适用于每期损耗程度有差异的固定资产，如机器设备。

3. 年数总和法

年数总和法和其后的余额递减法都属于加速折旧法。年数总和法是每期的折旧金额用固定资产的折旧总额乘以一个比率来确定。折旧总额固定不变，比率每期逐渐降低，致使前期折旧金额大，后期折旧金额小，属于加速折旧法。该种方法各期比率的分子被称为尚可使用年限，是从最高年份开始算起，逐年降 1 直至 1 年为止；分母每期相同，均为年数之和。如：假定使用年限为 3 年，则各年的折旧率分别为：3/(3 + 2 + 1)；2/(3 + 2 + 1)；1/(3 + 2 + 1)。

计算公式如下：

年限之和 = n × (n + 1)/2　(n：预计使用年限)

年折旧率 = 尚可使用年限/年限之和

年折旧额 = (原始成本 - 预计净残值) × 年折旧率

月折旧率 = 年折旧率/12

月折旧额 = 年折旧额/12

(加速折旧法，为简化核算，月折旧额或月折旧率平均计算。)

沿用表 6 - 2 的有关数据，折旧额计算如下：

第一年的折旧额 = (82 000 - 2 000) × 5/(1 + 2 + 3 + 4 + 5)

= 80 000 × 5/15

= 26 667 (元)

以后年份的折旧额计算，以此类推。该设备在年数总和法下计算的折旧金额见表6－5。

表6－5　年数总和法下的折旧计算表　单位：元

年　度	原始成本	各年折旧					累计折旧	年末账面价值
		折旧总额		折旧率		折旧额		
2007.01.01	82 000							
2007		80 000	×	5/15	=	26 667	26 667	55 333
2008		80 000	×	4/15	=	21 333	48 000	34 000
2009		80 000	×	3/15	=	16 000	64 000	18 000
2010		80 000	×	2/15	=	10 667	74 667	7 333
2011		80 000	×	1/15	=	5 333	80 000	2 000

表6－5中最后一年的折旧额计算，亦可以用第四年的账面价值减去残值求得，即：9 333－4 000＝5 333（元）。

4. 双倍余额递减法（余额递减法）

双倍余额递减法是以一个固定比率乘以因提取折旧而逐年递减的账面价值，计提折旧的一种折旧方法。固定比率通常是直线折旧法的倍数，如1.5倍或2倍。双倍余额递减法是指固定比率是直线折旧法的两倍。与年数总和法相比，其折旧率各年固定不变，即用2除以预计使用年限，账面价值从原值开始，逐年减去已计提折旧的金额，每期的账面价值是递减的，因此每期折旧额也相应递减，属于加速折旧法。计算公式如下：

年折旧率＝2/预计使用年限

年折旧额＝年初固定资产账面价值×年折旧率

月折旧率(额)＝年折旧率(额)/12

在采用该种折旧法时，需要在固定资产的使用后期，注意比较剩余年份所计算的折旧额，若剩余年限按直线法计算的折旧金额大于按此法计算的折旧金额，则剩余年份改用直线法。所谓剩余年份一般指两年。如：倒数第2年的账面价值是22 000元，残值是2 000元，折旧比率是0.4，那么，按双倍余额递减法计算的折旧是：22 000×0.4＝8 800（元）；按直线法计算的是：(22 000－2 000)/2＝10 000（元）。那么，剩余年份的折旧改用直线法更合理。

沿用表6－2的有关数据，折旧额计算如下：

年折旧率＝2/5＝0.4

第一年折旧额＝82 000×0.4＝32 800（元）

第二年折旧额 =（82 000 - 32 800）×0.4 = 19 680(元)

以此类推，一般最后一年的折旧金额可以差额提取。该设备在双倍余额递减法下计算的折旧金额如表 6 - 6 所示。

表 6 - 6　　双倍余额递减法下折旧的计算表　　单位：元

年　度	原始成本	各年折旧					累计折旧	年末账面价值
		年初账面价值		折旧率		折旧额		
2007.01.01	82 000							
2007		82 000	×	0.4	=	32 800	32 800	49 200
2008		49 200	×	0.4	=	19 680	52 480	29 520
2009		29 520	×	0.4	=	11 808	64 288	17 712
2010						7 856	72 144	9 856
2011						7 856	80 000	2 000

根据表 6 - 6 的数字，第四年的折旧额继续按 0.4 的比率计算得出：17 712 ×0.4 = 7 085（元），而最后两年改用直线法计算，平均每年的折旧额即：(17 712 - 2 000)/2 = 7 856（元）（大于 7 085），最后两年应改用直线法进行折旧。假如，净残值是 4 000 元，采用直线法计算时，得出：(17 712 - 4 000)/2 = 6 856（元）（小于 7 085），则第四年仍继续按 0.4 的比率计算，最后一年差额提取即可。

双倍余额递减法和年数总和法都是加速折旧法，每年的折旧额逐渐降低，但是为简化核算手续，每月的折旧额按平均计算不再有差别。在计算折旧额时，双倍余额递减法是折旧基数在变化，从原值开始计算，随着折旧的增加基数不断降低，而折旧率不变；年数总和法是折旧基数不变（原值 - 残值），而折旧率逐期降低，这两种折旧方法的特点都是前期折旧额多，后期折旧额少。

以上折旧金额计算的例题，假定固定资产购入时间是年初，折旧年度与会计年度恰好一致。若不是在年初购入，那么折旧如何计算呢？通常计算出一年的折旧费用跨期在两个受益期会计年度分配。如：2010 年 9 月 1 日购入，则 2010 年只有 4 个月的折旧额，那么，第一年的折旧额乘以 4/12，剩余的 8/12 转入 2011 年，以此类推。会计实务具体处理，通常根据各国会计准则的具体要求。

5. 四种折旧方法的总结

直线法，在资产的使用年限内各期的折旧费用都相等，简单易行，因而其应用广泛，大约占 50% 以上，其不足是忽略了固定资产的使用程度。工作量法，每年的折旧费用随着资产的使用量不同而发生变化，其对直线法进行了补充，考虑了折旧额与使用程度的密切联系，而使用程度一般又与对收入的贡献相关联，更合理并符合配比原则，其不足是未考虑固定资产的无形磨损等。双倍余额递减法和年数总和法，两种方法折旧费用前期高后期低，统称为加速折旧法，不仅注意到固定资产的有形磨损也考虑了无形损耗，同时又兼顾到了其他的问题，如随着固定资产的使用，后期的维修费用会高于前期，加速折旧使前期计提折旧费用高，弥补了这个缺憾，原始成本在整个受益期内分摊更加具有合理性。以上四种方法，计算的每期折旧额不尽相同，但是折旧总额都是相等的。

选择折旧方法应考虑以下因素：（1）固定资产的使用效能在其服务期间内是否稳定或逐期递减；（2）固定资产的修理费用是否基本稳定或逐期递增；（3）固定资产未来产生经济效益的风险程度。如果某项固定资产受无形损耗的影响较大则风险就高。当然，选择折旧方法时也要遵循成本效益原则，直线法的记账成本较低，而其余的三种方法记账成本较高。

以上阐述了固定资产的折旧方法，固定资产在使用过程中，如果预计的使用年限或预计净残值有新的变化，则在以后折旧时需要重新按修订的预计使用年限和残值进行折旧。

一般来说，企业至少应于每个财务年度结束时，对资产的残值和使用寿命进行审核，并且，如果预期数不同于以前的估计数，这种改变应作为会计估计变更来进行会计处理。企业应选择最能反映资产内含的未来经济利益的预期消耗方式的折旧方法，至少应于每个年度结束时，对这种方法进行审核。并且，如果资产内含的未来经济利益的预期消耗方式有重大改变，折旧方法要相应地改变以反映这种方式的改变，除非这种预期消耗方式发生改变，一般所选择的折旧方法在前后期应尽量保持一致。

（四）固定资产折旧的会计处理

虽然折旧是对固定资产原始成本在受益期的分摊过程，随着折旧的增加，应折旧的金额降低，似乎应该直接减少固定资产，但是，在会计处理上，计提折旧不直接减少固定资产账户余额，而是专门设置了“累计折旧”账户记录已折旧数额，作为固定资产的备抵账户，固定资产的现值是这两个账户的差额，“固定资产”账户原值不变。这样处理的好处在于，固定资产账户可以清楚地反映其原始规模，除非固定资产退出企业才会减少该账户的余额。

计提折旧的会计分录：

借：折旧费用

　　贷：累计折旧

折旧费用账户反映当期计提的费用，随着期末损益类账户的结转，余额为零。而累计折旧属于资产类账户，因为它是固定资产的备抵账户，所以增加记贷方，减少记借方，余额在贷方，余额反映截止到当期共计提的折旧金额，是在受益期连续记载的。

需要指出的是，折旧只是将固定资产的成本在各个使用期间进行分摊，这种分摊过程既没有资产的增加也没有减少，而且，累计折旧也只是以前各期摊销原始成本的一部分，而不是一笔可供使用的现金。

（五）折旧方法与所得税

折旧是一种税负抵减费用，折旧费用越高，税前利润就越低，因而所交的所得税就越低。通过以上对四种折旧方法的介绍不难看出，无论采用哪种方法，折旧总额相同，应交所得税总额也应相同。但是加速折旧法计算的折旧费用前期高后期低，对利润的影响是前期低后期高，缴纳所得税与利润的走向相同，那么，采用加速折旧法可以使企业得到延迟交税的好处，相当于获得了一笔无息贷款一样，所以，采用加速折旧对企业更有利。下面以上例中直线法与两种加速折旧法前三年的折旧数额进行比较，见表6-7。

表6-7 不同折旧方法对所得税的影响 所得税税率：30%

折旧方法	第1年	第2年	第3年	第4年	第5年	合计
直线法折旧额	16 000	16 000	16 000	16 000	16 000	80 000
双倍余额递减法折旧额	32 800	19 680	11 808	7 856	7 856	80 000
税前利润减少（增加）	16 800	3 680	(4 192)	(8 144)	(8 144)	0
所得税少缴（多缴）	5 040	1 104	(1 258)	(2 443)	(2 443)	0
额外现金流入（流出）	5 040	1 104	(1 258)	(2 443)	(2 443)	0
年数总和法折旧额	26 667	21 333	16 000	10 667	5 333	80 000
税前利润减少（增加）	10 667	5 333	0	(5 333)	(10 667)	0
所得税少缴（多缴）	3 200	1 600	0	(1 600)	(3 200)	0
额外现金流入（流出）	3 200	1 600	0	(1 600)	(3 200)	0

从表6-7中可以看出，企业无论采用哪种方法，折旧总额都是相等的，均为80 000元；虽然每年的折旧额不同，但对所得税及现金流量的影响，合计也均为零。但是，由于加速折旧法前期折旧额高，使税前利润降低，引起现金流入远高于直线法，因此可以得到税负递延的好处。三种折旧方法的比较结果：双倍余额递减法，前期少缴的所得税最多即现金流入最高，所以，选用此种方法对企业最有利。假定企业税前营业现金流入为10万元，以各种折旧方法第一年的折旧额作为资料，对现金流量的影响作

进一步的分析，见表 6 - 8。

表 6 - 8　　对现金流量的影响分析　　单位：元

项　　目	直线法	双倍余额递减法	年数总和法
收入	400 000	400 000	400 000
付现营业费用	300 000	300 000	300 000
税前经营现金流入	100 000	100 000	100 000
折旧费用	16 000	32 800	26 667
税前利润	84 000	61 200	73 333
所得税（30%）	25 200	20 160	22 000
净利润	58 800	47 040	51 333
税前经营现金流入	100 000	100 000	100 000
所得税	25 200	20 160	22 000
税后经营现金流入	74 800	79 840	78 000

从表 6 - 8 可以看出，税前经营现金流入无论采用何种折旧方法都是相同的，说明折旧对现金流量没有直接的影响。但是，由于采用不同的折旧方法，折旧费用不同，使所得税就不同，进而带来不同的税后经营现金流入。以第一年的折旧为例，双倍余额递减法所带来的现金流量最高，假设能用多流入的现金进行有效运用可以带来更多的收益。但是企业应税收益的计算，采用哪种折旧方法并非企业自主确定而应依据税法要求，各国所得税法对企业纳税应采用的折旧方法都有具体的规定。

总之，因为货币具有时间价值，递延纳税相当于企业得到了一笔无息贷款，因此可以享受到财务利益；折旧费用虽然不直接影响企业的现金流量，但上缴所得税却要支付现金，加速折旧法的前期可以推迟现金的流出，进而给企业带来递延纳税的好处。

第三节　固定资产的维修和处置

固定资产作为劳动手段长期为企业提供服务，在使用过程中，还可能发生一些后续支出，对于为保证其正常使用所花费的日常修理和维护支出，应记入当期损益；为增强其功效或延长寿命所进行的改良支出，应作为资本性支出记入固定资产的账面价值。最后需要处置固定资产时也会有相应的支出，如清理费用等。这些后续支出应该如何处理？首先要区分支出的性质，即划分收益性支出和资本性支出。

一、收益性支出与资本性支出

所谓收益性支出是指受益期不超过一年或一个营业周期的支出，即发生该项支出仅仅是为了取得本期收益，此类支出应记入费用账户，在损益表中予以反映；资本性支出是指受益期超过一年或一个营业周期的支出，即发生该项支出不仅是为了取得本期收益，而且在多个会计期受益，应记入资产账户，列入资产负债表。资本化的支出随着每期资产的耗费，按照配比原则通过折旧和摊销等方法，逐渐转化为费用。

由此看来，与取得本期收益有关的支出，即本期的成本和费用，一方面是直接计入费用账户的收益性支出，另一方面是本期从资产账户转入费用账户的资本性支出。合理确定现金支出性质，严格划分收益性支出与资本性支出的界限，是正确计算企业当期损益的重要基础。

二、固定资产的修理和改良支出

固定资产在使用过程中，通常可能发生不同程度的损坏。为了维持固定资产的正常运转必然要发生维修和保养费用。维修费用诸如把固定资产从故障、事故中恢复正常运转而发生的费用，保养费用则是与其相关的日常清洗、擦润滑油、调试等重复发生的费用，这些支出都作为当期的费用。而改良支出是指提高效率或延长使用寿命的支出，使现有固定资产的未来获利能力得以提高的资本性支出。如：对固定资产进行的定期大检查和更换部件等的支出，飞机的内部装置（座椅、厨房等）的更换、对原厂房进行改扩建支出等；这些支出在核算上要进行资本化处理。一般来说，对于延长使用寿命的支出，冲减累计折旧账户；对于提高效益的支出，记入固定资产的原始成本中，书中例题采用此种方式。我国没有这样细分，只要是资本化支出一律记入固定资产成本。固定资产的改良支出一般数额较大，受益期较长（超过一年），而且使用固定资产的性能、质量等都有较大的改进。企业为固定资产发生的支出符合下列条件之一者，应确认为固定资产改良：使固定资产的使用年限延长；使固定资产的生产能力提高；使产品质量提高；使生产成本降低；使产品品种、性能、规格等发生良好的变化；使企业经营环境或条件改善，等等。

【例 6－4】长城公司 2011 年设备发生的有关费用资料如下：

(1) 甲设备原始成本 100 000 元，已计提折旧共计 40 000 元，日常维修费用支出包括：原材料 3 000 元，工人工薪 800 元。

(2) 乙设备原始成本 200 000 元，已计提折旧共计 60 000 元，该设备发生的相关支出为：原材料 5 000 元，工人工薪 1 200 元，经改良后该设备可以延长使用寿命。

(3) 丙设备原始成本 300 000 元，已计提折旧共计 50 000 元，后续发生购入配件的现金支出 20 000 元，工薪费用 3 000 元，经过改良该设备大大提高了产出率。

根据以上资料编制会计分录如下：

（1）借：维修费用	3 800
贷：存货	3 000
应付工薪	800

（该会计处理对固定资产账面价值没有影响。）

（2）借：累计折旧	6 200
贷：存货	5 000
应付工薪	1 200

（该会计处理后固定资产原值未变，累计折旧减少，其账面价值增加。）

（3）借：固定资产	23 000
贷：现金	20 000
应付工薪	3 000

（该会计处理使固定资产的原值增加，累计折旧不变，其账面价值增加。）

通过以上的会计处理可知，固定资产改良以后，如果延长了使用年限，则冲减累计折旧；如果增强了使用效率，则增加固定资产的成本。虽然两者的会计处理略有不同，但是最终的结果一样，均引起固定资产的账面价值增加。一般而言，经过改良的固定资产，由于账面价值发生了变化，改良后需要重新修订以后各期的折旧额。

三、固定资产的处置

固定资产是企业的劳动手段，也是企业赖以生产经营的重要资产，但是，固定资产因报废、过时或因为其他原因对企业不再有用，企业通常会报废清理、出售或进行交换，这就是固定资产的处置。另外，因投资、捐赠、债务重组等原因减少的固定资产，也属于处置范畴。处置固定资产就会导致该账户的余额减少，相应影响累计折旧账户金额的转出，因而无论采用何种处置方式，一般都应将折旧提至处置日，以确保合理性。国际会计准则要求，固定资产终止确认时应满足两个标准：第一，处于处置状态；第二，预期通过使用或处置不能产生未来经济利益。

（一）固定资产的报废清理

固定资产丧失了服务能力以后需要报废清理时有两种情况，一种是使用年限终了正常报废，已提足折旧；另一种是提前报废，折旧尚未提完，此时折旧应提至报废日。

1. 已提足折旧的固定资产报废

该种情况意味着，固定资产使用寿命终了正常报废，其账面价值恰好是预计残值。

固定资产实际清理时的变价收入扣除清理费用与预计净残值的差额，就作为处置利得或损失处理。

【例6－5】2011年末长城公司正常报废一台设备，该设备于2007年1月1日购入，原始成本为52 000元，使用年限为5年，估计净残值为2 000元，清理时的变价收入为2 800元，清理费用为500元。相关的计算和处理如下：

累计折旧＝52 000－2 000＝50 000（元）

净收入＝2 800－500＝2 300（元）

处置利得＝净收入－预计净残值＝2 300－2 000＝300（元）

则清理时的会计分录为：

借：现金	2 300
累计折旧	50 000
贷：固定资产	52 000
固定资产处置——利得	300

假定上例中，清理时的变价收入为1 800元，那么，就会得出处置净损失700元（2 000－1 300），则固定资产处置账户为借方。会计分录为：

借：现金	1 300
累计折旧	50 000
固定资产处置——损失	700
贷：固定资产	52 000

实际上，固定资产处置的利得或损失是对其使用年限内计提的折旧费用总额的修正，因此，固定资产处理的利得或损失可以作为报表使用者判断会计人员对于残值和使用年限估计是否准确的依据。

2. 未提足折旧的固定资产报废

如果固定资产在使用年限终了之前报废，则应将折旧计算至报废时应提的折旧额。遵照计提折旧的时间范围，其会计处理与正常报废基本相同。

仍沿用【例6－5】资料，并假定该设备于2011年3月31日报废，采用直线法折旧。那么，折旧期限为4年零3个月。

截止报废时：

累计折旧额＝[（52 000－2 000）/（5×12）]×（4×12＋3）＝42 500（元）

处置日账面价值＝52 000－42 500＝9 500（元）

处置损失＝净收入－账面价值＝2 300－9 500＝－7 200（元）

会计分录：

借：现金　2 300

　累计折旧　42 500

　固定资产处置——损失　7 200

　贷：固定资产　52 000

（二）固定资产的出售

企业将不需使用的固定资产出售时，必须结转固定资产账户和累计折旧账户的相关余额，若出售所取得的现金与账面价值不同，还需记录利得或损失。

出售利得(损失) = 销售价格 - 账面净值

账面净值 = 原始成本 - 累计折旧

【例6-6】假定长城公司于2009年8月31日将一台设备出售，获得30 000元的现金，该设备于2006年1月1日购买，使用期限为5年，原始成本120 000元，预计无残值，采用直线法折旧，该设备折旧期为3年零8个月，截止到2009年8月：

累计折旧 = [120 000/(5×12)]×(3×12+8) = 88 000（元）

账面净值 = 原始成本 - 累计折旧 = 120 000 - 88 000 = 32 000（元）

出售损失 = 销售价格 - 账面净值 = 30 000 - 32 000 = -2 000（元）

会计分录：

借：现金　30 000

　累计折旧　88 000

　固定资产处置——损失　2 000

　贷：固定资产　120 000

若上例获得现金收入35 000元，则为出售利得，贷记“固定资产出售——利得”3 000元。

（三）固定资产以旧换新

企业不一定要通过出售固定资产的方式来处置，可以选择以旧换新的交易，用旧资产换入类似的更有效的新资产。旧资产可以折合成一定的价值，在会计处理上的做法是，在确认旧资产处置损益的同时，记录新资产的购置成本。一般在交换过程中，为了遵循谨慎性原则，应确认损失，不确认利得。国际会计准则要求，应采用公允价值计量通过非货币性资产交换获得的固定资产价值，除非固定资产交换不具有商业实质。当换入资产的未来现金流量在风险、时间和金额方面与换出资产显著不同，或者是换入资产与换出资产的预计未来现金流量现值不同，且其差额与换入资产和换出资产的公允价值相比是重大的，表明该项资产交换具有商业实质。

沿用【例6-6】的资料，长城公司换入一台新设备，价格为125 000元，其旧设备评估价31 000元，已确认该交换具有商业实质。

旧设备的账面价值 = 120 000 - 88 000 = 32 000（元）

交换损失 = 32 000 - 31 000 = 1 000（元）

借：固定资产（新）	125 000	
累计折旧（旧）	88 000	
固定资产处置——损失	1 000	
贷：固定资产		120 000
现金		94 000

若上例评估价值为35 000元，则有交换利得，但是，相关规定要求利得不能确认。

则会计分录为：

借：固定资产（新）	125 000	
累计折旧（旧）	88 000	
贷：固定资产（旧）		120 000
现金		93 000

四、固定资产减值

固定资产初始计量遵循的是历史成本原则，但是，由于历史成本原则存在一定的局限性，固定资产在取得以后如果市场条件和经营环境有了新的变化，可能导致其未来的获利能力大幅降低，若不对固定资产的账面价值进行相应的调整，就会造成企业资产不实，这样就违背了稳健性原则，因此，期末对固定资产计提减值准备，对损失的确认就非常必要。

（一）固定资产减值的含义

所谓固定资产减值，是指固定资产的账面价值超过其可收回金额的差额。根据我国资产减值准则，可收回金额是指固定资产预计未来现金流量的现值与公允价值扣除处置费用后的净额两者选其高，只要两者之中有一项低于资产的账面价值，就表明资产已经发生了减值。原因是，若固定资产公允价值扣除处置费用后的差额比预计未来经济利益的现值低，企业选择继续使用该资产最有利，否则，可以选择将其立即出售。

国际会计准则要求，在估计资产是否存在减值的迹象时，企业应考虑以下迹象：

外部信息来源：

（1）技术、市场、经济或法律等企业经营环境，或资产计价所处的市场，在当期发生或在近期将发生重大变化，并对企业产生负面影响。

（2）市场利率或市场的其他投资报酬率在当期已经提高，从而可能影响企业计算资产使用价值时采用的折现率，并显著降低资产的可收回金额。

（3）报告企业的净资产账面余额大于其市场资本化金额。

内部信息来源：

（1）有证据证明资产已经陈旧过时或实体损坏。

（2）资产的使用或预计使用方式或程度已在当期发生或在近期将发生重大变化并对企业产生负面影响。如计划在以前预定的日期之前处置该资产等。

固定资产折旧与减值有本质的不同，折旧是反映固定资产的价值随着使用而转移到费用中去，它是一种成本分配过程，主要是遵循配比原则将收入和费用恰当配比，并未偏离历史成本原则。而固定资产减值则是针对其创造未来经济效益能力的下降，确认相应的减值损失，以便更加真实地反映固定资产的价值，此种做法对历史成本原则进行了适当的修正。

（二）固定资产减值的处理

固定资产是企业的一项重要生产资料，如果在期末对固定资产进行判断，发现存在减值迹象，应恰当估计其可收回金额，若可收回金额低于固定资产的账面价值，企业就应该将账面价值降至可收回金额，减记的金额确认为资产减值损失，计入当期损益，同时计提相应的减值准备。会计分录如下：

借：资产减值损失——固定资产减值

　　贷：固定资产减值准备

“固定资产减值准备”与“累计折旧”均为“固定资产”账户的备抵账户，固定资产账户余额扣除减值准备和累计折旧的差额，即为固定资产的账面净值。固定资产减值损失确认以后，在剩余使用年限中应该按照新的账面价值计提折旧。特别需要注意的是，我国固定资产减值损失一旦确认不能转回。

除了财务报表上固定资产信息外，还要求披露固定资产的详细资料，通常包括：确定账面总金额所用的计量基础；所使用的折旧方法；使用寿命或折旧率；账面总金额，期初和期末的累计折旧额（与累计减值损失相加）等。

第四节　无形资产的会计处理

在企业中最显著的趋势之一就是无形资产的重要性在不断增加，此趋势对财务会计提出了挑战。2001 年美联储的经济学家预计，美国的公司每年在无形资产上的投资将近一万亿美元，所以，对无形资产的确认和计量就显得更加重要。

企业取得无形资产以后，在会计上确认时必须符合以下两个条件：一是与该无形资产有关的经济利益很可能流入企业；二是该无形资产的成本能够可靠地计量。企业内部产生的品牌、报刊名等，不应确认为无形资产。

一、无形资产的取得

企业取得无形资产的方式一般包括购入、投资转入、接受捐赠等，无论是通过何种方式取得，都应该按照实际成本入账。企业购入的无形资产成本包括：买价、相关税费及直接归属于使该项资产达到预定用途所发生的其他支出。投资者投入的成本应当按照投资合同或协议约定的公允价值确定，企业以其他方式取得的无形资产应该按照相关的无形资产会计准则入账。

【例 6－7】甲公司 2011 年 1 月 1 日向乙公司购买一项专利权，价款 100 万元，另外支付相关的费用 8 万元。该公司根据此项业务编制会计分录如下：

借：无形资产——专利权	1 080 000	
贷：现金		1 080 000

【例 6－8】乙上市公司 2011 年 1 月 10 日接受乙公司以商标权的形式投资入股，经双方协商确认，价款 80 万元，鉴定费 2 万元。乙上市公司编制会计分录如下：

借：无形资产——商标权	820 000	
贷：股本		820 000

二、无形资产的摊销

无形资产内在价值的权利在一定期限过后就会消失，因此，与固定资产一样，企业应将无形资产的成本在有效期限内进行摊销，使收入与费用配比，合理地确定各期的损益。关于摊销期限的确定，按谨慎性原则，一般选择最短的期限。如：申请专利时，其具有 10 年的使用寿命，但是，如果预计该无形资产 6 年以后就可能丧失竞争优势，那么应该选择 6 年作为摊销期限。

无形资产的使用寿命不一定仅以时间为标准，也可以用产量等计量单位表示。除非有充分的理由，否则，一般都采用直线法摊销。

【例 6－9】甲公司 2011 年 1 月 15 日向乙公司购买一项专利技术，价款 60 万元，另外支付相关的费用 3 万元。有效期为 10 年，无残值，采用直线法摊销。公司编制摊销的会计分录如下：

每年的摊销费用为：(600 000＋30 000)/10＝63 000（元）

借：管理费用	63 000	
贷：累计摊销		63 000

因为无形资产的价值具有很大的不稳定性，科技的进步及市场环境的变化都可能导致其价值消失，所以，当企业预期无形资产不能再为其带来经济效益时，它就失去了存在的意义，企业应该将无形资产的账面价值予以转销。

本章提示：

1. 关于固定资产

我国会计准则对固定资产的后续计量，只确认固定资产的减值，并且已计提的减值准备不得转回；而国际会计准则（第 16 号）对固定资产价值允许重估，将重估增值确认为权益，重估减值确认为费用。

2. 关于内部产生的无形资产

企业自创的无形资产，类别较多，具体内容差别较大。会计确认和计量从专业的角度主要本着谨慎原则和受益原则。对于后续计量，我国对无形资产允许计提减值准备，但计提后不得转回；而国际会计准则规定允许按照公允价值重估，重估增值确认为权益，重估减值确认为费用。

思考题

1. 经营用长期资产包括哪些内容，有哪些共同特点？
2. 固定资产为什么要折旧？
3. 什么是资本性支出和收益性支出，两者的划分依据是什么？
4. 利息费用是否资本化的观点有哪些？
5. 影响固定资产折旧的因素有哪些？
6. 选择折旧方法的因素是什么，其使用范围如何？
7. 折旧本身不涉及现金的变化，为什么采用不同的折旧方法又可以影响现金流？
8. 固定资产的修理和改良有何区别，如何处理？
9. 如何进行固定资产的处置？

第七章

企业负债

本章学习目标

1. 了解流动负债的特征和形成原因；
2. 掌握流动负债的会计处理；
3. 了解长期负债的类型和货币时间价值的原理；
4. 掌握应付公司债券的会计处理。

负债是会计的五大要素之一，是资产负债表中的一个重要项目，是“企业过去交易或事项形成的、预期会导致经济利益流出企业的现时义务”。关于负债的定义和基本特征在第一章中已经介绍，本章将对负债的具体会计处理作一个全面的讲解。主要包括负债的特征及流动负债的分类、确认和计量要求，应付账款和应付票据的会计处理，其他流动负债如应付税费和存入保证金等的会计处理，长期借款和公司债券发行的会计处理等。

第一节　流动负债

流动负债是指在一年或者超过一年的一个营业周期内偿还的负债，具有一些区别于长期负债的内容与特点。

一、流动负债的特征和分类

在一年或者超过一年的一个营业周期内偿还的负债作为流动负债。

流动负债与流动资产比较，反映企业的短期偿债能力，是债权人关心的主要财务指标，报表中必须将流动负债与非流动负债分别列示。

企业的流动负债主要包括以下项目：短期借款、应付票据、应付账款、预收账款、应付职工薪酬、应付股利、应付税费、其他暂收及应付款项、预提费用和一年内到期的长期借款等。

本章将对应付账款、应付票据等账户进行比较详细的说明。

二、应付账款和应付票据

（一）应付账款

应付账款是指企业在正常生产经营过程中，由于赊购商品、材料或接受外界提供的劳务而应付给供应单位的款项。这种负债主要是由于买卖双方在购销活动中因购进商品的时间与支付货款的时间不一致而产生的欠供应商的金额。由于买卖双方以信用为基础，赊购的商品或劳务不需要正式的债务凭证，因而这种债务有时为未清账款，在会计处理上应将其与有票据为证明的债务区别开来。

在会计实务中，应付账款入账时间的确定，一般应以所购买货物的所有权转移到买方或企业实际使用外界提供的劳务为标志。也就是说，当商品所有权转移时，一项负债就成立了。因而在会计期末，必须确保所有因购入商品或劳务而发生的应付账款都已登记入账。如果商品是在临近会计期终了时收到，或者在起运点交货而发票尚未到达，则仍应认为负债已经成立，并在会计报表中反映出来。

应付账款的入账金额应当以买卖双方共同确定的成交价格为基础。但是，由于在一些交易中供应商往往附有商业折扣或现金折扣等优惠条件，使得购买方最终支付的金额与成交当时确认的金额并不一定相同。如果购入的货物附有现金折扣条件，则应付账款入账金额的确定方法有总价法和净价法。

总价法就是将未扣除现金折扣的发票总额记入“应付账款”账户。如果买方在折扣期限内付款，则将取得的现金折扣记入“购货折扣”账户贷方。

【例 7－1】 A 公司购入一批商品，价款总额为 20 000 元，付款条件为：2/10，n/30。商品验收入库后，应作如下会计分录：

借：购货	20 000	
贷：应付账款		20 000

如果公司在 10 天内付款，可取得现金折扣 400 元（20 000 × 2%），应作如下会计分录：

借：应付账款	20 000	
贷：现金		19 600
购货折扣		400

如果公司的付款日期超出 10 天，则按发票总额付款，应作如下会计分录：

借：应付账款　　20 000

　　贷：现金　　20 000

上述的购货折扣只有在货款于折扣期限内支付并已取得现金折扣时才登记入账。购货折扣在会计报表中的列示有两种方法：一是将其调整购货成本，作为购货成本的抵减数，以确定实际支付的购货成本。这时的“购货折扣”账户实际上是“购货”账户的备抵账户，在收益表中列为购货的减项。二是将其确认为财务收益，在收益表中列入其他项目收益内。

由上述会计处理可见，总价法只能反映已取得的折扣金额，而不能揭示由于未在折扣期内付款而失去的折扣金额。净价法则从财务管理角度出发，主张购入的货品应按净价入账，而把丧失的折扣金额单独反映，记入“折扣损失”账户。

【例 7－2】仍沿用【例 7－1】的资料，假定 A 公司对购入的商品按净价入账，商品验收入库后，应作如下会计分录：

借：购货　　19 600

　　贷：应付账款　　19 600

如果公司在 10 天内付款，可取得现金折扣 400，并支付 119 600，应作如下会计分录：

借：应付账款　　19 600

　　贷：现金　　19 600

如果公司的付款日期超出 10 天，则丧失现金折扣 400 并按发票总额付款，应作如下会计分录：

借：应付账款　　19 600

　　折扣损失　　400

　　贷：现金　　20 000

有人认为净价法可取，因为从理论上讲，净价是商品成本的正确测定。此外，企业能否取得购货折扣，从一个侧面反映了企业财务管理工作的好坏，力争使企业的债务在折扣期内偿付是财务管理人员的责任，因此，丧失的折扣应在收益表中列作财务费用。但不同观点认为，购货成本应为购货时所支出的全部金额，折扣损失应当加进购货成本中。尽管如此，在会计实务中，大多数企业仍采用总价法。

（二）应付票据

应付票据，是指企业在商品购销活动和对工程价款进行结算因采用商业汇票结算方式而发生的，由出票人出票，委托付款人在指定日期无条件支付确定的金额给收款人或者票据的持票人，它包括商业承兑汇票和银行承兑汇票。

在会计上作为应付票据处理的一般指本票，即由出票人签发的允诺在未来特定日期无条件支付一定金额给持票人的书面凭证。如果允诺的支付期在一年或一个营业周期内，则出票人应将其作为应付短期票据处理，在会计上列为流动负债。如果允诺的支付期超过一年或一个营业周期，则作为应付长期票据处理，在会计上列为长期负债。本章只介绍应付短期票据的会计处理。

应付短期票据主要包括当企业向银行借入短期贷款、购买商品或劳务、购置固定资产或其他资产时所开出的票据以及开给职工的票据等。

应付票据一般有计息票据和不计息票据之分。不计息票据的票面价值即为到期值，计息票据的到期值则为票据的面值与按面值和持票期及规定的利息率计算的利息之和。在会计处理上，不论是计息票据还是不计息票据，在出具票据时都应按票面金额记为负债，只是在到期支付时，计息票据的利息支出要作为利息费用处理。下面分别几种情况说明应付票据的会计处理。

1. 延期支付应付账款

前面已指出，按照商业惯例，企业的购货活动或接受劳务大多采用赊购方式进行。此种情况下，购货方的会计处理往往是借记“购货”账户，贷记“应付账款”账户。但如果购货方不能按期支付账款而请求延期支付时，销货方则通常要求购货一方开出一张对其债务的书面承诺，以保证购货方在一定日期偿还账款。

【例 7-3】 A 公司于 6 月 1 日赊购一批商品，价款总金额为 40 000 元，付款条件为：2/10，n/30。

商品验收入库后，A 公司的会计处理为：

借：存货　　40 000

　　贷：应付账款　　40 000

假定在 30 天后，A 公司因资金周转不灵而无法支付货款，向销货方请求延期付款，并立即签发一张 2 个月期、利率 12%、面值 40 000 元的本票一张。此时 A 公司的会计处理为：

借：应付账款　　40 000

　　贷：应付票据　　40 000

60 天后票据到期，A 公司将支付票据的面值与利息。

$$本利和 = 40\,000 + 40\,000 \times 12\% \times 2/12 = 40\,800（元）$$

A 公司作如下会计分录：

借：应付票据　　40 000

利息费用　　　　　　　　　　　　　　800

贷：现金　　　　　　　　　　　　　　40 800

2. 向银行借款

当企业向银行借款时，也往往采取签发票据的形式来进行。如果银行在债务人偿还借款时才收取利息，则此种情况可称为贷款。借款企业按其所签发的票据面额获取贷款时，可直接按所收到的现金借记"现金"账户。

【例 7-4】假定 A 公司签发一张 2 个月期、利率 12%、面值 100 000 元的票据，向银行申请贷款。取得该项贷款时的会计分录为：

借：现金　　　　　　　　　　　　　　100 000

　　贷：应付票据　　　　　　　　　　　100 000

票据到期时，A 公司将偿付本利和为：

本利和 = 100 000 + 100 000 × 12% × 2/12 = 102 000（元）

A 公司作如下会计分录：

借：应付票据　　　　　　　　　　　　100 000

　　利息费用　　　　　　　　　　　　2 000

　　贷：现金　　　　　　　　　　　　　102 000

如果企业向银行借款时，银行预先扣除利息，而只贷出企业所签发票据的面值与预扣利息之差的金额，则称为应付票据贴现。在这种情况下，企业获得贷款时，应按实收金额借记"现金"账户，并将银行预扣利息金额记入"应付票据折价"账户。

【例 7-5】假定 A 公司签发一张 2 个月期、面值 100 000 元的票据，向银行申请贴现贷款，银行贴现率为 9%。

银行预扣贴现息 = 100 000 × 9% × 2/12 = 1 500（元）

企业实得款 = 100 000 - 1 500 = 98 500（元）

A 公司应编制会计分录如下：

借：现金　　　　　　　　　　　　　　98 500

　　应付票据折价　　　　　　　　　　1 500

　　贷：应付票据　　　　　　　　　　　100 000

"应付票据折价"账户是"应付票据"的备抵账户，在票据到期时，应将此项折价转为利息费用。

上例中，当贴现票据到期偿付票据面值时，A 公司编制会计分录如下：

借：应付票据　　　　　　　　　　　　100 000

　　利息费用　　　　　　　　　　　　1 500

贷：现金　　100 000

　　应付票据折价　　1 500

3. 应计利息的期末调整

如果应付票据跨越两个会计期间，就应该在会计期末对应付票据的应计利息费用进行调整。

【例7-6】假定A公司于12月1日购入商品一批，并向销货方签发3个月期、利率12%、面值100 000元的票据一张。

在12月31日，该票据尚未到期，此时应计提属于本年度的一个月的利息费用：

计提利息费用 = 100 000 × 12% × 1/12 = 1 000（元）

A公司应编制调整会计分录如下：

借：利息费用　　1 000

　　贷：应付利息　　1 000

在会计期末调整计提的利息费用以后，利息费用1 000元将列入本年收益表中的费用项下，而应付利息则列入资产负债表的流动负债项下。

下年3月1日票据到期时，偿还票据款及利息的会计处理为：

借：应付票据　　100 000

　　应付利息　　1 000

　　利息费用　　2 000

　　贷：现金　　103 000

同样，企业向银行申请贴现贷款，其开出的应付贴现票据也存在跨期调整问题。

【例7-7】假定A公司于12月1日签发一张3个月期、面值100 000元的票据，向银行申请贴现贷款，银行贴现率为12%。贴现时企业收到97 000元（100 000 - 100 000 × 12% × 3/12）。编制会计分录如下：

借：现金　　97 000

　　应付票据折价　　3 000

　　贷：应付票据　　100 000

在12月31日，应付票据折价部分应有1 000元（100 000 × 12% × 1/12）记为本期的利息费用。其调整会计分录如下：

借：利息费用　　1 000

　　贷：应付票据折价　　1 000

调整后，“应付票据折价”账户的余额为2 000元，在期末资产负债表上，该余额应从“应付票据”账户余额100 000元中减去，从而计入流动负债中的应付票据账面价值为 98 000 元。

上例中，当贴现票据到期偿付票据面值时，其会计分录如下：

借：应付票据　　100 000

　　利息费用　　2 000

　　贷：现金　　100 000

　　　　应付票据折价　　2 000

三、其他流动负债

（一）应付税款

企业在一定时期内取得的营业收入和实现的利润或发生特定经营行为，要按照规定向国家交纳各种税款，这些应交的税款，应按照权责发生制的原则确认。这些应交的税金在尚未交纳之前，形成企业的一项负债。企业涉及的应付税款的种类会因经营业务的不同而不同，如财产税、增值税、消费税、工薪税和所得税等。以下介绍我国多数企业都会涉及的增值税、消费税和所得税，其他税款将在中级会计中介绍。

1. 增值税

增值税是就货物或应税劳务的增值部分征收的一种税。按照增值税暂行条例规定，企业购入货物或接受应税劳务支付的增值税（即进项税额），可以从销售货物或提供劳务按规定收取的增值税（即销项税额）中抵扣。按照规定，企业购入货物或接受劳务必须具备以下凭证，其进项税额才能予以扣除：

（1）账户设置和会计处理

企业应交的增值税，在总账“应付税费”账户下设置“应交增值税”明细账记录。“应交增值税”明细账的借方发生额，反映企业购进货物或接受应税劳务支付的进项税额、实际已交纳的增值税等；贷方发生额，反映销售货物或提供应税劳务应交纳的增值税额，出口货物退税、转出已支付或应分担的增值税等；期末借方余额，反映企业尚未抵扣的增值税。“应付税费——应交增值税”分别设置“进项税额”、“已交税金”、“销项税额”、“出口退税”、“进项税额转出”、“转出未交增值税”、“转出多交增值税”、“减免税款”、“出口抵减内销产品应纳税额”等专栏。

（2）一般纳税企业一般购销业务的会计处理

一般纳税企业在会计处理上的主要特点：一是在购进阶段，会计处理时实行价与税的分离，价与税分离的依据为增值税专用发票上注明的价款和增值税，属于价款部分，计入购入货物的成本；属于增值税税额部分，计入进项税额。二是在销售阶段，销售价格中不再含税，如果定价时含税，应还原为不含税价格作为销售收入，向购买方收取的增值税作为销项税额。

【例7-8】 A企业为增值税一般纳税人，本期购入一批原材料，增值税专用发票上注明的原材料价款为600万元，增值税税额为102万元。货款已经支付，材料已经到达并验收入库。该企业当期销售产品收入为1 200万元（不含应向购买者收取的增值税），符合收入确认条件，货款尚未收到。假如该产品的增值税税率为17%，不交纳消费税。根据上述经济业务，企业应作如下会计处理（该企业采用计划成本进行日常材料核算，原材料入库分录略）：

借：材料采购　　6 000 000

　　应付税费——应交增值税（进项税额）　　1 020 000

　　贷：银行存款　　7 020 000

销项税额 = 12 000 000 × 17% = 2 040 000（元）

借：应收账款　　14 040 000

　　贷：销售收入　　12 000 000

　　　　应付税费——应交增值税（销项税额）　　2 040 000

2. 消费税

为了正确引导消费方向，国家在普遍征收增值税的基础上，选择部分消费品，再征收一道消费税。消费税的征收方法采取从价定率和从量定额两种方法。实行从价定率办法计征的应纳税额的税基为销售额，实行从量定额办法计征的应纳税额的销售数量是指应税消费品的数量。

（1）账户设置和会计处理

企业按规定应交的消费税，在总账“应付税费”下设置“应交消费税”明细账。“应交消费税”明细账的借方发生额，反映实际交纳的消费税和待扣的消费税；贷方发生额，反映按规定应交纳的消费税；期末贷方余额，反映尚未交纳的消费税；期末借方余额，反映多交或待扣的消费税。

（2）产品销售交纳消费税的会计处理

企业销售产品时应交纳的消费税，应分别情况进行处理。

企业将生产的产品直接对外销售的，对外销售产品应交纳的消费税，通过“营业税金及附加”账户；企业按规定计算出应交的消费税，借记“营业税金及附加”，贷记“应付税费——应交消费税”。

【例7-9】 B企业为增值税一般纳税人（采用计划成本核算原材料），本期销售其生产的应纳消费税产品，应纳消费税产品的售价为24万元（不含应向购买者收取的增值税税额），产品成本为15万元。该产品的增值税税率为17%，消费税税率为10%。

产品已经发出，符合收入确认条件，款项尚未收到。根据这项经济业务，企业可作如下会计处理：

应向购买者收取的增值税税额 = 240 000 × 17% = 40 800（元）

应交的消费税 = 240 000 × 10% = 24 000（元）

借：应收账款	280 800	
贷：销售收入		240 000
应付税费——应交增值税（销项税额）		40 800
借：营业税金及附加	24 000	
贷：应付税费——应交消费税		24 000
借：产品销售成本	150 000	
贷：库存商品		150 000

企业将应税消费品用于在建工程、非生产机构等其他方面，按规定应交纳的消费税应计入有关的成本。例如，企业将应税消费品用于在建工程项目，应交的消费税计入在建工程成本。

3. 企业所得税

企业的生产、经营所得和其他所得，依照企业所得税法及其细则的规定需要交纳所得税。企业所得税根据税法规定的应税所得和相应税率计算，企业应交纳的所得税，在总账“应付税费”下设置“应交所得税”明细账，借记“所得税费用”等账户，贷记“应付税费——应交所得税”。具体会计处理详见中级财务会计。

（二）存入保证金

为了使借出的资产得以如期完整地收回，或为保证某项经济活动得以顺利进行，往往向客户收取一定金额的保证金。如公用事业单位向用户收取保证金就是常见的例子。企业收取的保证金未必全部要在一年内退还，但在会计实务中一般将尚未退还的保证金全部作为企业的流动负债列报。在收到客户交来的保证金时，借记“现金”账户，贷记“存入保证金”账户。退还时，作相反的会计分录冲销。

（三）预收收益

预收收入又称递延收入或未赚取收入，是指款项已预先收取，但尚未向付款方供货或尚未提供劳务而未实现的收入，也就是顾客的预付款。

很多企业在实际提供商品或劳务之前通常要预先收取货款，并在一年或一个营业周期内以交付商品或提供劳务的方式来抵偿，如预收租金、预收货款等。在商品尚未交付、劳务尚未提供之前，预收款项就构成企业的一项流动负债。

【例 7－10】某公司 10 月初出租一幢房屋，预收一年租金共 12 000 元。收到租金时的会计分录为：

借：现金　　12 000

　　贷：预收租金收入　　12 000

期末，企业应把本期已提供的商品或劳务，从已实现的收入部分记入本期收入账户。如本例中，在当年年终，预收租金中已实现的收入为 3 000 元（12 000 × 3/12），则编制调整会计分录如下：

借：预收租金收入　　3 000

　　贷：租金收入　　3 000

"预收租金收入"账户的贷方余额 9 000 元，应作为年末的流动负债，列入资产负债表中。如果这种负债期限在一年以上，可在资产负债表的负债与股东权益之间单列一类，称为"递延贷项"。

通常，流动负债在资产负债表上是以应付账款、应付票据、应付税款及其他应付款等依次排列的。其中，应付票据折价应列示在应付票据项下，并直接从票据的票面金额中扣除。下面就是流动负债主要项目在资产负债表中的一般列示情况。

流动负债：		
应付账款		500 000
应付票据——银行	100 000	
减：应付票据折价	2 000	98 000
应付票据——商业	50 000	
应付利息	1 000	51 000
应付工薪		30 000
应付税费：		
应付增值税	80 000	
应付消费税	30 000	110 000
应付股利		70 000
产品保证估计负债		1 000
流动负债合计		860 000

第二节　长期负债概述

企业在生产经营的扩展阶段，往往需要筹集大量的长期资金来购建长期资产。企业经营所需长期资金的来源主要有两种途径：一是由业主追加投资或由公司通过增发股票向股东筹集资金；二是通过举借长期债务向债权人筹集资金。一般情况下，公司往往愿意采纳后一种途径，这样，如何举借长期债务则是企业管理当局必须要考虑的一项重要的财务决策。

一、长期负债的特征

长期负债是指偿还期限在一年或者超过一年的一个营业周期以上的债务。如企业长期贷款、应付公司债券、融资租赁等债款等。

长期负债具有两方面的重要特征：一是债务偿还期限较长。长期负债的偿还期一般在一年或者超过一年的一个营业周期以上，因此，对企业来说，长期负债是一种长期稳定的资金来源。二是债务的金额较大。企业举借长期债务主要是为了满足在扩展阶段购置机器设备等长期资产、进行扩大再生产所必要的投资，因而债务的金额通常都是比较大的。

二、长期负债的内容

长期负债一般包括以下内容：

（1）公司债券。公司债券是指公司为筹集长期资金而对外发行的一种有价证券，它是债券发行公司承诺在未来向债权人偿还债券本息的书面证明。

（2）长期借款。长期借款是指企业向银行或其他金融机构借入的偿还期在一年或者超过一年的一个营业周期以上的各项借款。由于长期借款通常是以借债企业的资产作为抵押品，并以票据形式取得，因此又称为应付长期抵押票据。

（3）其他长期负债。其他长期负债是指除应付公司债券和长期借款以外的其他各种长期负债，主要包括应付租赁负债、应付退休金等。

三、长期负债的确认和计量

长期负债的确认与流动负债一样，都是在企业成为负债交易合约一方的时候确认，在负债终止确认前都应在资产负债表上列报披露。一旦负债得以偿还、合约已经终止或负债已经转移，则应终止确认负债。由于长期负债偿还期较长，与流动负债计量有较大不同。

（一）长期负债的初始计量

长期负债的入账价值应按债务产生时的实际成本，即企业未来需要偿还的债务按现行市场利率折成的现值计价，如果发生相关交易费用，如支付给券商的佣金或手续费等，应计入初始确认金额。

（二）长期负债的后续计量

除特殊类别的长期负债外，一般来说，长期负债以摊余成本计量。摊余成本是指初始确认金额减去以偿还本金加上或减去尚未摊销的溢价或折价（溢价或折价是指负债初始确认金额与到期日金额之间的差额）。折价或溢价将在本章第三节介绍。

长期负债的每期利息费用应等于每期期初的实际负债余额乘以举债时的实际市场利率。

由于长期负债涉及利息率与现贴值计算，因此应了解货币时间价值的基本概念。

四、货币时间价值的有关概念

从经济学的观点看，即使在没有风险和通货膨胀的条件下，今天1元钱的价值应大于一年以后1元钱的价值。今天投资一笔货币，就放弃了使用或消费这笔货币的机会或权利，那么按放弃时间的长短而计算的代价或报酬就称为货币时间价值。

货币时间价值一般有两种表现形式：从相对量来看，就是在不考虑风险和通货膨胀条件下的社会平均投资报酬率；从绝对量来看，就是货币资本在生产经营过程中带来的真实增值额，即一定数额的货币资本与时间价值率的乘积。

在实际工作中，一般均以银行存款利息或利率反映或代表货币时间价值。通常将短期国库券的利率视同货币时间价值。在实务中，对利息的计算又有两种方式，一种是单利计算，另一种是复利计算。分析货币时间价值的影响，通常按复利计算。所谓复利是指在计算利息时，不仅本金计算利息，由本金产生的利息也应计息。本节所介绍的终值和现值的计算都是建立在复利计息基础上的。

（一）一次性收付款项的终值和现值的计算

在某一特定时点上发生的某项一次性付款（或收款）业务，经过一段时间后再发生相应的一次性收款（或付款）业务，称为一次性收付款项。例如，现在存入银行一笔1 000元的现金，年利率为10%，经过4年后一次取出本利和1 464.1元，就属于这类一次性收付款项。这里将n期后的本利和称为终值（FV），也就是现在的某一金额按规定利率计算的未来价值；将存款当时的本金称为现值（PV），也就是未来某一金额按规定利率折算的现在价值。

设现值为PV，终值为FV，年利率为i，复利期数为n，那么终值与现值有如下关系：

$$FV = PV \cdot (1+i)^n$$
$$PV = FV \cdot \frac{1}{(1+i)^n}$$

一次性收付款项的终值和现值一般又称为复利终值和复利现值。上式中的 $(1+i)^n$ 称为复利终值系数，记作 $FVIF_{i,n}$。$\frac{1}{(1+i)^n}$称为复利现值系数记作 $PVIF_{i,n}$。复利现值系数通常也称折现系数，所用的利率又称为折现率。

这样，上述计算复利终值和复利现值的计算公式可改写为：

$$FV = PV \cdot FVIF_{i,n}$$
$$PV = FV \cdot PVIF_{i,n}$$

在使用复利终值系数和复利现值系数时，可以不必用公式来计算，而根据 i 和 n 的具体数值，在 1 元复利终值系数表和 1 元复利现值系数表上直接查得（见附表一和附表二）。例如，利率为 10%，复利期为 3，在 1 元复利终值系数表上可查得复利终值系数为 1.331；利率为 10%，复利期为 4，则在 1 元复利现值系数表上可查得复利现值系数为 0.683 01。这样通过现值和终值的计算，就可以把不同时间的货币置于同一可比的基础上。

【例 7－11】假设某企业现在取得一笔贷款，3 年后偿还现金 100 000 元，贷款年利率为 10%，3 年后偿还贷款的现值是多少？

解决这个问题可以把 3 年后偿还按 10% 的利率折算为现值，查 1 元复利现值系数表得复利现值系数为 0.751 31。有关计算如下：

$$PV = FV \cdot PVIF_{10\%,3} = 100\,000 \times 0.751\,31 = 75\,131 \text{ 元（元）}$$

3 年后偿还 100 000 元现金的现值为 75 131 元，即现在银行贷给企业的现金是 75 131 元。

（二）年金的终值和现值的计算

所谓年金是指在一定时期内，每隔相同时间就发生相同数额的系列收款或付款，也称等额系列款项。例如，按期支付相同金额的保险费、租金、债券利息、优先股股息以及每年投入相等金额的款项或每年等额收回的投资额等，都属于年金的范畴。

年金按其收付款的具体方式不同，又分为普通年金、先付年金、递延年金和永续年金等几种形式，其中普通年金的应用最为广泛。

所谓普通年金是指发生于相同间隔期期末的系列等额收款或付款，也称后付年金。

按一定利率计算的若干期普通年金的本利总和称为普通年金终值，简称年金终值；按一定利率将若干期普通年金折算到现在的价值总和称为普通年金现值，简称年金现值。

假定每年年末在银行存入 100 元，连续存 4 年，银行存款年利率为 10%，每年复利一次。利用前述复利现值和复利终值的计算方法，该项系列存款的现值和终值的计算如图 7－1 所示。

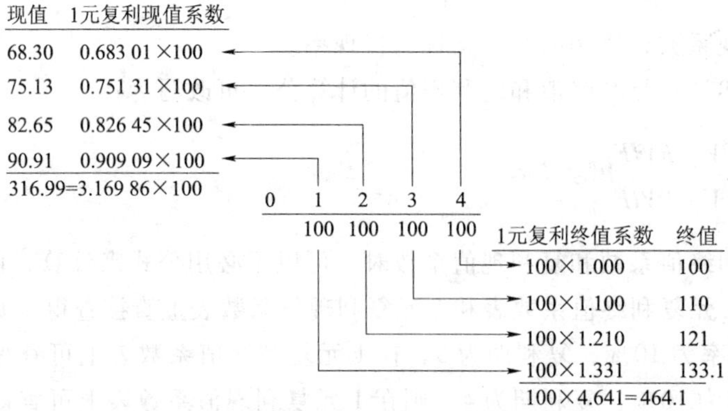

图 7－1　年金现值和年金终值计算图

根据图 7－1 的计算原理，可推导出计算年金终值和年金现值的公式。设 A 为年金，FVA 为年金终值，PVA 为年金现值，i 为年利率，n 为计息期数。

根据图 7－1，年金终值的计算公式为：

$$FVA = A + A(1+i)^1 + A(1+i)^2 + \cdots\cdots + A(1+i)^{n-2} + A(1+i)^{n-1}$$

根据上式可推导出：

$$FVA = A \cdot \frac{(1+i)^n - 1}{i}$$

上式中，$[(1+i)^n - 1]/i$ 称为年金终值系数，记作 $FVIFA_{i,n}$，于是上式又可写成：

$$FVA = A \cdot FVIFA_{i,n}$$

根据图 7－1，年金现值的计算公式为：

$$PVA = A \cdot \frac{1}{(1+i)^1} + A \cdot \frac{1}{(1+i)^2} + \cdots + A \cdot \frac{1}{(1+i)^{n-1}} + A \cdot \frac{1}{(1+i)^n}$$

根据上式可推导出：

$$PVA = A \cdot \frac{1-(1+i)^{-n}}{i}$$

上式中，$[1-(1+i)^{-n}]/i$ 称为年金现值系数，记作 $PVIFA_{i,n}$，于是上式又可写成：

$$PVA = A \cdot PVIFA_{i,n}$$

1 元年金终值系数和 1 元年金现值系数也可以在 1 元年金终值系数表和 1 元年金现值系数表上直接查得（见附表三和附表四）。

【例 7－12】 假设某企业现在从银行取得一笔贷款，5 年分期偿还，每年末还款 100 000 元，贷款年利率为 10%，5 年偿还贷款的现值合计是多少？

年利率为 10%，未来 5 年分期偿还。

根据题意，$A = 100\ 000$ 元，$n = 5$，$i = 10\%$

查表可得 $PVIFA_{10\%,5} = 3.790\ 79$

$$PVA = A \cdot PVIFA_{10\%,5} = 100\ 000 \times 3.790\ 79 = 379\ 079 \text{（元）}$$

即未来 5 年 5 次还款现值合计为 379 079 元，即利率 10% 计算，现在银行给企业的贷款总额为 379 079 元。

上述货币时间价值及贴现值计算方法将用于应付公司债券的发行等相关计算。

第三节　应付公司债券

公司债券是举债公司发行的用于筹集长期资金的有价证券，它是债券发行公司对债券持有人承诺到期偿还债券本金并定期支付固定利息的一种书面证明，具有法律效力。应付公司债券则是债券发行公司的一项债务，其实质是一种长期应付票据。

一、发行公司债券的目的

公司购置长期资产所需的资金往往数额巨大，通常不是一个或少数债权人所能提供的。因而公司就将所需借入的资金划分成若干较小单位，以发行公司债券的方式向社会广大投资者筹集资金。这种长期负债的特点是债券购买人数众多，资金来源渠道分散，并可以在证券市场上自由转让。公司发行债券首先应由股东大会通过，再经政府有关部门批准，符合法定条件后，方可印制和发行。

很多公司愿意采纳发行公司债券的方式来筹集长期资金，这是因为发行公司债券可以给企业带来如下益处：

1. 可以筹集长期稳定的资金

发行公司债券所筹集的资金具有期限长、金额大的特点，一般是到期才归还本金，可满足企业进行扩大再生产的投资需要。

2. 可以保持股东的投资比例，保证其对企业的控制权不受影响

由于公司债券持有人与企业之间的关系只是债权债务关系，他们除按期收取利息及收回本金外，无权参与企业的经营管理，无论发行多少债券，都不会改变公司现有股本结构，因而不会影响股东对企业的控制权。

3. 可以给企业带来税收上的好处

由于公司债券的利息支出可以在缴纳所得税之前作为一项费用从收入中抵扣，而增加股本所分派的股利则是从税后利润中扣减。因此，发行公司债券具有明显的税务上的好处。从这点来说，企业更愿意通过发行公司债券，而非发行股票。来满足对长期资金的需要。

4. 能提高股东投资收益

如果通过发行公司债券筹集资金所进行的投资活动取得成功，就会使企业的资产报酬率高于债券的固定利息率，从而能提高每股收益，使股东享受到更多的剩余收益。

5. 可以转移通货膨胀风险

由于公司债券的本金和利率是固定的，因此应偿还的本金和应支付的利息不会受市场利率变化的影响。在出现通货膨胀的情况下，债券持有人仅能得到既定的货币金额，这相当于债券发行公司将通货膨胀的风险转移给了债券持有人。

二、公司债券的种类和基本概念

公司债券的种类有很多，可按不同的标准进行分类。

（一）公司债券的种类

1. 按是否记名分为记名公司债券和不记名公司债券

记名公司债券是指债券发行公司或债券管理机构保持债券持有人名册的债券。债券发行公司对所有债券持有人的姓名均进行登记，债券持有人需凭债券和自己的印鉴领取债券的本息。如果转让债券，则必须向债券发行公司办理过户登记手续。

不记名公司债券是指无须在债券发行公司或债券管理机构保持债券持有人名册的债券。这种债券可不经过户手续自由转让，债券上附有息票，持票人只凭息票即可领取债券利息，凭到期债券即可领取本金，故又称息票债券。

2. 按有无担保分为有担保公司债券和信用公司债券

有担保公司债券是指以被抵押的特定财产作为履约保证的债券。例如，以土地或房屋等不动产作为抵押品而发行的公司债券，以机器设备等动产作为抵押品而发行的公司债券，以公司购入的其他企业的有价证券如债券、股票等作为抵押品而发行的公司债券等。如果用同一项财产作为多项公司债券的抵押品，可依照发行的先后顺序将公司债券分为“优先偿还权公司债券”、“次级偿还权公司债券”等等。

信用公司债券也称无担保公司债券，是指不以特定的抵押品作为偿还保证的债券，其发行全凭公司的信用。一般只有信誉卓著和前景乐观的公司才有可能发行这种债券。发行这种债券通常要求有较高的利率，因为其投资者所承担的风险一般会高于有担保公司债券。

3. 按偿还方式可分为定期偿还公司债券和分期偿还公司债券

定期偿还公司债券通常只规定一个固定的到期日，在这个固定的到期日，全部债券都要清偿。

分期偿还公司债券通常会规定若干个到期日，在各个到期日分别偿还相应的到期债务。例如，某公司发行 10 年期的公司债券 1 000 万，规定从第 6 年起每年还本 200 万，到第 10 年全部还清。

4. 其他公司债券

除上述各类公司债券外，如果债券契约中规定债券持有人可以在一定时期后按照规定的比率将公司债券转换为发行公司的股份，这样的债券又称为可转换公司债券。一般而言，债券持有人更愿意购买可转换公司债券，因为这种债券可使持有人承担较小的财务风险：在公司经营初期，其收益很难预料的情况下，债券持有人可获得较为稳定和可靠的利息收入；而在公司的经营收益逐渐提高的情况下，债券持有人又可将债券转换为股票，从而获得比利息更多的股利。

另外，有些公司为了能更灵活地利用资金，往往发行一种可以在到期日之前收回的债券，称为可赎回公司债券。当企业预期在将来可以按远远低于原发行债券的利率筹集资金时，发行可赎回公司债券显然对企业是有利的。该种债券在赎回日通常要向原债券持有人支付利息补偿金。

（二）公司债券的基本概念

企业发行的公司债券，一般要列明以下内容：

1. 债券面值

债券面值就是公司债券上标明的借款本金，也称债券的到期值，即公司债券到期偿还的金额，一般以 1 000 元为单位。

2. 票面利率

票面利率是指债券上标明的年利息率，用于计算债券每期应付的利息，通常称为约定利率、设定利率、名义利率或息票利率。如果债券在一年中分次付息，则需将年利率折算为相应期间的利率。

3. 付息日

付息日即支付利息的日期。不同的公司债券可能有不同的付息日，例如有半年付息一次的债券、一年付息一次的债券、还有到期两次偿还本息的债券等。西方企业的债券利息通常是每半年支付一次，即一年支付两次。

4. 到期日

到期日即偿还公司债券本金的日期。

三、公司债券的发行价格

多数企业发行的公司债券都可以在证券交易所进行交易，因而这些公司债券都有一个市场交易价格。公司债券在交易市场通常都是以债券到期值的百分比进行报价的，例如，某企业的公司债券报价为100，则面值为1 000元的债券的买卖价格就为1 000元；如果报价为101.5，则该公司债券的买卖价格就为1 015元；如果报价为98.5，则该公司债券的买卖价格就为985元。

（一）票面利率和市场利率

在实际发行公司债券时，债券的发行价格往往与其面值并不相同。公司债券必须以投资者愿意支付的市场价格来销售，而公司债券的市场价格就是债券的现值。确定公司债券的价格要考虑两个利率：票面利率和市场利率。

前已述及，票面利率是公司债券应明确的重要内容之一，这一利率将用于计算债券发行公司定期向债券持有人实际支付的利息。债券发行公司可根据所需资金的多少、未来支付利息的能力以及发行时资本市场的供需情况，自行确定所发债券的票面利率。

在债券发行时，金融市场上还存在其他在风险和期限上与该债券类似的金融资本，这些金融资本的通行利率，即为债券发行时的市场利率。市场利率也称实际利率，是投资者对其投资所要求的报酬率。

通常，市场利率与票面利率不同，这是决定债券发行价格的重要因素。由于市场利率具有客观性和代表性等特征，债券发行公司一般按此利率来计算自己应负担的利息费用，而债券投资者也按此利率来确定自己的利息收益。

（二）公司债券现值的计算

企业通过发行公司债券筹集资金，引起当前现金流入，而与此相关的未来现金流出则分为两部分：一部分是未来定期支付的利息，另一部分是到期应偿还的本金。相对于发行这一时点，这两部分均为未来某些时点的终值，而这两部分未来终值折算的现值决定了发行债券时筹集资金的价值，即债券的发行价格。

由此可见，公司债券的现值就是发行时的实际价格，它由两部分组成：

（1）到期偿还的本金（即债券面值）的现值（即复利现值）；

（2）各期支付的现金利息的现值（即年金现值）。

在计算债券发行价格时，应注意明确以下两个问题：

第一，计算现值所使用的利率应为债券发行时的市场利率。如前所述，由于市场利率的客观性和代表性，债券发行公司会使用该利率来确定实际应负担的利息费用。因此，应按债券发行时的市场利率对未来偿还的本金和利息进行折现。

第二，计算的期限应为付息或计息的期限。例如，5 年期的债券，如果半年付息一次，则要付息 10 次，此时，折现期应为 10 期而不是 5 期，相应的市场利率也应折算为半年的利率。其原因是由于在复利情况下，本金和利息是一起计息的，因此本金和利息均应按计息期进行折现。

下面举例说明公司债券发行价格的计算。

【例 7－13】设 C 公司在 2007 年 1 月 1 日发行面值为 1 000 元、票面利率为 14%、5 年期的公司债券 10 000 张。该债券每年付息两次，付息日为 6 月 30 日和 12 月 31 日。

（1）票面利率与市场利率相等，公司债券按面值发行

假定发行时的市场利率也为 14%，则半年期的利率为 7%，可分别从复利现值表和年金现值表中查得利率 7%、期数为 10 期的两个现值系数分别为 0.508 35 和 7.023 58。则债券的现值计算如下：

未来现金流出：到期偿还本金 = 1 000 × 10 000 = 10 000 000（元）

每期支付利息 = 10 000 000 × 7% = 700 000（元）

本金的现值 = 10 000 000 × 0.508 35 = 5 083 500（元）

利息的现值 = 700 000 × 7.023 58 = 4 916 500（元）

债券的发行价格 = 5 083 500 + 4 916 500 = 10 000 000（元）

（2）票面利率低于市场利率，公司债券以低于面值的折价发行

假定发行时的市场利率为 16%，则半年期的利率为 8%，可分别从复利现值表和年金现值表中查得利率 8%、期数为 10 期的两个现值系数分别为 0.463 2 和 6.71。则债券

的现值计算如下：

本金的现值 = 10 000 000 × 0. 463 2 = 4 632 000（元）

利息的现值 = 700 000 × 6. 71 = 4 697 000（元）

债券的发行价格 = 4 632 000 + 4 697 000 = 9 329 000（元）

可见，当票面利率低于市场利率时，公司债券将以低于面值的价格发行，称为"公司债券折价发行"，其发行价格低于面值的部分称为"公司债券折价"。本例中：

公司债券折价 = 10 000 000 − 9 329 000 = 671 000（元）

债券折价的实质是债券发行公司因票面利率低于市场利率而预先给予债券购买者的额外利息补偿，这部分折价将在债券有效期内逐期摊销，增加发行公司各计息期的利息费用。

（3）票面利率高于市场利率，公司债券以高于面值的溢价发行

假定发行时的市场利率为 12%，则半年期的利率为 6%，可分别从复利现值表和年金现值表中查得利率 6%、期数为 10 期的两个现值系数分别为 0. 558 39 和 7. 36。

本金的现值 = 10 000 000 × 0. 558 39 = 5 583 900（元）

利息的现值 = 700 000 × 7. 36 = 5 152 000（元）

债券的发行价格 = 5 583 900 + 5 152 000 = 10 735 900（元）

可见，当票面利率高于市场利率时，公司债券将以高于面值的价格发行，称为"公司债券溢价发行"，其发行价格高于面值的部分称为"公司债券溢价"。本例中：

公司债券溢价 = 10 735 900 − 10 000 000 = 735 900（元）

债券溢价的实质是债券发行公司因票面利率高于市场利率而从债券购买者预先收回多付的利息，这部分溢价将在债券有效期内逐期摊销，冲减发行公司各计息期的利息费用。

四、公司债券发行的会计处理

（一）账户的设置

为了反映企业为筹集长期资金而实际发行公司债券、定期支付利息和到期偿还债券本金业务，一般要设置如下账户：

1. 应付公司债券

"应付公司债券"账户反映企业所发行的公司债券面值的增减变动情况。该账户贷

方反映债券面值的增加数，即发行的债券面值；借方反映债券面值的减少数，即债券本金的偿还数额或转股数额；余额在贷方，反映尚未归还的债券本金。

2. 应付公司债券折价

“应付公司债券折价”账户反映债券发行价格小于债券面值的差额，它是“应付公司债券”账户的备抵账户。该账户借方反映已发行债券，贷方反映债券折价的逐期摊销额；余额在借方，表示尚未摊销的债券折价数额。公司债券在折价发行的情况下，其某一时点的账面价值应等于“应付公司债券”账户的贷方余额与“应付公司债券折价”账户借方余额的差额。

3. 应付公司债券溢价

“应付公司债券溢价”账户反映债券发行价格大于债券面值的差额，它是“应付公司债券”账户的附加账户。该账户贷方反映已发行债券的溢价数额；借方反映债券溢价的逐期摊销额；余额在贷方，表示尚未摊销的债券溢价数额。公司债券在溢价发行的情况下，其某一时点的账面价值应等于“应付公司债券”的贷方余额与“应付公司债券溢价”账户的贷方余额之和。

（二）公司债券发行的会计处理

公司债券发行根据市场不同情况，按面值发行，也可能溢价或折价发行。

1. 债券在付息日按面值发行

【例 7－14】仍按【例 7－13】的资料，假定 C 公司按面值发行公司债券，并假定于每年 1 月 1 日和 7 月 1 各付息一次。有关公司债券业务的会计处理如下：

（1）2011 年 1 月 1 日发售时：

借：现金　　10 000 000

　　贷：应付公司债券　　10 000 000

（2）2011 年 7 月 1 日支付上半年利息时：

借：利息费用　　700 000

　　贷：现金　　700 000

（3）2011 年 12 月 31 日计提下半年利息：

借：利息费用　　700 000

　　贷：应付债券利息　　700 000

（4）2012 年 1 月 1 日支付利息时：

借：应付债券利息　　700 000

　　贷：现金　　700 000

以后各期利息费用的会计处理同上。

（5）到期偿还债券本金和最后一次利息时：

借：应付公司债券　　10 000 000
　　应付债券利息　　700 000
　　贷：现金　　10 700 000

2. 债券在两个付息日之间按面值发行

企业有时为了期待更有利的市场情况出现，往往会故意推迟债券的发行。债券在两个付息日之间发行时，从理论上讲当然可以在第一个付息日按照债券购买人实际持有的债券日期支付利息。但在实际工作中，债券发行公司在各付息日通常均按面值及票面利率计算和支付半年利息，并不专门为不同购买日期的债券持有人分别计算和支付不同的债券利息。这样，债券购买者在购买公司债券时，除了应支付债券的买价外，还要附加从原定发行日期至实际发售日期之间的应计利息。对债券发行公司而言，发行款项中的应计利息是发行公司的一项预收款，其实质是对债券持有人的一项负债。这项负债在形成时应贷记"应付债券利息"账户，并在下一个付息日予以冲销。

【例 7－15】仍按【例 7－14】的资料，假定 C 公司将定于 2011 年 1 月 1 日按面值发行的公司债券推迟到 4 月 1 日发行。则债券购买者在购买债券时，除了支付债券的买价外，还要附加 3 个月的应计利息，即 C 公司发行债券时应预收 3 个月的利息。

3 个月的利息 = 700 000 × 3/6 = 350 000（元）

（1）2011 年 4 月 1 日发售时的会计分录为：

借：现金　　10 350 000
　　贷：应付公司债券　　10 000 000
　　　　应付债券利息　　350 000

（2）2011 年 7 月 1 日支付上半年利息时的会计分录为：

借：利息费用　　350 000
　　应付债券利息　　350 000
　　贷：现金　　700 000

五、公司债券折价或溢价发行及折价或溢价的摊销

（一）公司债券折价发行及折价摊销

1. 债券发行的会计处理

【例 7－16】仍按【例 7－13】的资料，假定 C 公司折价发行公司债券，且付息日为每年 6 月 30 日和 12 月 31 日。

2011年1月1日发售时的会计分录为：

借：现金　　9 329 000

　　应付公司债券折价　　671 000

　　贷：应付公司债券　　10 000 000

“应付公司债券折价”是“应付公司债券”的备抵账户。在资产负债表上，公司债券的账面价值等于应付公司债券面值减折价账户余额。如上例，债券发行后在资产负债表上的列示如下：

长期负债：

应付公司债券　　10 000 000

减：应付公司债券折价　　(671 000)　　9 329 000

由于公司债券的折价与债券发行公司实际负担的利息费用直接相关，因此，债券发行公司在每期支付利息或计提利息时，要同时对债券折价进行摊销处理，以便将按票面利率计算的利息费用调整为实际负担的利息费用。

在上例中，C公司借入9 329 000元，但到期需偿还10 000 000元，多付的债券折价671 000元部分是对债券在整个存续期内利息费用的调整。债券折价意味着增加公司的利息费用。在会计实务中，债券折价应逐期增加利息费用，这个过程就称为折价摊销。折价摊销将导致每期利息费用大于现金利息支出。

2. 债券折价摊销的实际利率法及会计处理

实际利率法指各期的实际利息费用是以各期期初债券的账面价值乘以发行时的实际利率（即市场利率）计算求得，各期的实际利息费用与各期按票面利率支付给债券持有人的利息的差额，即为当期债券折价的摊销额。

【例7－17】仍以**【例7－13】**的资料为例，编制C公司债券折价摊销表，如表7－1所示。

表7－1　　公司债券折价摊销表（实际利率法）

期数	支付利息 A＝到期值×7%	利息费用 B＝E×8%	折价摊销 C＝B－A	折价账户余额 D＝上期D－C	公司债券账面价值 E＝面值－D
				671 000	9 329 000
1	700 000	746 320	46 320	624 680	9 375 320
2	700 000	750 026	50 026	574 654	9 425 346
3	700 000	754 028	54 028	520 626	9 479 374
4	700 000	758 350	58 350	462 276	9 537 724

续表

期数	支付利息 A = 到期值 × 7%	利息费用 B = E × 8%	折价摊销 C = B - A	折价账户余额 D = 上期 D - C	公司债券账面价值 E = 面值 - D
5	700 000	763 018	63 018	399 258	9 600 742
6	700 000	768 059	68 059	331 199	9 668 801
7	700 000	773 504	73 504	257 695	9 742 305
8	700 000	779 384	79 384	178 311	9 821 689
9	700 000	785 735	85 735	92 576	9 907 424
10	700 000	792 576 *	92 576	0	10 000 000

* 调整取整数的影响。

各栏的计算如下：

A 栏：每期（半年）支付的现金利息固定不变

每期现金利息 = 到期值 × 半年的票面利率 = 10 000 000 × 7% = 700 000（元）

B 栏：每期实际利息费用 = 上期账面价值 × 市场利率

如第 1 期实际利息费用 = 9 329 000 × 8% = 746 320（元）

第 2 期实际利息费用 = 9 375 320 × 8% = 750 026（元）

可见，每期实际利息费用随债券账面价值的增加而逐期增加。

C 栏：每期折价摊销额 = 每期实际利息费用（B）- 每期固定现金利息（A）

因而，每期的实际利息费用也可表示如下：

每期实际利息费用 = 700 000 + 每期折价摊销额

D 栏：折价账户余额 = 上期余额 - 本期折价摊销额（C）

折价账户余额随着每期的摊销逐渐减少，当最后一期折价摊销完毕时，其余额为零。

E 栏：公司债券账面价值 = 10 000 000 - 折价账户余额（D）

或：上期公司债券账面价值 + 本期折价摊销额

由此可见，按照实际利率法摊销公司债券折价时，折价债券的账面价值随着折价的摊销而逐期增加，当最后一期折价摊销完毕，折价余额为零，此时，折价债券的账面价值即为债券面值，也就是到期应偿还的本金 10 000 000 元。此外，以逐期增加的债券账面价值乘以发行时的市场利率，每期实际利息费用也必然逐期增加，从中减去每期支付的固定利息，得出的折价摊销额也逐期递增。有关债券折价摊销的会处理如下：

(1) 2011 年 6 月 30 日支付上半年利息时：

借：利息费用	746 320	
贷：现金		700 000
应付公司债券折价		46 320

(2) 2011 年 12 月 31 日支付下半年利息时：

借：利息费用	750 026	
贷：现金		700 000
应付公司债券折价		50 026

经过 10 次摊销后，公司债券发行所产生的折价全部摊销完毕。

(二) 公司债券溢价发行及溢价摊销

1. 债券发行的会计处理

【例 7-18】 仍按【例 7-13】的资料，假定 C 公司溢价发行公司债券，且付息日为每年 6 月 30 日和 12 月 31 日。

则 2011 年 1 月 1 日发售时的会计分录为：

借：现金	10 735 900	
贷：应付公司债券		10 000 000
应付公司债券溢价		735 900

"应付公司债券溢价"是"应付公司债券"账户的附加账户。在资产负债表上，公司债券的账面价值等于应付公司债券面值加溢价账户余额。如上例，债券发行后在资产负债表上的列示如下：

长期负债：		
应付公司债券	10 000 000	
加：应付公司债券溢价	735 900	10 735 900

与折价发行一样，公司债券的溢价与债券发行企业实际负担的利息费用直接相关，因此，债券发行企业在每期支付利息或计提利息时，要同时对债券溢价进行摊销处理，以便将按票面利率计算的利息费用调整为实际负担的利息费用。

在上例中，C 公司借入 10 735 900 元，但到期只需偿还 10 000 000 元，多收入的债券溢价 735 900 元部分是对债券在整个存续期内利息费用的调整。债券溢价意味着减少公司的利息费用。在会计实务中，债券溢价应逐期减少利息费用，这个过程就称为溢价摊销。溢价摊销将导致每期利息费用小于现金利息支出。

2. 债券溢价摊销的实际利率法及会计处理

在实际利率法下，各期按票面利率支付给债券持有人的利息与各期的实际利息费用的差额，即为当期债券溢价的摊销额。

【例7－19】 仍以【例7－13】的资料为例，编制C公司债券溢价摊销表，如表7－2所示。

表7－2　　公司债券溢价摊销表（实际利率法）

期数	支付利息 A＝到期值×7%	利息费用 B＝E×6%	溢价摊销 C＝A－B	溢价账户余额 D＝上期 D－C	年末公司债券账面价值 E＝面值＋D
				735 900	10 733 900
1	700 000	644 154	55 846	680 054	10 680 054
2	700 000	640 803	59 197	620 857	10 620 857
3	700 000	637 251	62 749	558 108	10 558 108
4	700 000	633 486	66 514	491 594	10 491 594
5	700 000	639 496	70 504	421 090	10 421 090
6	700 000	625 265	74 735	346 355	10 346 355
7	700 000	620 781	79 219	267 136	10 267 136
8	700 000	616 028	83 972	183 164	10 183 164
9	700 000	610 990	89 010	94 154	10 094 154
10	700 000	605 846*	94 154	0	10 000 000

*调整取整数的影响。

各栏的计算如下：

A栏：每期（半年）支付的现金利息固定不变

每期现金利息＝到期值×半年的票面利率＝10 000 000×7%＝700 000（元）

B栏：每期实际利息费用＝上期账面价值×市场利率

如第1期实际利息费用＝10 735 900×6%＝644 154（元）

第2期实际利息费用＝10 680 054×6%＝640 803（元）

可见，每期实际利息费用随债券账面价值的减少而逐期减少。

C栏：每期溢价摊销额＝每期固定现金利息（A）－每期实际利息费用（B）

因而，每期的实际利息费用也可表示如下：

每期实际利息费用 = 700 000 - 每期溢价摊销额

D 栏：折价账户余额 = 上期余额 - 本期溢价摊销额（C）

溢价账户余额随着每期的摊销逐渐减少，当最后一期折价摊销完毕时，其余额为零。

E 栏：公司债券账面价值 = 10 000 000 + 溢价账户余额（D）

或 = 上期公司债券账面价值 - 本期溢价摊销额

由此可见，按照实际利率法摊销公司债券溢价时，溢价债券的账面价值随着溢价的摊销而逐期减少，当最后一期溢价摊销完毕，溢价余额为零，此时，溢价债券的账面价值即为债券面值，也就是到期应偿还的本金 10 000 000 元。此外，以逐期减少的债券账面价值乘以发行时的市场利率，每期实际利息费用也必然逐期减少，从每期支付的固定利息中减去递减的利息费用，得出的溢价摊销额也逐期递增。有关债券折价摊销的会处理如下：

（1）2011 年 6 月 30 日支付上半年利息时：

借：利息费用	644 154	
应付公司债券溢价	55 846	
贷：现金		700 000

（2）2011 年 12 月 31 日支付下半年利息时：

借：利息费用	640 803	
应付公司债券溢价	59 197	
贷：现金		700 000

经过 10 次摊销后，公司债券发行所产生的溢价全部摊销完毕。

（三）公司债券的提前赎兑

有些公司发行可赎兑的公司债券，或者在有利的市场环境下提前赎兑本公司债券。公司债券提前赎兑需要将公司债账面价值与赎兑支付价格进行比较，以确定提前赎兑的损益。

【例 7 - 20】 沿用【例 7 - 17】，假设 C 公司在本年年末支付上期利息后以 5 200 000 元赎回发行在外债券的 50%，根据表 7 - 2，赎兑收益为 10 545 元(5 200 000 - 5 210 545)，计算如下：

赎兑价格（现金）　　5 200 000

减：赎兑应付公司债券账面价值

应付公司债券面值	5 000 000（10 000 000 × 50%）	
未摊销溢价	210 545（421 090 × 50%）	5 210 545
赎兑公司债券损益		10 545

作会计分录如下：

借：应付公司债券　　5 000 000

　　应付公司债券溢价　　210 545

　　贷：现金　　5 200 000

　　　　公司债券赎兑收益　　10 545

公司债券的赎兑损益可计入利息收益，如果在两个付息日之间赎兑，还应计算利息费用。

第四节　其他长期负债

其他长期负债主要有银行长期借款、长期抵押借款、租赁负债、应付退休金及退休后福利等。本节介绍长期借款、租赁负债，抵押借款、应付退休金及退休后福利负债将在中级财务会计中介绍。

（一）长期借款

长期借款，是指企业从银行或其他金融机构借入的期限在一年以上（不含一年）的借款。

企业借入各种长期借款时，按实际收到的款项，借记“银行存款”账户，贷记“长期借款——本金”；按借贷双方之间的差额，借记“长期借款——利息调整”。

在资产负债表日，企业应按长期借款的摊余成本和实际利率计算确定的长期借款的利息费用，借记“在建工程”、“财务费用”、“制造费用”等账户，按借款本金和合同利率计算确定的应付未付利息，贷记“应付利息”账户，按其差额，贷记“长期借款——利息调整”账户。

企业归还长期借款，按归还的长期借款本金，借记“长期借款——本金”账户，按转销的利息调整金额，贷记“长期借款——利息调整”账户，按实际归还的款项，贷记“银行存款”账户，按借贷双方之间的差额，借记“在建工程”、“财务费用”、“制造费用”等账户。

【例 7 - 21】 D 企业为建造一幢厂房，2010 年 1 月 1 日借入期限为 2 年的长期专门借款 1 000 000 元，款项已存入银行。借款利率按市场利率确定为 9%，每年付息一次，期满后一次还清本金。2010 年初，以银行存款支付工程价款共计 600 000 元；2011 年初，又以银行存款支付工程费用 400 000 元。该厂房 2011 年 8 月底完工，达到预定可使用状态。假定不考虑闲置专门借款资金存款的利息收入或者投资收益。根据上述业务，企业应作如下会计处理。

（1）2010 年 1 月 1 日，取得借款时：

借：银行存款　　1 000 000

　　贷：长期借款　　1 000 000

（2）2010 年初，支付工程款时：

借：在建工程　　600 000

　　贷：银行存款　　600 000

（3）2010 年 12 月 31 日，计算 2010 年应计入工程成本的利息：

借款利息 = 1 000 000 × 9% = 90 000（元）

借：在建工程　　90 000

　　贷：应付利息　　90 000

（4）2010 年 12 月 31 日支付借款利息时：

借：应付利息　　90 000

　　贷：银行存款　　90 000

（5）2011 年初支付工程款时：

借：在建工程　　400 000

　　贷：银行存款　　400 000

（6）2011 年 8 月底，达到预定可使用状态，该期应计入工程成本的利息 =（1 000 000 × 9% ÷ 12）× 8 = 60 000（元）。

借：在建工程　　60 000

　　贷：应付利息　　60 000

同时：

借：固定资产　　1 150 000

　　贷：在建工程　　1 150 000

（7）2011 年 12 月 31 日，计算 2011 年 9 月 ~12 月应计入财务费用的利息 =（1 000 000 × 9% ÷ 12）× 4 = 30 000（元）。

借：财务费用　　30 000

　　贷：应付利息　　30 000

（8）2011 年 12 月 31 日支付利息时：

借：应付利息　　90 000

　　贷：银行存款　　90 000

（9）2012 年 1 月 1 日到期还本时：

借：长期借款　　1 000 000

　　贷：银行存款　　1 000 000

（二）租赁负债

租赁是指在约定的期间内，出租人将资产使用权让与承租人，以获取租金的协议。租赁的主要特征是转移资产的使用权，而不是转移资产的所有权，并且这种转移是有偿的，取得使用权以支付租金为代价，从而使租赁有别于资产购置和不把资产的使用权从合同的一方转移给另一方的服务性合同，如劳务合同、运输合同、保管合同、仓储合同等以及无偿提供使用权的借用合同。

租赁根据不同的情况分为经营租赁与融资租赁，承租人和出租人应当在租赁开始日将租赁分为融资租赁和经营租赁，融资租赁形成企业的租赁负债。企业对租赁进行分类时，应当全面考虑租赁期届满时租赁资产所有权是否转移给承租人、承租人是否有购买租赁资产的选择权、租赁期占租赁资产使用寿命的比例等各种因素。通常满足下列标准之一的，应认定为融资租赁，否则为经营租赁。

（1）在租赁期届满时，资产的所有权转移给承租人。即，如果在租赁协议中已经约定，或者根据其他条件在租赁开始日就可以合理地判断，租赁期届满时出租人会将资产的所有权转移给承租人，那么该项租赁应当认定为融资租赁。

（2）承租人有购买租赁资产的选择权，所订立的购价预计远低于行使选择权时租赁资产的公允价值，因而在租赁开始日就可合理地确定承租人将会行使这种选择权。

（3）租赁期占租赁资产使用寿命的大部分。这里的“大部分”掌握在租赁期占租赁开始日租赁资产使用寿命的 75% 以上（含 75%）。

（4）就承租人而言，租赁开始日最低租赁付款额的现值几乎相当于租赁开始日租赁资产公允价值；就出租人而言，租赁开始日最低租赁收款额的现值几乎相当于租赁开始日租赁资产公允价值。这里的“几乎相当于”掌握在 90%（含 90%）以上。

（5）租赁资产性质特殊，如果不作较大修整，只有承租人才能使用。这条标准是指租赁资产是出租人根据承租人对资产型号、规格等方面的特殊要求专门购买或建造的，具有专购、专用性质。这些租赁资产如果不作较大的重新改制，其他企业通常难以使用。这种情况下，该项租赁也应当认定为融资租赁。

融资租赁会计处理比较复杂，中级财务会计课程中将对其加以深入介绍。

本章提示：

负债属于金融工具，金融工具的类型比较多，某些类型会计处理比较复杂。本章介绍流动负债和长期负债会计处理的一般方法。我国会计准则与国际会计准则在会计处理上没有重大差别。

思考题

1. 流动负债包括哪些内容，哪些原因会产生流动负债？
2. 长期负债包括哪些内容，有哪些共同特点？
3. 长期负债为何要考虑货币时间价值？
4. 何为贴现利息率，何为贴现值？
5. 发行公司债券一般列明哪些内容？
6. 何为公司债券票面利息率，何为实际利息率？
7. 企业发行长期债券为什么会折价发行，为什么会溢价发行？
8. 公司债券折价和溢价为什么要摊销，与利息费用有什么关系？
9. 租赁符合哪些条件可列为融资租赁负债？

第八章

股东权益

本章学习目标

1. 了解企业的三种基本组织形式，明确公司的性质；

2. 了解股票的种类和特征，掌握股票发行业务的会计处理；

3. 掌握库存股份业务的会计处理；

4. 了解股利的种类，掌握股利业务的会计处理，比较股利和股份拆分对财务报表的影响；

5. 了解经营成果、综合收益和股东权益的构成，读懂相关的财务报告。

在前面三章中我们已经学习了资产负债表中的资产和负债项目，本章向大家介绍所有者权益项目。所有者权益等于资产减去负债后的差额，代表着所有者对企业净资产的要求权，本质是剩余权益。对于采用不同组织形式的企业，它们的所有者可能被赋予特定的名称，如公司组织的所有者称为股东，公司的所有者权益可以称作股东权益。本章以公司的股东权益为例，阐述与所有者权益项目相关的会计处理和财务报告问题。

第一节　企业的组织形式和公司的性质

投资者在成立一家企业时会面临很多决策，重要的决策之一就是为所创立的企业确定组织形式。不同的企业组织形式在许多方面会呈现不同的特点，包括企业获取资金的能力、承担的税负、管理的效率以及所有者的投资风险等。这就需要企业的创立者权衡利弊，确定一个适宜的组织形式。在经营的过程中，企业也可以转变组织形式，以适应不同阶段的经营需要。

一、企业的组织形式

企业的组织形式主要有三类：独资企业、合伙企业和公司组织。从财务会计角度，企业组织形式上的差异，表现在所有者权益的会计处理和财务报告方面。

（一）独资企业

独资企业，是由一个自然人投资并经营的企业。独资企业的所有者也是企业的管理者，不仅承担企业的全部盈亏，还要主持企业的日常管理。企业经营的好坏同所有者个人的管理能力、财务实力、健康状况等紧密相关。相对于其他组织形式，独资企业的设立程序简便、费用低廉。在经济生活中，独资企业的数量众多，但是收入总额的占比相对较小。独资企业常见于小型的服务企业和零售商店。

独资企业是非法人企业，其所有者对企业的债务承担无限责任。当独资企业清算时，企业资产无法抵偿企业负债的部分，依法由所有者的其他个人财产清偿。在会计上，通常设立单独的业主资本账户，记录所有者在企业中权益的变动情况。在资产负债表中，仅使用一个业主资本项目，反映期末所有者权益额。独资企业资产负债表中所有者权益的报告如表 8-1 所示。

表 8-1　资产负债表中所有者权益部分　单位：元

独资企业	
所有者权益	
业主资本，张同	25 000
合伙企业	
合伙人权益	
业主资本，李明	30 000
业主资本，王伟	20 000
合伙人权益合计	50 000
公司组织	
股东权益	
实收资本	200 000
留存收益	90 000
股东权益合计	290 000

尽管独资企业不是独立的法律主体，却是一个经济主体。根据会计主体假设，独资企业的经济活动必须与所有者个人的其他经济活动相区分，并单独记录在企业的账簿上，以便清晰地反映企业本身的经营成果和财务状况。在所得税方面，独资企业没有缴纳企业所得税的法律义务。独资企业的经营成果是所有者的个人所得，应申报缴纳个人所得税。

（二）合伙企业

合伙企业，是由两个或两个以上投资者以契约关系为基础建立的企业。合伙企业的投资者称为合伙人，既是企业的所有者，又是企业的管理者。合伙人通过签订合伙协议，规范每一合伙人在企业中的权利和义务。

所有合伙人共同投资和经营企业，共担风险，共享收益。合伙人之间存在互为代理的关系，每一合伙人都能签订对所有其他合伙人有约束力的合同。所以，当某一合伙人转让在企业中的权益时，必须得到全体合伙人的一致同意。新合伙人的加入和原合伙人的退伙都需要重新签订合伙协议，在新的契约基础上继续经营的企业，本质上已不再是原有的企业。同独资企业一样，合伙企业的设立手续较为简便，费用不高。

合伙企业是非法人企业，合伙人对企业的债务承担无限连带责任。当企业清算时，企业资产无法抵偿企业负债的部分，依法由合伙人的其他个人财产清偿。在会计上，必须为每一合伙人设立单独的业主资本账户，反映每一合伙人在合伙企业中权益的变动情况。在资产负债表中，所有者权益项下应报告每一合伙人在企业中的权益额，如表 8-1 所示。

与独资企业一样，合伙企业虽不是独立的法律主体，却是经济主体。根据会计主体假设，合伙企业的经济活动必须与每一合伙人的其他经济活动相区分，并单独记录在企业的账簿上。在所得税方面，合伙企业同样没有缴纳企业所得税的法律义务。每一合伙人从合伙企业分得的利润或分担的亏损，应计入每一合伙人的个人所得，申报缴纳个人所得税。

（三）公司组织

公司组织，是依据公司法创立并登记的法律实体。作为独立的法律实体（或称法人），公司同自然人一样，享有法律赋予的权利并承担相应的义务。例如，公司拥有自己的资产，能够以自己的名义签订合同、进行诉讼。在经济生活中，公司的数量并不占优势，但是收入总额的占比是最大的。

公司既是独立的法律实体，也是经济主体。根据会计主体假设，公司的经济活动应同股东的其他经济活动相区分，公司的账簿只记录公司自身的经济活动。在所得税方面，作为独立法人的公司，应缴纳公司所得税。

二、公司的性质

公司作为现代企业的主要组织形式，不仅是独立的法人，还具有区别于独资企业和合伙企业的其他特征，包括有限责任、永续存在的可能、筹资能力强、所有权与管理权的分离、开办费用高、政府限制多、双重纳税等方面。

（一）有限责任

公司是法人企业，以自己的法人财产承担对自己债务的清偿责任。对于股东来说，其财产可分为对公司的投资部分和其他部分。股东对公司的投资由于构成公司法人财产的一部分，依法用于公司债务的清偿，而其他部分财产不需要担负对公司债务的清偿责任。所以，公司的股东是以其投资额对公司的债务承担有限责任。

在会计上，为了明确股东承担的责任限额，股东对公司的净投资必须单独记录和报告，而归属于股东权益的累积未分配利润或亏损需另行记录和报告，不得与所有者的净投资混淆。如表 8－1 所示，公司资产负债表中股东权益由两部分构成，实收资本报告股东对公司的净投资，留存收益报告公司累积的未分配利润或亏损。

由于股东以其投资额对公司的债务承担有限责任，在公司破产时，债权人不会追讨股东的个人财产。公司的这一特征建立起一道防火墙，保护了股东对公司投资之外的其他个人财产，使得股东向公司投资的最高损失额限定在投资额之内。相对于承担无限责任的独资企业的所有者和合伙企业的合伙人，投资损失的底线是确定的。因此，有限责任的特征为公司吸引了大量的投资者。

（二）永续存在的可能

对于独资企业和合伙企业，所有者个人的健康、志趣等因素皆可能导致所有者的失去或变更，引起原有企业的消亡。公司组织不会发生这类情形。

在股票发行市场（一级市场）内，投资者购入股票成为公司的股东，公司出售股票筹集资金，随后展开经营。股东对公司股权的转让是自由的，股东之间不存在类似于合伙人之间的互为代理关系。所以，股东若想收回投资，可以在股票交易市场（二级市场）中转让股权，很少存在来自其他股东的限制。尤其对于一家上市公司，股东的变换日日发生。由于公司股权的易主不会直接影响公司的经营，公司具有永久存在的可能性。

（三）筹资能力强

公司的有限责任特征限制了投资者的最高投资损失，股票的自由转让赋予了投资者处置资产的灵活性，两者皆提高了公司吸引投资的能力。此外，不像独资企业和合伙企业，运营资金主要源于少数几个所有者，公司可将资本划分成低值等额的股份，面向公众发行股票，吸引更为广泛的投资群体，从而集中大量分散的资金。公司在经营期间，还可以利用较高的信息透明度，获取更多、更低廉的筹资渠道和机会。

（四）所有权与管理权的分离

公司的股东众多，不可能也无必要直接参与公司的日常管理。公司的股东会或股东大会是公司的最高权力机构，由其选举董事并成立董事会。董事会作为股东会或股东大会的执行机构，任命总经理等高级管理人员，负责公司的日常管理。由此，与独资企业和合伙企业不同，公司的所有权与管理权是分离的。

这一性质避免了独资企业和合伙企业的管理弊端，即企业的管理水平完全依赖于所有者本身的管理能力。公司可以招贤纳才，聘用受过良好教育和专门训练、忠实守信的职业经理，代理股东进行日常的管理，提高企业的管理效率。

但是，职业经理与股东的利益取向并不完全一致。管理者可能会追逐自身利益的最大化，从而损害股东的利益，这就是公司无法躲避的代理问题。为了引导管理者依照股东的利益经营，解决代理问题，公司会产生大量的代理成本。代理成本主要包括三个方面：对管理者的监控成本，如财务报表审计；对管理者的激励成本，如建立薪酬激励计划；管理者损害股东利益所造成的损失，如管理者不愿承担风险而放弃好的投资机会所丧失的收益，在工作中谋取个人私利导致公司运营费用的提高等。

（五）开办费用高

企业设立期间的支出称为开办费用。相比于独资企业和合伙企业，公司的开办费用是高昂的。公司的创立必须经政府的核准，报送大量的文件资料。公司的创立还要召开创立大会，进行公司章程的制定、董事会的选举等事项。公司的创立必须发行股票来取得法定的资本额，在推销股票过程中，需要与投资银行、会计师事务所和律师事务所等中介机构打交道，支付不菲的中介服务费。这一系列的活动不可避免地导致大量的支出。

（六）政府限制多

政府会向公司施加多方面的严格限制，来保护广大投资者的利益。公司创立时，应符合法律规定的条件；再次发行股票或债券时，需要政府的核准；政府有权对公司的记录和报告进行检查。尤其是上市公司，必须按证券监督机构的要求上报财务及其他重要信息并公开披露。政府的监管措施增加了公司的运营成本。此外，公司的竞争者阅读公开披露的公司信息，会进一步了解公司的经营状况，对公司的经营可能产生负面影响。

（七）双重纳税

独资企业和合伙企业的经营所得，是作为所有者的个人所得来纳税的，只需承担一次性税负。但是，公司的经营所得必须承担双重纳税的负担。首先，公司作为独立法人，缴纳公司所得税；其次，公司税后利润的一部分若以股利的形式分配给股东个人，又归入股东的个人所得，还需缴纳个人所得税。

从上面的分析中，我们了解到三类主要的企业组织形式及其特征。但是在现实经济生活中，会衍生出更为多样的组织形式，并为法律所认可。例如，前述的合伙企业是无限合伙（或称普通合伙）企业，实际还存在有限合伙企业，即拥有至少一个普通合伙人和至少一个有限合伙人的企业。在有限合伙企业中，有限合伙人以其投资额对企业的债务承担有限责任，一般不参加企业管理。再如，美国公司法允许设立 S 公司，公司的股东对公司的债务承担有限责任，但是公司不需缴纳公司所得税，公司的经营成果在股东之间分摊后，由股东各自申报缴纳个人所得税。另外，我国的公司法允许成立由一个自然人投资的公司。

可见，不同的国家和地区对企业组织形式的规定会有所差别。企业的创立者和所有者应该熟知企业设立所在地的企业法，在法律的框架之下，权衡各类企业组织形式的利弊，为企业的更好建立和发展作出明智的选择。

第二节　股票的种类和股票的发行

公司的资本被划分成大量等额的股份，基本单位为一股，向公众发售，筹集资金。公众投资于公司的股份，取得的凭证就是公司的股票。股票是公司所有权的证明，上面列明了发行公司的名称、股东的名称、持股的数量等内容。股票分为普通股和优先股两大类。普通股是公司股本的最基本形式，每一家公司都要发行普通股。优先股的发行却依公司的需求而定。

一、普通股的基本特征

普通股的基本特征包括在股东大会上的表决权、分享公司利润的权利、对资产的要求权、优先认股权、所有权的永久性等。普通股股东可以通过阅读公司法和公司章程来了解自身的各项权利和义务。

（一）在股东大会上的表决权

持有普通股的股东在股东大会上对公司的事务拥有表决权，从而影响公司的经营。公司的事务一般包括董事会的选举、重大的投资和融资决策、利润分配方案、公司章程的修改等内容。表决权通常采用一股一票的方式。股东之间如果对公司的事务持有不同的意见，为了维护自身的利益，会设法获取更多的表决权，在股东大会之前经常上演代理权之争。此外，股东在选举董事时，存在着多数投票制和累积投票制，后者更有利于维护中小股东的利益。

（二）分享公司利润的权利

公司的利润归属于公司的股东。公司的一部分利润会以股利等形式向股东分配，余下的利润留存，继续用于公司的经营。对股东的利润分配不同于对债权人的利息支付，向股东分配利润不是公司的法定义务，利润分配方案需要经过股东大会的通过才会生效。公司会根据经营成果、现金流状况和未来的投资计划等多种因素，决定是否发放股利、发放多少股利和具体的股利形式。当公司发放股利时，股东按照持股比例获取相应的股利额。

（三）对剩余资产的要求权

普通股股东的权益落后于债权人的权益和优先股股东的权益。在公司清算的情况下，公司会变卖全部资产，偿还债务和赎回优先股，如果还有剩余的资产，才能在普通股股东之间按持股比例分配。这就是普通股股东的剩余资产要求权。作为公司的投资者，普通股股东承担着最大的投资风险。

（四）优先认股权

为了保证公司增发股票后，原有股东的持股比例维持不变，尤其保证原有控股股东的控股权，原有的普通股股东具有按原有的持股比例优先认购新增股票的权利，称作优先认股权。例如，公司发行在外普通股的总数是 100 000 股，你持股 10%，也就是 10 000 股。公司准备增发 20 000 股普通股，作为普通股股东，你可以认购新增股票的 10%，也就是 2 000 股。股票增发后，你的持股比例仍然保持在 10%（12 000/120 000）。当然，原有股东可以放弃优先认股权，让与他人行使。现在，优先认股权并不是任何普通股股东必有的一项权利，公司可以通过股东大会表决取消这一权利。

（五）所有权的永久性

与公司的债务不同，公司发行普通股获得的资本是公司的永久性资金，没有到期日，除非公司依法注销普通股。所以，普通股股东收回投资的主要方式，不是等到公司返还其投资，而是在股票交易市场上出售股票。不论股东如何变换，普通股以及它所代表的公司所有权依然存在。

二、优先股的类别与特征

优先股是一种混合证券，兼具股权和债权特征。优先股的股权特征主要表现在两个方面：① 优先股权益是剩余权益，落后于债权人权益；② 优先股的股利从税后利润中分派。其债权特征主要是：① 在一定条件下可以被赎回的优先股，类似于有到期日的债务；② 优先股是固定收益证券，其股利一般表述为股本的固定百分比或每股的固定股利额，类似于债务的固定利息。所以，在资产负债表中，优先股所代表的权益通常列在股东权益项下，但列于普通股权益之上。

在利润分配权和资产要求权上，优先股比普通股具有一定的优先权。相应的，优先股的表决权通常被取消。公司发行的优先股可能会一种以上，只是在利润分配权和资产要求权的具体规定上存在差异。在利润分配方面，优先股可能具有累积特征或参加分派特征。

（一）具有“累积特征”的优先股

除非被特别标注为非累积优先股，法律上一般认为优先股都具有累积特征。对于累积优先股，公司连续多年没有宣布分派的优先股利，将被持续累积到宣布分配股利的年度发放。但是，以前年度的拖欠股利不是公司的债务，公司没有义务支付这些股利，除非公司宣布分派股利、赎回优先股或进行清算。对于非累积优先股，某年没有宣布分派的优先股利，不会在以后年份因股利的分派而补发。

【例 8 - 1】某公司 2012 年末的股东权益构成如下。

优先股，每股面值 100 元，股利率 6%，发行在外 2 000 股	200 000
普通股，每股面值 1 元，发行在外 250 000 股	250 000
留存收益	1 000 000
股东权益总额	1 450 000

在 2010 年之前，公司的优先股利已经全部发放，但在 2010 年和 2011 年没有宣布

发放股利。在2012年，公司宣布发放50 000元股利。请你确定优先股股东和普通股股东分别获得的股利额。

首先，确定优先股的每年固定股利额。优先股的股利率是固定的6%，意味着每股固定的股利额是6元（100×6%）。本公司优先股的每年固定股利额是12 000元（200 000×6%，或6×2 000）。

其次，明确优先股是累积的还是非累积的。如果公司的优先股是非累积的，股利分配的方式是：以前年度拖欠的股利不予考虑，先发放2012年当年的12 000元股利；余下的38 000元分配给普通股股东。如果公司的优先股是累积的，拖欠股利共计24 000元（12 000×2），股利分配的方式是：先发放以前年度拖欠的24 000元优先股股利，再发放2012年当年的12 000元优先股股利，优先股股东共获得股利36 000元；余下的14 000元分配给普通股股东。

（二）具有“参加分派特征”的优先股

对于非参加分派的优先股，每年可以获取的股利只限于按照定额或定率计算的股利。如果例8-1中的优先股是非参加分派的，每年可以获取的股利额只限于12 000元。对于参加分派的优先股，在享有每年的固定股利之后，有权利再与普通股共同分享剩余的股利。依照参加分派的程度不同，有全部参加分派的，也有部分参加分派的。在盈利状况好、利润分配程度高的公司中，持有参加分派优先股的股东能获得更好的回报。

此外，公司可以发行附带不同选择权的优先股，比如可赎回的优先股、可转换的优先股等。

可赎回的优先股，是指发行公司按照规定的条件有权利从股东手中收回并注销的优先股。可赎回的优先股形式上属于权益性有价证券，实质上类似于有到期日的债券，影响公司的偿债能力。在资产负债表中，可赎回的优先股列报在负债项下；在收益表中，可赎回优先股的股利列报为利息费用。

可转换的优先股，是指优先股股东按照规定的条件有权利将其手中的优先股更换为本公司普通股的优先股。当达到转换条件且公司经营业绩良好，可转换优先股的股东通过股票转换，成为普通股的股东，会获得更多的收益而非固定的优先股利。当然，可转换优先股的股东有权利放弃股票的转换。

三、股票的发行

股票的发行是一项重要的融资活动，是公司取得长期资金的主要渠道之一。公司成立必须发行股票，筹集经营所需的资金，缴足注册资本①的最低限额；公司后续经营还可以发行股票，补充扩张、还债等所需的资金。

（一）有关股份的基本概念

为了便于说明实收资本的会计处理和报告，分析股东对公司净投资的变动情况，有必要了解有关股份的基本概念，包括额定股份、已发行股份、库存股份和发行在外股份。我们可以在公司的资产负债表及其附注中了解到它们的具体情况，它们的关系如图8－1所示。

额定股份，是公司创立时在公司章程中规定的、经政府有关机构核准可以发行的最大股份总量，也称为法定股份。额定股份可以一次全部发行完毕，也可以分期分批发行。所以，额定股份包含未发行股份和已发行股份。公司为筹集资金已经对外发售的股份，称为已发行股份。

在已发行股份中，公司从股东手中回购的本公司股份称为库存股份。公司可能将其注销，或者暂时持有，以达到不同目的而重新出售。尚未被公司回购的已发行股份，称为发行在外股份。由于发行在外股份为股东持有，股东权益代表着发行在外股份对应的权益。

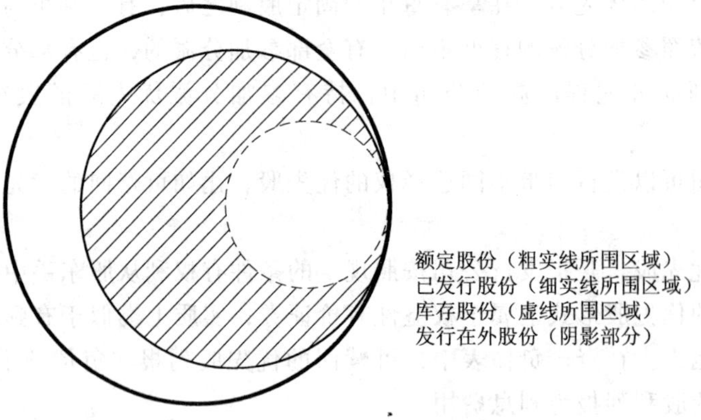

图8－1　相关股份概念之间的关系

（二）股票发行的会计处理

以发行股票的公司作为会计主体，股票的发行一定会引起股东权益中实收资本的增

---

① 注册资本，即法定资本，是公司的全体股东或发起人认缴的出资额或认购的股本总额，并在公司登记机关依法登记。

加。在会计处理上，应该贷记实收资本类账户。

实收资本类账户主要包括股本和资本公积账户。会计实务中，公司可以根据股票的具体类别、投资者种类等分别设立不同级次的账户，提供更为丰富详细的投入资本信息。本章主要使用普通股、优先股、资本公积等总分类账户，它们的正常余额方在贷方。前两者是股本账户。此外，资本公积账户下设股本溢价和其他资本公积两个明细账户。

公司发行的股票可以有面值，也可以无面值。股票面值是公司主观确定的每份股票价值，它通常代表每一股份的法定资本。对于无面值股票，可以在公司章程中注明其设定价值，也可以无设定价值。无面值股票的设定价值类似于有面值股票的面值。但是，无论是股票面值还是设定价值，均不等同于股票的发行价格。前者是公司主观的规定，后者则取决于公司的盈利水平、财务状况、股市的资金供求等多种客观因素。

许多国家的法律不允许股票的发行价格低于面值，即折价发行股票。所以，股票的面值，尤其是普通股的面值常常很低，股票的发行价格一般等于或高于面值。股票按面值发行，称为平价发行；超过面值发行，称为溢价发行。绝大部分的股票发行都是溢价发行。

在股票发行的会计处理中，等于面值或设定价值部分的实收资本增加额，贷记股本账户；超过面值或设定价值部分的实收资本增加额，贷记资本公积账户及其下设的股本溢价明细账户。对于无设定价值的无面值股票，实收资本增加额全部贷记股本账户。

【例 8－2】某公司在 2012 年 1 月 1 日发售普通股 200 000 股，并收到投资者交付的现金。以下假定四种独立的发行条件，分别为其作出相应的会计处理。

（1）股票每股面值 1 元，按面值发行。

借：现金　　200 000
　　贷：普通股　　200 000

（2）股票每股面值 1 元、发行价格 4 元，溢价发行。

借：现金　　400 000
　　贷：普通股　　100 000
　　　　资本公积——股本溢价　　300 000

（3）股票无面值，每股设定价值 1 元、发行价格 4 元。

借：现金　　400 000
　　贷：普通股　　100 000
　　　　资本公积——股本溢价　　300 000

（4）股票无面值，无设定价值，发行价格 4 元。

借：现金　　400 000

贷：普通股　　400 000

如果公司发行的是优先股，上述业务中记录在普通股账户中的金额应该记入优先股账户。

此外，在股票发行的过程中会发生向股票承销、会计服务和法律咨询等中介机构支付的服务费、股票的印刷费，以及推销股票的宣传费等，属于股票发行的直接成本。这些必要支出不仅降低了公司实际的筹资额，而且减少了股东权益的增加额。在会计上，这些支出发生时，应冲减资本公积中的股本溢价部分。

【例 8－3】 某公司 2012 年 1 月 1 日发行面值为 1 元的普通股 100 000 股，每股发行价格 6 元，投资者支付现金购买。股票的直接发行成本是 50 000 元，已用现金支付。会计分录如下。

（1）溢价发行股票：

借：现金　　600 000

　贷：普通股　　100 000

　　资本公积——股本溢价　　500 000

（2）支付直接发行成本：

借：资本公积——股本溢价　　50 000

　贷：现金　　50 000

上述两笔会计分录可以合并如下：

借：现金　　550 000

　贷：普通股　　100 000

　　资本公积——股本溢价　　450 000

你可能注意到，在前述举例中，公司发行股票换取的皆为现金。但是，投资者的投资方式是多种多样的，不仅限于现金形式。让我们采用会计等式，说明在股票发行过程中，不同投资方式的影响，如表 8－2 所示。

表 8－2　　股票发行中不同投资方式对会计等式的影响

投资方式	现金	+	非现金资产	=	负债	+	股东权益
（1）	增加						增加
（2）			增加				增加
（3）					减少		增加
（4）							增加并减少

第（1）种的投资方式，是股东以现金投资，使得发行公司的现金资产和股东权益

同增。第（2）种的投资方式，是股东向发行公司投入存货、固定资产、无形资产或持有的其他实体有价证券等非现金资产，使得发行公司的非现金资产和股东权益同增。第（3）种的投资方式，引起发行公司负债的减少和股东权益的增加，这正是负债章节中介绍的债转股业务。第（4）种的投资方式，只影响了股东权益内部项目的一增一减，发行公司从而改变了股东权益的内部结构，比如资本公积转增股本、分派股票股利（会计处理见第四节）等。

当公司发行股票换取的是非现金资产，发行公司可能会面临会计计量的问题，即按多少金额记录非现金资产和股东权益的增加。这时，会计处理的原则是：基于公平交易，按照所投入的非现金资产和所发行的股票中某一方更为合理的公允价值记录。比如，非上市公司发行股票，没有可供比照的股票交易价格，就可以使用非现金资产的合理评估价值计量；上市公司接受股东的非现金资产，这些资产没有活跃的或可类比的交易价格且价值评估不易，就可以使用上市公司新增发股票的市场价格计量。

【例 8－4】某公司是非上市公司，在 2012 年 5 月 1 日，向恒兴公司定向发行面值为 1 元的普通股 100 000 股，换取恒兴公司已经使用 2 年的一条专用生产线，这条生产线没有市场报价，但经过专家评估，价值为 900 000 元。

由于该公司的股票没有市场报价，可以采用生产线的评估价值记录资产和股东权益的增加。会计分录如下：

借：固定资产	900 000
贷：普通股	100 000
资本公积——股本溢价	800 000

【例 8－5】某公司经股东大会决议，以每 10 股普通股送 3 股的方式，用资本公积转增资本。转增资本前，公司发行在外的股票为 100 000 股，每股面值 1 元。这一业务使得公司发行在外的普通股新增 30 000 股（100 000 × 3/10），资本公积减少 30 000 元（30 000 × 1），股本增加 30 000 元。会计分录如下：

借：资本公积	30 000
贷：普通股	30 000

我国公司法规定，法定公积金（资本公积和盈余公积）转为资本时，所留存的该项公积金不得少于转增前公司注册资本的 25%。

第三节　股票的回购和重新发售

公司可以从股东手中购回自己已发行的股票，然后由公司直接注销掉或被暂时保存用于其他目的。回购后尚未注销的股票形成公司的库存股份。此外，股东向公司捐赠的本公司股票，也会形成库存股份。库存股份不是公司的资产，由于库存股份归发行公司而不是股东持有，不具有表决权，也不能参与公司利润的分配。

公司单独设立库存股总分类账户，进行库存股份的会计处理。库存股账户是股东权益类账户，正常余额方在借方，是实收资本类账户的抵减账户。库存股账户的借方余额在资产负债表上不能列为资产项目，应列为股东权益的减项。

该账户的结构如图 8－2 所示。

库存股	
回购股票的成本 +	注销或再出售库存股份的回购成本 －
期末库存股份的回购成本	

图 8－2　库存股账户的结构

一、股票回购的会计处理

公司回购股票的目的不尽相同。例如，因资本过剩而减资，用于职工持股计划，活跃本公司股票的交易，作为一项反收购策略，或者改善公司的资本结构等。公司回购股票相当于向股东返还已投入的资本，使得公司的库存股份增加，发行在外股份减少，导致股东权益的下降。应按股票的实际回购成本，借记库存股账户。

【例 8－6】 某公司 2012 年 4 月 1 日在股票市场上以每股 18 元购买本公司发行在外的普通股 60 000 股，共支付现金 1 080 000 元（60 000 × 18）。公司普通股的每股面值是 1 元。会计分录如下：

借：库存股　　　　1 080 000

　　贷：现金　　　　1 080 000

二、库存股份注销的会计处理

股份有限公司发还股款时，需要先回购股票，再进行注销。注销库存股份时，应按原回购成本贷记库存股账户，按面值借记股本账户。原回购成本超过面值的部分，依次冲减资本公积中的股本溢价和留存收益；原回购成本低于面值的部分，增加资本公积中的股本溢价。

【例 8－7】 接上例，该公司 2012 年 4 月 30 日依法注销掉 30 000 股库存股份。资本公积中股本溢价有结余 500 000 元，其他资本公积为零。会计分录如下：

借：普通股　　　　30 000

　　资本公积——股本溢价　　500 000
　　留存收益　　10 000
　　贷：库存股　　540 000

如果公司当初回购股票的价格是每股 0. 8 元，注销库存股份的会计分录如下：

借：普通股　　30 000
　　贷：库存股　　24 000
　　　　资本公积——股本溢价　　6 000

股票的回购和注销对库存股账户和资本公积账户的影响如图 8 - 3 所示。

库存股

4. 1	1 080 000	540 000	4. 30
	540 000		

资本公积——股本溢价

		500 000	
4. 30	500 000		
		0	

图 8 - 3　股票回购和注销的账户记录

三、库存股份出售的会计处理

库存股份可能被重新出售，回到股东手中。当库存股份再出售时，按原回购成本贷记库存股账户，按收到的现金借记现金账户。

由于该项业务发生在公司与股东之间，即便回购成本与收到的现金不相等，也不能作为出售的利得或损失计入当期的经营成果，其间的差额应直接调节股东权益的数额和构成。原回购成本超过收取现金的部分，依次冲减资本公积的股本溢价和留存收益；原回购成本低于收取现金的部分，增加资本公积中的股本溢价。

【例 8 - 8】 沿用【例 8 - 6】的资料，假定该公司回购股票不是为了注销。资本公积中股本溢价有结余 40 000 元，其他资本公积为零。2012 年 5 月 10 日出售库存股份 10 000 股，每股售价 21 元。2012 年 10 月 15 日又出售库存股份 15 000 股，每股售价为 12 元。

(1) 5 月 10 日，共收到现金 210 000 元 (10 000 × 21)。已出售库存股份的账面成本是 180 000 元 (10 000 × 18)。再出售价格高于回购成本的部分 30 000 元，应贷记"资本公积——股本溢价"账户。会计分录如下：

借：现金　　210 000
　　贷：库存股　　180 000
　　　　资本公积——股本溢价　　30 000

(2) 10月15日，共收到现金180 000元（15 000×12）。已出售库存股份的账面成本是270 000元（15 000×18）。再出售价格低于回购成本的部分90 000元，先由“资本公积——股本溢价”账户结余补偿，共计70 000元，即原结余40 000元与出售库存股份形成的30 000元之和；余下的20 000元差额由留存收益补偿。会计分录如下。

借：现金　　180 000

　　资本公积——股本溢价　　70 000

　　留存收益　　20 000

　　贷：库存股　　270 000

股票的回购和再出售对库存股账户和资本公积账户的影响如图8－4所示。

库存股

4.1	1 080 000	180 000	5.10
		270 000	10.15
	63 000		

资本公积——股本溢价

		40 000	
10.15	70 000	30 000	5.10
		0	

图8－4　股票回购和再出售的账户记录

第四节　股利和股份拆分

留存收益，构成股东权益的一部分，是公司在经营中累积的未分配利润或亏损。影响留存收益的主要业务是：公司的经营成果和分派的股利。本章设立留存收益账户，反映留存收益的增减变化和结余。

将企业的当期经营成果计入留存收益，需要通过会计年度末的结账程序（见会计循环相关章节）。在结账程序中，对于赚得的净收益，借记收益汇总账户，贷记留存收益账户；对于发生的净损失，借记留存收益账户，贷记收益汇总账户。下面介绍有关股利的分派业务。

一、现金股利和股票股利

股东享有对公司利润的分配权，股利是公司分配利润的形式。在董事会宣布派发股利之前，公司不承担向股东分发股利的义务。股利的形式有多种，常见的是现金股利和股票股利。

【例8－9】2011年7月6日北京同仁堂股份有限公司董事会发布2010年度分红派息及资本公积金转增股本实施公告。摘录公告中有关股利的重要内容提示如下：

(1) 每股送红股 0.5 股，同时派发现金红利 0.35 元（含税）（即每 10 股送红股 5 股，同时派发含税现金红利 3.50 元）。

(2) 股权登记日：2011 年 7 月 11 日。

(3) 除权除息日：2011 年 7 月 12 日。

(4) 新增可流通股份上市流通日：2011 年 7 月 13 日。

(5) 现金红利发放日：2011 年 7 月 18 日。

阅读上述利润分配方案，你可以发现该公司 2010 年向股东分派的股利包含现金股利和股票股利。

(一) 与股利相关的日期

与股利相关的重要日期有四个，分别是股利宣告日、股权登记日、除权除息日和股利支付日。了解这些日期的作用，不仅有利于投资者明确是否有权取得股利，而且有利于公司在恰当的期间记录股利业务。

股利宣告日是董事会正式向公众发布股利公告、表明利润分配方案得到批准通过的日期。如上例中 2011 年 7 月 6 日，同仁堂股份有限公司发布了利润分配方案。股利公告中应说明股利分派的金额、形式、日期等内容。在宣告日，公司已承担向股东分派股利的责任，会计要素发生变化，公司需要对股利业务进行会计记录。

股权登记日的作用在于表明在该日登记在册的股东有权获得股利。如你在 2011 年 7 月 11 日持有同仁堂公司的股票且未在当日出售，同仁堂就会向你送出红利和红股。股权登记日只是用来判定谁拥有权利获得股利，不影响会计要素，公司不需记账。

除权除息日的股价不再含权含息，在这一日以及其后获得股票的股东失去获得本次股利的权利，如上例中 2011 年 7 月 12 日。在我国，除权除息日在股权登记日的次日。各国规定并不相同，比如美国公司的除权除息日可能先于股权登记日，除权除息日同样不影响会计要素，公司不需记账。

股利支付日是向股权登记日在册的股东发放现金股利的日期，如上例中 2011 年 7 月 18 日。在股利支付日，会计要素发生变化，公司应进行会计处理。

(二) 现金股利

只有在可分配利润和现金充裕、经股东大会批准时，才能向股东发放现金股利。现金股利业务需要在宣告日和支付日进行会计处理。在宣告日，公司留存收益减少，负债增加，负债就是公司向股东支付现金股利的义务；在支付日，负债和现金同时减少。

【例 8－10】 某公司于 2011 年 12 月 18 日宣布分派现金股利 400 000 元，2012 年 1 月 20 日向股东支付。会计分录如下：

（1）2011 年 12 月 18 日宣告分派现金股利：

借：留存收益　　400 000

　　贷：应付股利　　400 000

（2）2012 年 1 月 20 日支付现金股利：

借：应付股利　　400 000

　　贷：现金　　400 000

（三）股票股利

为了在投资者面前维持良好的公司形象，在没有充足现金的情况下，公司可能派发股票股利。公司也可能通过发放股票股利，增加发行在外股数，拉低股票价格，活跃本公司股票的交易。尽管股东未从股票股利中直接获得现金，他们可以通过出售收到的红股，间接地获取现金。股东也可以等待时机，以后出售红股，同时获得节约个人所得税的好处。

股票股利的分派不引起资产和负债的变动。利润分配导致留存收益的减少，股票增发导致实收资本的增加。股票股利只引起股东权益内部结构的改变，却不改变股东权益总额。在宣告日，由于股票未正式发放给股东，股本额一般暂记入可分配普通股股利账户的贷方。在股票正式发行时，将股本额由可分配普通股股利账户转记到普通股账户。可分配普通股股利账户不是负债类账户，应列在资产负债表中的股东权益部分。

股票增发的比例会影响股票股利额的计算。如果股票增发比例少于 20%，被视作少量分派的股票股利。由于增发的股数不多，不会使股价明显地下降，一般按照宣告日的股价计算股利额。如果分派比例不低于 20%，被视作大量分派的股票股利。由于大量分派会导致发行在外股数的激增，引起股价的大幅下降，一般按股票面值计算股利额。

【例 8－11】某公司拥有发行在外为股东持有的普通股 100 000 股，每股面值为 10 元。2011 年 12 月 18 日宣布分派 10% 的股票股利，当日每股市价为 55 元。2012 年 1 月 30 日向股东增发股票。本次股票股利向股东增发的股票为 10 000 股（100 000 × 10%）。10% 的股票股利属于少量分派，股利分派额按股票市价计算，共计 550 000 元（55 × 10 000）。

（1）2011 年 12 月 18 日宣布分派股票股利：

借：留存收益　　550 000

　　贷：可分配普通股股利　　100 000

　　　　资本公积——股本溢价　　450 000

（2）2012 年 1 月 30 日向股东增发股票：

借：可分配普通股股利　　100 000

贷：普通股 100 000

【例 8-11】如果上例中公司股票股利的分派率是 30%，就属于大量分派的股票股利。向股东增发的股票为 30 000 股（100 000 × 30%）。股利分派额按股票面值计算，共计 300 000 元（10 × 30 000）。

（1）2011 年 12 月 18 日宣布股票股利：

借：留存收益 300 000

贷：可分配普通股股利 300 000

（2）2012 年 1 月 30 日向股东增发股票：

借：可分配普通股股利 300 000

贷：普通股 300 000

二、股份拆分

股份拆分，是指对本公司的股票进行分割。股份拆分可以增加发行在外的股数，降低每股市价，活跃本公司股票的交易。例如，1 对 2 股份拆分就是将公司原有的 1 股变成 2 股。同时，股份拆分由于将 1 份股票分割为多份股票，股票的面值会成比例地减少。例如，1 对 2 股份拆分，拆分前每股面值为 10 元，拆分后每股面值为 5 元。

股份拆分业务不影响会计要素，不需要进行会计处理，只要及时作出备忘记录，载明公司股数和每股面值等方面的变动。现金股利、股票股利和股份拆分的影响如表 8-3 所示。

表 8-3 现金股利、股票股利和股份拆分的影响对比

	股东权益总额	实收资本	留存收益	资产	股数	面值
现金股利	减少	不变	减少	减少	不变	不变
股票股利	不变	增加	减少	不变	增加	不变
股份拆分	不变	不变	不变	不变	增加	减少

第五节 经营成果、综合收益和股东权益的报告

企业的经营成果是综合收益的重要组成部分。企业的综合收益又是引起股东权益变化的因素之一。在分析判断公司的盈利能力和财务状况之前，利益相关者应充分了解经

营成果、综合收益和股东权益的报告形式和内容。

一、经营成果的报告

会计实务中，公司的经营成果报告在收益表中，收益表皆采用多步骤的报告方式。从多步骤的收益表中，信息使用者能够了解不同层次的利润指标，如销售毛利、营业收益、持续经营收益和净收益等，用于评价公司的经营业绩和主要获利渠道，预测公司未来的盈利能力。某公司 2012 年度的多步骤收益表如表 8－4 所示。

表 8－4　　收益表

某公司 2012 年度收益表　　单位：元

销售收入	1 000 000
销售成本	480 000
销售毛利	520 000
营业费用	362 000
营业收益	158 000
其他利得和损失：	
投资损失	（16 000）
出售设备利得	38 000
持续经营税前收益	180 000
所得税费用	72 000
持续经营收益	108 000
终止经营损失（损失额 24 000，抵税额 9 600）	（14 400）
非常项目前的收益	93 600
非常项目损失（火灾损失 40 000，抵税额 16 000）	（24 000）
净收益	69 600
普通股每股收益：	
持续经营收益	5.40
终止经营损失	（0.72）
非常项目前的收益	4.68
非常项目损失	（1.20）
净收益	3.48

(一) 持续经营收益

持续经营收益反映公司在未来期间继续经营的分部在当期的经营成果，是扣除所得税影响后的利润。持续经营收益的变化趋势是信息使用者评价公司未来盈利能力的重要依据。

企业的经济活动有营业活动、投资活动以及融资活动三类，其中营业活动是企业日常发生的经济活动。所以，收益表按照经济活动类型列报相应的持续经营损益。营业活动的成果反映在营业利润中。投资活动和融资活动的成果反映在其他利得和损失中，如固定资产出售损益、利息或股利收入、出售投资损益、重组支出、利息费用、债券赎回损益、捐赠支出等。

(二) 终止经营

终止经营是指公司决定停止经营并将其出售或处置的分部。由于终止经营的分部不会为公司带来未来的收益，信息使用者在预测公司盈利能力时，应该将终止经营产生的损益排除在外。

在收益表中，终止经营的损益应与持续经营活动的损益分开且按税后净额列示。终止经营的损益分析可以披露在报表附注中。终止经营的损益通常包括两部分：

(1) 终止经营分部在处置前的经营损益；

(2) 终止经营分部的处置损益。

(三) 非常项目

非常项目是指非正常的偶发性事项，如地震、火灾等自然灾害、政府对公司资产的征用或没收等事项。非常项目与正常的经营业务无关，再发生的可能性不可预测，一般很少重复发生，不是管理层能够控制的事项。收益表中，非常项目的损益以税后净额列于终止经营项目之后。

值得注意的是，固定资产的处置、诉讼的判决等经济事项虽然不属于公司的日常经营业务，却是公司运转的正常活动，它们不是非常项目，这些经济事项产生的损益应该列在持续经营收益中其他利得或损失项下。

(四) 普通股每股收益

普通股每股收益，是衡量公司盈利能力的重要财务指标。会计准则要求，在收益表中列报普通股每股收益。如表 8 - 4 所示，普通股每股收益列报在净收益之下，还包括持续经营的每股收益、终止经营的每股收益、非常项目的每股收益等。普通股每股收益的具体计算信息可以放在报表附注中披露。

为了计算每股收益，要区分简单资本结构和复杂资本结构。没有发行稀释证券的公司具有简单的资本结构。稀释证券是指可能使公司发行在外的普通股股数增加，从而降低普通股每股收益的有价证券，如可转换的优先股、可转换的公司债券和认股权证等。发行稀释证券的公司具有复杂的资本结构。

1. 基本的普通股每股收益

无论公司的资本结构如何，都应计算基本的普通股每股收益。计算公式如下：

$$\text{基本的普通股每股收益}=\frac{\text{属于普通股股东的当期净收益}}{\text{加权平均发行在外普通股股数}}$$

【例 8－13】 某公司 2012 年 1 月 1 日发行在外的普通股股数为 240 000 股，6 月 1 日回购股份 40 000 股，9 月 1 日又出售库存股份 10 000 股。当年的净收益为 230 000 元。此外，公司还有发行在外的利率为 10%、面值为 10 元的优先股 10 000 股。

（1）计算分母，即当年加权平均发行在外普通股股数。计算方式有两种。方式一，按发行在外股数变动日至期末的月份数对变动的股数加权平均。方式二，按发行在外股数总量不变期间的月份数对相应的股数总量加权平均。

方式一：$240\ 000\times12/12-40\ 000\times7/12+10\ 000\times4/12=220\ 000$；

方式二：$240\ 000\times5/12+200\ 000\times3/12+210\ 000\times4/12=220\ 000$。

（2）计算分子，即属于普通股股东的当期净收益。当公司发行有优先股，分子的计算如下：

属于普通股股东的当期净收益＝净收益－优先股应享的股利

该公司优先股股利为 10 000 元（100 000×10%）。属于普通股股东的当期净收益为 220 000 元（230 000－10 000）。

（3）基本的普通股每股收益＝220 000÷220 000＝1（元）。

2. 完全冲淡的普通股每股收益

当公司具有复杂的资本结构，需要在收益表中对每股收益作双重表述，分别计算基本的每股收益和完全冲淡的每股收益。完全冲淡的每股收益计算所依据的假设是：公司期末拥有的稀释证券在其发行日已经全部转换为普通股或全部履行认购为普通股。这项指标向现在的普通股股东发出警示，投资回报面临下降的风险，即一旦稀释证券变为普通股，他们手中的每股普通股享有的收益就会减低。

【例 8－14】 沿用上例资料，但是优先股是在 5 年前发行的可转换优先股，转换比率是每股可转换为 2 股普通股。计算 2012 年完全冲淡的普通股每股收益。

计算之前，先假设可转换优先股在 5 年前发行时就转换为普通股，那么，2012 年 1

月 1 日的优先股 10 000 股相当于 20 000 股普通股。2012 年加权平均发行在外普通股股数是 240 000 股（220 000 + 20 000）。优先股假定转换后，原优先股股利 10 000 元归属于普通股的净收益，2012 年属于普通股股东的净收益为 230 000 元（220 000 + 10 000）。

完全冲淡的普通股每股收益 = 230 000 ÷ 240 000 = 0.96（元）

二、综合收益的报告

综合收益是指公司在一定期间内除了所有者投资和所有者分派之外的所有者权益变动。综合收益分为净收益和其他综合收益两部分。净收益列报在收益表中。其他综合收益项目包括可供出售金融资产的未实现利得或损失、外币报表折算差额等项目，不列报在收益表中。综合收益的报告存在常见的三种方式：

第一种是使用两个报表的方式。一张是收益表，报告净收益；另一张是综合收益表，如表 8 – 5 所示，报告净收益和其他综合收益，其中净收益来自收益表，单项列示，其他综合收益分项按税后净额列示，最后计算综合收益总额。

第二种是使用一个报表的方式，这种方式下将第一种方式中的两张报表合并。例如，将表 8 – 4 和表 8 – 5 合并。我国公司的综合收益报告常采用这种方式。

第三种是作为股东权益变动表的一部分列示。如表 8 – 6 中有关净收益和其他综合收益（横向的阴影部分）的列示。

表 8 – 5　　　　综合收益表

某公司 2012 年度综合收益表　　　　单位：元

净收益	69 600
其他综合收益项目：	
可供出售金融资产未实现利得	8 000
外币报表折算损失	(5 800)
其他综合收益小计	2 200
综合收益	71 800

三、股东权益的报告

股东权益的报告涉及两个财务报表。一是股东权益变动表，是股东权益的动态报告；一是资产负债表，在股东权益项目之下的内容是股东权益的静态报告。

（一）股东权益变动表

股东权益变动表是反映某一期间股东权益各个组成部分及其总体变动情况的报表。股东权益变动表通常采用矩阵形式，如表8－6所示。矩阵中的最上一行排列出股东权益的组成项目，包括股本、资本公积、留存收益、库存股、累计其他综合收益等。矩阵中的最左一列列出引起各组成项目变动的事项，包括净收益、其他综合收益、股利、股票的增发、回购、注销和再出售等。

表8－6 **股权权益变动表**

某公司2012年度股东权益变动表 单位：千元

	优先股	普通股	资本公积	留存收益	累计其他综合收益	减：库存股	合计
余额（2012年1月1日）	3 000	4 000	12 000	9 000	100	(100)	28 000
净收益				660			660
其他综合收益							
可供出售金融资产损失					(10)		(10)
外币报表折算利得					8		8
其他综合收益小计					(2)		(2)
普通股股利				(220)			(220)
普通股增发		100	350				450
回购普通股						(50)	(50)
余额（2012年12月31日）	3 000	4 100	12 350	9 440	98	(150)	28 838

（二）留存收益表

留存收益表是反映公司一定期间留存收益变动情况的报表，如表8－7所示。在会计实务中，公司不单独编制留存收益表，而是将其作为股东权益变动表的一部分，如表8－6中以留存收益为列标题的部分。

留存收益表列报的内容包括留存收益的期初余额、期末余额以及引起留存收益变动的会计事项。这些会计事项包括企业当期的净利润或净损失、宣布发放的股利、因库存股份注销和再出售对留存收益的冲减、会计政策变更的累积影响，以及前期错误的更正等。留存收益表将收益表和资产负债表相连接。其中，留存收益表中的净收益或净损失来自收益表的最终结果，留存收益表中的期末留存收益又归入资产负债表。

表 8－7　留存收益表

2012 年度

单位：元

项　　目	金　额
期初留存收益（2012 年 1 月 1 日）	650 000
加：会计政策变更的累积影响	7 500
前期错误的更正	4 200
调整后余额	661 700
加：净收益	106 000
减：现金股利	（40 000）
出售库存股份	（10 000）
注销库存股份	（20 500）
期末留存收益（2012 年 12 月 31 日）	697 200

1. 会计政策变更的累积影响

为了保证同一企业不同期间会计信息的可比性，要求企业遵循一致性原则，对于前后会计期间内的具有相同性质的经济业务，采用相同的会计政策。但是，一致性原则不意味着会计政策一经采用就永远不变。当会计准则有新的要求，必须进行会计政策变更；或者变更后的会计政策能提供更加有用的会计信息，企业可以自愿进行会计政策变更。

为了保证各年度财务报表数据的可比性，对于会计政策的变更，要求采用追溯法进行会计处理。追溯法下，假定在变更以前各年度，企业就一直采用变更后的会计政策，需要按变更后的会计政策调整以前各年度财务报表中的数据。

变更以前各年度分别采用新旧会计政策分别形成的损益存在着差异，将各年的损益差异累计，得到的累计金额称为会计政策变更的累积影响，用来调节变更期初的留存收益，使得变更期初的留存收益反映按变更后会计政策进行追溯的调整结果。会计政策变更的累积影响应按税后净额列报，列在变更期初的留存收益之下。

在会计政策变更的当期，企业需要在报表附注中披露重大会计政策变更的性质和原因、变更的财务影响以及无法采用追溯法的原因。

【例 8－15】某公司在 2009 年成立，采用先进先出法对存货进行计价。该公司为了更好地反映存货的流转，从 2012 年起将存货计价方法变更为加权平均法。该公司的所得税税率各年均为 25%。变更前 3 年采用先进先出法下的各年销售成本分别为 260 000 元、290 000 元和 330 000 元。

存货计价方法的变更属于会计政策变更，该公司应在 2012 年财务报告中采用追溯法反映这一事项。首先，假定2009年成立之初就采用加权平均法，计算变更前3年各年的销售成本，分别为250 000元、300 000元和320 000元。然后，对比变更前3年不同计价方法下的损益差额并进行累加。可以看出，加权平均法下（变更后）各年度销售成本的累计数比先进先出法下（变更前）的结果少10 000元，税前利润累计数多10 000元，税后利润累计数多7 500元［10 000×（1－25%）］。税后净额7 500元就是存货计价方法变更的累积影响，用于调增2012年期初的留存收益，如表8－7所示。

2. 前期错误的更正

对于任何企业来说，会计差错不可避免。企业发现重大的会计差错后，应该及时纠正，调整有差错的账户余额。如果是以前期间的会计差错，采用追溯法，根据差错涉及的项目性质调整不同的账户结余。对于出现差错的资产、负债或股东权益项目，应直接冲销或补记相应的账户；对于出现差错的前期收入或费用项目，因前期收入和费用已随结账程序记入留存收益，应调整留存收益账户，并按税后净额列报在留存收益表中，列在错误更正前的期初留存收益之下。

在更正前期差错的当期，企业需要在财务报表附注中披露重大差错的性质和原因、差错更正的财务影响以及无法采用追溯调整的原因。

【例8－16】 某公司2010年1月1日购置的一台设备误记为管理费用，设备的购置成本为10 000元，估计使用年限为5年，无残值，采用直线折旧法。该公司的所得税税率为30%。2012年末清查资产时发现此项错误。该公司如何对2012年度留存收益中原有的期初留存收益作调整？

分析2010年购置设备时的差错。设备少记10 000元，管理费用多记10 000元。

分析2010年和2011年漏记设备折旧的差错。设备每年折旧额为2 000元（10 000/5）。连续2年，累计折旧少记4 000元，折旧费用少记4 000元。

由此，连续2年费用高估6 000元（10 000－4 000），导致连续2年税前利润高估6 000元。考虑所得税的影响，连续2年税后利润高估4 200元［6 000×(1－30%)］。那么，该公司应对2012年年初留存收益调增4 200元，如表8－7所示。

3. 留存收益的分拨

留存收益的分拨，就是划分出一部分留存收益，不能用于分派股利。未分拨的部分是可分配的利润。分拨留存收益的原因主要是：(1) 公司债务契约中的限制性条款要求限制股利的分派；(2) 法律要求股东权益总额不得低于公司的实收资本，公司必须按照库存股份的取得成本分拨留存收益①；(3) 公司为了扩大发展等预定目的而限制股

① 当留存收益全部被派发为股利，留存收益为零，股东权益总额等于实收资本额扣除库存股份成本之后的差额，低于实收资本额，不符合法定最低限。按照库存股份分拨留存收益，留存收益额至少等于库存股份成本，两者相互抵消，可以保证股东权益总额至少不低于实收资本额。

利的分配。

对于留存收益的分拨，可以进行会计处理或者在财务报表的附注中说明。留存收益的分拨并不改变留存收益的总额，仅是留存收益内部结构的变化。值得注意的是，留存收益的分拨单单限制股利分派的程度，不意味着公司留存对等的现金额，分拨的留存收益作为公司的一部分资金来源，对应于资产方面，既可表现为现金形式，也可表现为非现金资产。

（三）资产负债表中的股东权益

股东权益由实收资本和留存收益两部分构成。资产负债表中，留存收益列于实收资本之下。

实收资本包括股本和资本公积。股本一般分为优先股股本和普通股股本。资本公积包含股本溢价和其他内容。实收资本列报中，优先股及其股本溢价部分可以先于普通股及其股本溢价部分列示，也可以先列示优先股和普通股的股本，再列示各类股票的资本公积合计数。值得注意的是，普通股股本应按照已发行股份的金额列报，包含库存股份和发行在外股份。

如果公司存在库存股份，按照回购成本作为减项，列报在实收资本之下，或者列报在实收资本和留存收益的合计数之下。所以，资产负债表中的股东权益，代表着持有公司发行在外股票的股东所拥有的权益。

此外，与发行在外各类股票相关的特征，如取得股利和剩余资产的优先权、利润的参加分派权、可转换特征以及可赎回特征等，应在资产负债表或财务报表附注中披露。表 8－8 是某公司 2012 年 12 月 31 日资产负债表的股东权益部分。

表 8－8　　资产负债表中的股东权益部分　　单位：元

股东权益	金额
实收资本	
优先股，每股面值 10 元，股利 8%，额定并已发行 30 000 股	300 000
普通股，每股面值 1 元，额定 200 000 股，已发行 160 000 股	160 000
资本公积	2 000 000
实收资本合计	2 460 000
留存收益	1 600 000
实收资本和留存收益合计	4 060 000
减：库存股份（普通股 10 000 股，按成本计价）	60 000
股东权益合计	4 000 000

本章提示：

1. 我国会计科目表中所有者权益类账户的设置如下：

(1) 为反映所有者的投入资本，也就是本章所指的实收资本，分别设立实收资本和资本公积两个总分类账户。其中，实收资本账户记录企业的注册资本，当企业是股份有限公司时，称为股本账户。

(2) 为反映留存收益的变动和结余，分别设立盈余公积和利润分配两个总分类账户。这两个账户的期末余额之和是公司的期末留存收益额。

(3) 为反映库存股份业务，设置库存股账户。

(4) 为汇总计算当期收益，设置本年利润账户。

2. 1988 年和 1989 年，深圳发展银行曾两次发行港币优先股，后来被赎回。但是，我国公司法对优先股制度尚未作出明确规定，优先股的发展较慢。目前我国上市公司的股份一般只有普通股，尚无优先股交易。

3. 在我国，留存收益被划分成盈余公积和未分配利润两个项目。其中，盈余公积就属于对留存收益的分拨部分。每年企业按净利润的一定比例提取法定公积金和任意公积金，计入盈余公积，主要用于弥补亏损、转增资本和扩大企业生产经营。

4. 我国公司对股票股利的会计记录一般在股权登记和增资手续办理完毕日，直接将分配的股利从留存收益转入股本账户。

5. 表 8 - 4 收益表的格式是以美国公司为例，我国利润表的格式和内容可以参见我国上市公司最新的财务报告。

6. 2009 年 6 月 11 日我国财政部发布《企业会计准则解释第 3 号》，要求企业在利润表“每股收益”项下增列“其他综合收益”项目和“综合收益总额”项目，在附注中详细披露其他综合收益各项目及其所得税影响，以及原计入其他综合收益、当期转入损益的金额等信息。

7. 我国《企业会计准则第 30 号——财务报表列报》规定，资产负债表中的所有者权益类至少应当单独列示反映下列信息的项目：实收资本（或股本）、资本公积、盈余公积以及未分配利润。

思考题

1. 企业的主要组织形式有哪些，各自具有哪些特征？分析公司组织的利弊。

2. 普通股的基本特征有哪些？说明优先股的性质，以及优先特征通常反映在哪些方面。

3. 说明额定股份、已发行股份、发行在外股份和库存股份之间的关系。

4. 分析股票发行对会计等式的影响。进行股票发行的会计处理应考虑哪些因素？

5. 解释库存股份的性质。库存股份的注销和再出售是否会产生计入收益表的利得或损失？

6. 与股利相关的日期有哪些？股利业务的会计处理一般在何时进行？

7. 比较现金股利、股票股利和股份拆分的影响。

8. 说明多步骤收益表的各个组成部分及其作用。

9. 什么是稀释证券？简单和复杂资本结构下如何计算普通股每股收益？

10. 说明综合收益的涵义和构成。列举几种综合收益的报告方式。

11. 哪些财务报表报告与股东权益有关的信息？列举一些影响留存收益的事项。

第九章

企业对外投资

本章学习目标

1. 投资的性质、目的和分类；
2. 交易性金融资产的初始确认、期末调整及其出售的会计处理；
3. 可供出售金融资产的初始确认、期末调整、处置与减值的会计处理；
4. 持有至到期投资的取得、溢折价摊销及债券提前收兑的会计处理；
5. 长期股权投资的成本法和权益法；
6. 不同类型投资披露要求的差异。

投资通常有广义投资和狭义投资之分。广义而言，投资是指对外投资和对内投资两大类。对外投资是指将资金投入其他单位，具体又包括直接投资和间接投资。直接投资就是将资金直接投入其他单位，从而取得该单位的股权或债权。间接投资是指通过购买其他单位发行的股票、债券等有价证券而形成的投资。对内投资是指将资金投入企业内部的生产经营活动，如应收账款投资、存货投资、固定资产投资、无形资产投资等。狭义而言，投资是指企业对外的权益性投资和债权性投资。本章所指的投资就是狭义的投资概念，即对外投资。

第一节　交易性和可出售投资

从一般意义上讲，企业的资金主要用于满足企业的生产经营需要，但企业因某种动机和目的，比如为获得被投资企业的控制权，或者能够对被投资企业重大经营和财务决策施加影响，或者为了让企业闲置资金获得比银行存款利率更高的投资回报等，企业就会在满足生产经营需要的同时，将一部分资金对外投资。投资的目的决定了投资的期限，投资的目的和期限共同决定着投资业务的会计处理。

一、对外投资的分类

对外投资从不同的角度可以有不同的分类方法。

（一）按照投资对象的性质分类

按照投资对象的性质分类，可以将投资分为权益性投资、债权性投资和混合性投资。

权益性投资是指为获得另一企业的净资产而进行的投资，也即股权性投资。这种投资通常是通过购买被投资企业的普通股，或通过签订合同、协议向被投资企业直接入资来实现。

债权性投资是指为获取债权而进行的投资。企业购买其他公司的债券、国库券，或向其他企业提供贷款等，均属于债权性投资。

混合性投资是指既有权益投资性质，又有债权投资性质的投资。如企业所购买的其他企业的可转换公司债券，即属于混合性投资。

（二）按照投资的目的和持有期限分类

按照投资的目的和持有期限分类，可以将投资分为短期投资和长期投资。

短期投资是指能够随时变现并且持有时间不准备超过一年的投资。短期投资按照投资性质可以分为短期股票投资、短期债券投资、短期基金投资和短期其他投资等。作为短期投资，应当符合以下两个条件：

（1）能够在公开市场交易并且有明确市价。

（2）持有投资作为剩余资金的存放形式，并保持其流动性和获利性。

长期投资是指除短期投资以外的投资，包括持有时间准备超过一年的各种股权性质的投资、不能变现或不准备随时变现的债券、其他债权投资和其他长期投资。

（三）按照我国《企业会计准则第22号——金融工具确认和计量》及我国《企业会计准则第2号——长期股权投资》的相关规定分类

1. 交易性金融资产投资

交易性金融资产投资是指企业为了近期内出售而持有的股票、债券、基金等投资品种，它在资产负债表上列入流动资产。

2. 可供出售金融资产投资

凡是既未列入“交易性金融资产”，也未列入“持有至到期投资”的债券投资，以及既不属于“交易性金融资产”，又不能归于“长期股权投资”的权益性证券投资，则归为企业可供出售金融资产。可供出售金融资产在资产负债表中分别列入流动资产（将在一年内出售的投资）和非流动资产（将在一年以后出售的投资）。

3. 持有至到期投资

持有至到期投资是指企业购买的国债、公司债等不准备近期出售债券投资，而是将其持有至到期日才予以兑现。它在资产负债表上被归入非流动资产，但当它距离到期日不足一年时，须将其列入流动资产。

4. 长期股权投资

长期股权投资是指企业持有期超过一年的股权投资。包括对子公司的股权投资、联营企业的股权投资、合资企业的股权投资等。它在资产负债表上列入非流动资产。

根据企业投资目的和市场变化，投资于债券有可能成为交易性金融资产、可供出售金融资产或持有至到期投资；投资于权益性证券则有可能成为交易性金融资产、可供出售金融资产或长期股权投资。

关于投资的初始确认和计量，不同类型的投资是相同的，即初始确认时都是以成本入账。但后续计量则因投资的类型而有所不同：交易性金融资产在资产负债表日以公允价值计量，同时未实现持有得利和损失（即公允价值变动损益）在利润表上加以确认，作为净收益的组成部分；可供出售金融资产在资产负债表日也以公允价值披露，但是其未实现持有得利和损失则作为股东权益的一部分，而不影响本期收益；持有至到期投资在资产负债表上以摊余成本计量；长期股权投资在资产负债表上则按成本法或权益法进行会计计量并按其结果披露。

表 9－1　　不同类型投资的会计计量及会计处理和披露

投资类型	权益类型	初始计量	后续计量	公允价值变动会计处理
交易性金融资产	债权和股权	成本	公允价值	确认为当期收益
持有至到期投资	债权	成本	摊余成本	不确认
可供出售金融资产	债权和股权	成本	公允价值	确认为股东权益，计入资本公积
长期股权投资	股权	成本	成本法或权益法	不确认

二、交易性金融资产投资的会计处理

（一）交易性金融资产的确认与初始计量

企业初始确认交易性金融资产时，应当按照交易的公允价值计量，即投资购买成本入账，而相关的交易费用直接计入当期损益。交易费用是指可直接归属于购买、发行或处置金融工具新增的外部费用，通常包括支付给代理机构、咨询公司、券商等的手续费和佣金及其他必要支出，不包括债券溢价、折价、内部管理成本及其他与交易不直接相关的费用。

在会计上设置“交易性金融资产”总账进行会计处理，按类别和品种，分别“成本”、“公允价值变动”等进行明细记录。如果购入带息股票和带息债券，则还应设“应收股利”和“应收利息”账户，交易费用可设置“财务费用”账户予以记录。

1. 购入不含股利或利息的有价证券

【例9－1】 A公司2011年4月1日购入B公司当日发行的3年期公司债券3 000张，每张面值100元，票面利率为6%，买价为105元，总成本315 000元。另支付经纪人佣金2 000元，款项以银行存款支付，每年的4月1日和10月1日付息，该项资产作为交易性金融资产投资。A公司的会计分录如下：

借：交易性金融资产——B公司债券	315 000
财务费用	2 000
贷：银行存款	31 700

2. 购入含有股利的股票

【例9－2】 A公司2011年10月15日委托某证券公司购入M公司的股票20万股，每股买价27元，其中包括已宣告但未发放的现金股利2元，即购买支付总价中包括应收股利400 000元。另外支付手续费27 000元，全部款项从A公司银行存款户中支付。

借：交易性金融资产——M公司股票	5 000 000
应收股利	400 000
财务费用	27 000
贷：银行存款	5 427 000

3. 购入含有利息的债券

【例9－3】 A公司2011年11月1日以1 080 000元购入N公司于同年8月1日发行的票面利率6%、面值1 000 000元、期限5年的公司债券，利息支付日为每年的8月1日。另支付经纪人佣金5 000元，款项已由银行存款支付。假设A公司的意图是短期持有，见机出售。

11月1日购买债券，距最后一次付息日3个月，购买价格中包含3个月的应收利息15 000元。因此A公司的会计分录如下：

借：交易性金融资产——N公司债券	1 065 000
应收利息	15 000
财务费用	5 000
贷：银行存款	1 085 000

（二）交易性金融资产投资收益的处理

按照会计准则的规定，企业在持有以公允价值计量且其变动计入当期损益的交易性金融资产期间取得的利息或现金股利，应当确认投资收益。

【例 9－4】假设【例 9－1】中 A 公司于 10 月 1 日收到现金利息时，其会计分录如下：

借：银行存款　　18 000

　贷：投资收益　　18 000

（三）交易性金融资产的期末调整

根据表 9－1 可知，交易性金融资产的后续计量采用公允价值，故每会计期末就需要按公允价值变化进行账面调整。

【例 9－5】假设【例 9－2】中的股票价格于当年 12 月 31 日即资产负债表日下降到每股 20 元，则会计处理如下：

借：公允价值变动损益——交易性金融资产　　1 000 000

　贷：交易性金融资产——公允价值变动　　1 000 000

12 月 31 日 A 公司的交易性金融资产在资产负债表上的披露方式为：

交易性金融资产——成本	5 000 000	
减：交易性金融资产——公允价值变动		1 000 000

（四）交易性金融资产的出售

处置交易性金融资产时，其公允价值与初始入账金额之间的差额应确认为投资收益，同时调整公允价值变动损益。

【例 9－6】假设【例 9－2】中 A 公司于 2012 年 1 月 8 日将其交易性金融资产全部售出，每股 22 元，结合【例 9－5】，则 A 公司的会计处理如下：

借：银行存款　　4 400 000

　交易性金融资产——公允价值变动　　1 000 000

　贷：交易性金融资产——M 公司股票　　5 000 000

　　投资收益　　400 000

同时，借：投资收益　　1 000 000

　　贷：公允价值变动损益——交易性金融资产　　1 000 000

三、可供出售金融资产投资

（一）可供出售金融资产的确认与初始计量

可供出售金融资产是指除划分为交易性金融资产、持有至到期投资、贷款和应收款项以外的金融资产。比如，企业购入的在活跃市场上有报价的股票、债券、基金等。

可供出售金融资产得取的成本包括取得该金融资产的交易价格，即交易当时的公允价值和相关交易费用之和，该成本即为初始确认金额。支付的价款中包含的已到付息期但尚未领取的债券利息或已宣告但尚未发放的现金股利，应单独确认为应收项目。

在会计上设置“可供出售金融资产”总账，按类别和品种，分别“成本”、“公允价值变动”等进行明细记录。如果购入带息股票和带息债券，则还应设“应收股利”和“应收利息”账户。

【例9－7】A公司2010年1月1日购入B公司当日发行的5年期公司债券1 000张，每张面值100元，票面利率为4%，买价为95 668元，另支付经纪人佣金1 500元，款项以银行存款支付，每年的12月31日付息，该项资产作为可供出售金融资产投资。

A公司可供出售金融资产投资的成本为：95 668＋1 500＝97 168（元）。

会计分录如下：

借：可供出售金融资产——B公司债券（成本）　97 168

　　贷：银行存款　97 168

（二）可供出售金融资产投资收益的处理

可供出售金融资产持有期间取得的利息或现金股利，应当计入投资收益。

【例9－8】以【例9－7】为例，2010年12月31日A公司收到B公司支付的利息时，会计处理如下：

借：银行存款　4 000

　　贷：投资收益　4 000

（三）可供出售金融资产的期末调整

前已指出资产负债表日，可供出售金融资产应当以公允价值计量，与交易性金融资产不同，公允价值变动不是计入当期损益，而是计入所有者权益，通常将公允价值变动额计入资本公积（其他资本公积）。

【例9－9】C公司于2011年12月1日购入D公司股票10 000股，每股市价5.8元，用银行存款支付，交易费用2 000元，该项投资为可供出售金融资产。2011年12

月 31 日，D 公司每股市价为 6 元。公允价值变动 = 10 000 × (6 − 5.8) = 2 000（元）。C 公司的会计处理如下。

（1）12 月 1 日购进股票：

借：可供出售金融资产——D 公司股票　　60 000

　贷：银行存款　　60 000

（2）12 月 31 日，调整公允价值变动：

借：可供出售金融资产——公允价值变动　　2 000

　贷：资本公积——其他资本公积　　2 000

（四）可供出售金融资产的处置

处置可供出售金融资产时，应将取得的价款与该金融资产账面价值之间的差额计入投资损益；同时，将原直接计入所有者权益的公允价值变动累计额对应处置部分的金额转出，计入当期投资损益。

【例 9－10】 假设 2012 年 3 月 1 日将【例 9－9】中的股票出售 5 000 股，每股价格 7 元，收取现金 35 000 元。该项金融资产原成本每股 6 元，合计 30 000 元，对应于所出售 5 000 股计入资本公积的公允价值 1 000 元，应从资本公积中转出，则 C 公司的会计处理如下：

借：银行存款　　35 000

　　资本公积——其他资本公积　　1 000

　　贷：可供出售金融资产——D 公司股票　　30 000

　　　　可供出售金融资产——公允价值变动　　1 000

　　　　投资收益　　5 000

（五）可供出售金融资产减值

通常情况下，如果可供出售金融资产的公允价值发生较大幅度下降，或在综合考虑各种相关因素后，预期这种下降趋势属于非暂时性的，从会计的稳健性原则出发可以为该项金融资产确认减值损失，减值损失计入当期损益。

可供出售金融资产发生减值的，在确认减值损失时，应当将原直接计入所有者权益的公允价值变动额一并转出，计算减值损失。

【例 9－11】 C 公司于 2011 年 1 月 1 日购入 D 公司股票 10 000 股，每股市价 5.8 元，用银行存款支付，交易费用 500 元，该项投资为可供出售金融资产。2011 年 6 月 30 日，D 公司每股市价为 5.5 元，至 12 月 31 日每股市价为 5 元，预计这种下降趋势不可逆转。C 公司会计处理如下。

(1) 1月1日：

借：可供出售金融资产——D公司股票　　58 500

　　贷：银行存款　　58 500

(2) 6月30日：

借：资本公积——其他资本公积　　3 000

　　贷：可供出售金融资产——公允价值变动　　3 000

(3) 12月31日：

借：资产减值损失　　8 000

　　贷：资本公积——其他资本公积　　3 000

　　　　可供出售金融资产——公允价值变动　　5 000

第二节　长期债权投资

长期债权投资指企业购入的不能变现或不准备随时变现的债权投资即持有至到期投资。如企业在二级市场上购入的固定利率国债和浮动利率公司债券等符合持有至到期投资条件的，可以划分为长期债权投资。

一、长期债权投资的特点

长期债权投资通常有以下特点：

(1) 到期日固定、回收金额固定或可确定。即相关合同中规定了投资者在确定的时间内获得或应收取现金流量的金额和时间，投资方可以忽略发行债券方的支付风险。

(2) 企业有明确意图持有至到期。即投资者在取得投资时意图是明确的，除非遇到一些不可控因素，否则将持有至到期。

(3) 企业有能力持有至到期。即企业有足够的财务资源将投资持有至到期。

二、债券投资取得日的会计处理

企业购入债券时所付出的买价可能等于债券的面值，也可能高于或低于债券的面值。债券购入价格等于债券的面值，称为按面值购入；债券购入价格高于债券面值，称为溢价购入；债券购入价格低于债券面值，称为折价购入。债券购入价格很大程度上取决于债券的票面利率和市场利率。若债券票面利率与市场利率相同，债券通常按面值购入；若债券的票面利率高于市场利率，债券通常溢价购入，溢价既是对债券发行企业以后多付利息的事先补偿，也是债券购入企业为以后多得利息而预先付出的代价；当债券的票面利率低于市场利率时，债券通常折价购入，折价既是对发行债券企业以后少付利息而预先付出的代价，也是债券购入企业为以后少得利息而预先得到的补偿。

企业会计准则规定，长期债权投资应当按取得时的公允价值和相关交易费用之和作为初始确认金额，但实际支付的价款中包含的已到期尚未领取的利息作为应收项目单独处理，不计入投资成本。

对于长期债券投资业务，企业应设置“持有至到期投资”账户进行会计处理。对折价或溢价购入的债权投资一般按成本入账，不区分面值及折价或溢价，但也可以按类别和种类，分别“面值”、“债券折价或溢价”明细账分别处理，对买价中包含的应计利息，设“应收利息”账户记录。

1. 溢价购入不带息债券

【例 9－12】A 公司于 2010 年 1 月 1 日以 1 072 590 元的价格购入 B 公司于当日发行的 5 年期、付息日为 7 月 1 日和 1 月 1 日、面值为 1 000 000 元、年利率为 14% 的公司债券，债券溢价 72 590 元，另支付税金及手续费 1 000 元，合计成本 1 073 590 元，总溢价 73 590 元，全部款项用银行存款支付，A 公司准备持有该债券到期。A 公司购入债券的会计处理如下：

借：持有至到期投资——面值	1 000 000
——债券溢价	73 590
贷：银行存款	1 073 590

2. 溢价购入带息债券

【例 9－13】F 公司于 2010 年 3 月 1 日以 435 000 元的价格从公开市场上购入 H 公司同年 1 月 1 日发行的 5 年期、每年 1 月 1 日和 7 月 1 日付息一次、票面利率为 10% 的公司债券，债券面值为 420 000 元，另支付税金及手续费 500 元，F 公司准备持有该债券到期。

购买日距上次付息日过去 2 个月，买价中包含了 2 个月的利息，有关计算如下：

买价中包含的利息 = 420 000 × 10% × 2/12 = 7 000（元）

债券购入成本 = 435 000 − 7 000 = 428 000（元）

债券溢价 = 428 000 − 420 000 = 8 000（元）

溢价总额 = 8 000 + 500 = 8 500（元）

则 F 公司 3 月 1 日购入债券时的会计处理如下：

借：持有至到期投资——面值	420 000
——债券溢价	8 500

应收利息　　7 000

贷：银行存款　　435 500

3. 折价购入不带息债券

【例9－14】M公司于2010年1月1日购入N公司当日发行的年利率为6%、4年期、到期还本付息的公司债券6 000张，每张面值为100元，面值总额为600 000元，购入价格为572 000元，债券折价28 000元，另支付税金及手续费600元，全部款项以银行存款支付。则M公司购入债券的会计处理如下：

借：持有至到期投资——面值　　600 000

贷：银行存款　　572 600

持有至到期投资——债券折价　　27 400

三、债券利息收入的会计处理

由于债券投资按实际购入成本入账，因此，在溢价或折价购入的情况下，购入债券的入账价值与债券面值不一致，投资企业当期应确认的利息收入与按债券面值和票面利率计算出的利息也不一致。为了能在账面上真实反映债券投资的利息收入，并使"持有至到期投资"账户到期时的账面价值与债券的面值相等，应将债券的溢价或折价在债券的存续期内进行摊销：溢价的摊销将减少长期债权投资的账面价值，并减少债券利息收入；折价的摊销将增加长期债权投资的账面价值，并增加债券利息收入。这样，在各会计期末，长期债权投资的账面价值为：

长期债权投资账面价值＝初始入账价值＋累计折价摊销额（或减累计溢价摊销额）

或　　＝债券的面值＋未摊销的溢价余额（或减未摊销折价余额）

而各期的债券利息收入为：

各期债券利息收入＝当期按债券面值和票面利率计算的应计利息＋当期摊销的折价（或减当期摊销的溢价）

债券溢价或折价的摊销方法，一般有直线摊销法和实际利率摊销法两种。

1. 直线摊销法

直线摊销法也称平均法，是将债券购入时的溢价或折价在债券的存续期间内平均摊销，每期摊销相等的金额。下面举例说明。

【例9－15】仍按【例9－12】的资料，债券溢价为73 590元。因为债券的偿还期为5年，每半年付息一次，则溢价应分10期摊销，每期摊销金额为7 359元（73 590/10）。这样，在各个付息日，企业确认的债券利息收入为：

债券利息收入 = 1 000 000 × 14% × 1/2 − 7 359

= 70 000 − 7 359

= 62 641（元）

则 A 公司每期计算应计利息和摊销溢价时，应进行如下会计处理：

借：银行存款　　　　70 000

　贷：持有至到期投资——债券溢价　　　　7 359

　　投资收益　　　　62 641

【例 9－16】沿用【例 9－14】的资料，由于该批债券为到期还本付息债券，因而 M 公司每年末应计提当年债券的应计利息。债券折价为 27 400 元，应分 4 期摊销，每期摊销额为 6 850 元。M 公司每期按债券面值和票面利率计算的应计利息为 36 000 元（600 000 × 6%），加上每期折价摊销额 6 850 元，每期确认的债券利息收入为 42 850 元。

则 M 公司每期结账日应计利息和折价摊销的会计处理如下：

借：持有至到期投资——应计利息收益　　　　36 000

　　　　　　　　　——债券折价　　　　6 850

　贷：投资收益　　　　42 850

由此可见，债券溢价或折价随每期计算应计利息时的逐渐摊销而减少，当债券到期时，"持有至到期投资——债券溢价"账户的账面余额就下降到零，从而使应收回的债券投资成本金额表现为债券的面值。

2. 实际利率摊销法

实际利率摊销法是将企业各期确认的实际利息收入与各期按照债券面值和票面利率计算的应计利息收入之间的差额，作为每期债券溢价或折价的摊销额。企业各期确认的实际利息收入应等于各期期初的债券投资账面价值与购入时的市场利率（即实际利率）的乘积。下面举例说明。

【例 9－17】沿用【例 9－12】的资料，假定债券发行时的市场利率为 12%，则半年的利率为 6%。A 公司的债券溢价 73 590 元，按实际利率法摊销的情况如表 9－2 所示。

表 9－2　　　　债券溢价摊销表（实际利率法）　　　　单位：元

计息日期	应收利息 （1）＝ 面值 × 7%	利息收入 （2）＝ 上期（5）× 6%	溢价摊销 （3）＝ （1）－（2）	未摊销溢价 （4）＝ 上期（4）－（3）	债券投资 账面价值 （5）＝面值 +（4）
2010.1.1				73 590	1 073 590
2010.7.1	70 000	64 415	5 585	68 005	1 068 005

续表

计息日期	应收利息 (1) = 面值×7%	利息收入 (2) = 上期(5)×6%	溢价摊销 (3) = (1) - (2)	未摊销溢价 (4) = 上期(4) - (3)	债券投资 账面价值 (5) =面值+(4)
2011.1.1	70 000	64 080	5 920	62 085	1 062 085
2011.7.1	70 000	63 725	6 275	55 810	1 055 810
2012.1.1	70 000	63 349	6 651	49 159	1 049 159
2012.7.1	70 000	63 950	7 050	42 109	1 042 109
2013.1.1	70 000	62 527	7 473	34 635	1 034 635
2013.7.1	70 000	62 078	7 922	26 713	1 026 713
2014.1.1	70 000	61 603	8 397	18 316	1 018 316
2014.7.1	70 000	61 099	8 901	9 415	1 009 415
2015.1.1	70 000	60 545	9 415	0	1 000 000

在债券存续期内，每期溢价摊销的会计处理相同，只是每期的摊销额不同。现以2010年7月1日为例，A公司应作会计处理如下：

借：银行存款　　70 000

　贷：持有至到期投资——债券溢价　　5 585

　　投资收益——债券投资收益　　64 415

2015年1月1日，债券投资到期收回的会计处理如下：

借：银行存款　　1 000 000

　贷：持有至到期投资——面值　　1 000 000

四、债券投资提前收兑的会计处理

长期债券投资处置，是指企业因各种原因，将其持有的长期债券投资在债券到期以前出售。在企业处置债券时，由于债券回收金额一般与企业债券投资账面价值并不相同，因而将会发生债券出售损益。

长期债券投资出售损益，是指企业处置债券时实际取得的价款与债券投资账面价值的差额。债券投资账面价值应等于债券的面值加上未摊销的溢价余额（或减去未摊销的折价余额）再加应计利息之和。在企业计提长期投资减值准备的条件下，债券投资账面价值还要减去与所出售债券相对应的已计提的长期投资减值准备。如果企业出售部分其持有的债券，应按照该项债券投资的总平均成本确定出售部分的成本和已计提的长期投资减值准备。如果处置债券实际取得的价款大于债券投资账面价值，则企业获得长期债券投资出售收益；如果处置债券实际取得的价款小于债券投资账面价值，则企业发生长期债券投资出售损失。长期债券投资出售损益应记入“投资收益”账户。

【例9－18】沿用【例9－14】和【例9－16】的资料，假定M公司于2013年1月1日将该批债券卖掉，实际取得价款共704 000元。此时，“持有至到期投资——债券折价”账户的贷方余额为6 850元（27 400－6 850×3），“持有至到期投资——应计利息”账户的借方余额为108 000元（600 000×6%×3）。M公司出售债券时的有关计算如下：

债券投资账面价值＝600 000－6 850＋108 000＝701 150（元）

出售债券收益＝704 000－701 150＝2 850（元）

则M公司出售债券时的会计处理如下：

借：银行存款	704 000
持有至到期投资——债券折价	6 850
贷：持有至到期投资——面值	600 000
——应计利息	108 000
投资收益	2 850

第三节　长期股权投资

长期股权投资是指权益性证券投资中除去已归于交易性金融资产和和可供出售金融资产之后的部分，长期股权投资的形成来源有两个途径，一是通过企业合并取得的长期股权投资，二是通过企业合并以外的其他方式取得的长期股权投资。

一、长期股权投资的类型

长期股权投资形成后，根据投资方的投资额占被投资方有表决权资本总额的比例以及对被投资方的影响程度，可分为控制性投资、共同控制性投资、重大影响性投资以及无控制、无共同控制且无重大影响性投资四种类型。

（一）控制性投资

控制是指有权决定一个企业的财务和经营政策，并能据以从该企业的经营活动中获取利益。判断股权投资是否对被投资企业形成实质性控制，通常考虑以下情况：

（1）投资企业直接拥有被投资单位50%以上的表决权资本。

（2）投资企业虽然只直接拥有被投资单位50%或以下的表决权资本，但具有实质控制权。投资企业是否拥有对被投资单位的实质控制权，可以通过以下一项或若干项情况判定：

① 通过与其他投资者的协议，投资企业拥有被投资单位50%以上表决权资本的控制权。例如，A公司拥有B公司45%的表决权资本，C公司拥有B公司25%的表决权资本。A公司与C公司达成协议，C公司在B公司的权益由A公司代表。在这种情况下，A公司实质上拥有B公司70%表决权资本的控制权，表明A公司实质上控制B公司。

② 根据章程或协议，投资企业有权控制被投资单位的财务和经营政策。例如，A公司拥有B公司45%的表决权资本。同时，根据协议，B公司的董事长和总经理由A公司派出。总经理有权负责B公司的经营管理。在这种情况下，A公司实际控制了B公司的财务和经营政策，因而也就实质上控制了B公司。

③ 有权任免被投资单位的董事会等类似权力机构的多数成员。这种情况是指，投资企业虽然拥有被投资单位50%或以下表决权资本，但根据章程、协议等有权任免董事会的董事，以达到实质上控制的目的。

④ 在董事会或类似权力机构会议上有半数以上表决权。这种情况是指，投资企业虽然拥有被投资单位50%或以下的表决权资本，但能够控制被投资单位董事会等类似权力机构的会议，从而能够控制其财务和经营政策，以达到实质上控制的目的。

股权投资形成对被投资企业实质性控制，被投资企业称为投资方的子公司。

（二）共同控制性投资

共同控制是指按合同约定对某项经济活动所共有的控制。我国《投资》准则所指的共同控制，仅指共同控制实体，不包括共同控制经营、共同控制财产等。共同控制实体，是指由两个或多个企业共同投资建立的实体，该被投资单位的财务和经营政策必须由投资双方或若干方共同决定。

（三）重大影响性投资

重大影响是指对一个企业的财务和经营政策有参与决策的权力，并可对政策施加重大影响。当投资企业直接拥有被投资单位20%或以上至50%的表决权资本时，一般认为对被投资单位具有重大影响。此外，虽然投资企业直接拥有被投资单位20%以下的表决权资本，但符合下列情况之一的，也应确认为对被投资单位具有重大影响：

（1）在被投资单位的董事会或类似的权力机构中派有代表。由于投资企业可以通过该代表参与被投资单位政策的制定，从而对被投资单位施加重大影响。

(2) 参与被投资单位的政策制定过程。由于在制定政策过程中可以为其自身利益提出建议和意见，从而对被投资单位施加重大影响。

(3) 向被投资单位派出管理人员。由于管理人员有权力并负责被投资单位的财务和经营活动，从而对被投资单位施加重大影响。

(4) 依赖投资企业的重大交易或技术支持。由于被投资单位的生产经营需要依赖对方的技术支持或原料供给等，从而表明投资方对被投资单位具有重大影响。

(四) 无控制、无共同控制且无重大影响性投资

无控制、无共同控制且无重大影响性投资，是指除上述三种类型以外的投资情形。具体表现为：

(1) 投资企业直接拥有被投资单位 20% 以下表决权的股份，同时不存在其他实施重大影响的途径。例如，A 企业拥有 B 企业 15% 的表决权股份，同时也无其他实施重大影响的途径，则表明 A 企业对 B 企业的投资属于无控制、无共同控制且无重大影响性投资。

(2) 投资企业直接拥有被投资单位 20% 或以上的表决权股份资本，但实质上对被投资单位不具有控制、共同控制和重大影响。例如，A 企业和 B 企业共同投资建立 C 企业，双方出资比例为 25% 和 75%。假设 A 企业除了拥有 C 企业 25% 的表决权外，无其他任何施加重大影响的途径。在这种情况下，表明 B 企业已经控制了 C 企业，一般认为 A 企业对 C 企业的投资属于无控制、无共同控制且无重大影响性投资。

二、长期股权投资的初始确认与计量

长期股权投资属于资产项目，因此，应按照历史成本原则来确定取得长期股权投资的初始投资成本，长期股权投资按初始投资成本入账。初始投资成本应分别企业合并和非企业合并两种情况确定。

(一) 企业合并形成的长期股权投资

1. 同一控制下企业合并形成的长期股权投资

(1) 在同一控制下的企业合并中，合并方如果是以支付现金、转让非现金资产或承担债务方式作为合并对价的，应当在合并日按照取得被合并方所有者权益账面价值的份额作为长期股权投资的初始成本。长期股权投资的初始成本与支付的现金、转让的非现金资产以及所承担债务账面价值之间的差额，应当调整资本公积；资本公积不足冲减的，调整留存收益。

(2) 合并方如果是以发行权益性证券作为合并对价的，应当在合并日按照取得被

合并方所有者权益账面价值的份额作为长期股权投资的初始成本。按照发行股份的面值总额作为股本，长期股权投资的初始成本与所发行股份面值总额之间的差额，应调整资本公积；资本公积不足冲减的，调整留存收益。

2. 非同一控制下企业合并形成的长期股权投资

非同一控制下的企业合并中形成的长期股权投资的初始成本就是购买方所发生的合并成本，合并成本视下列情况加以确定：

（1）一次交换交易实现的企业合并，合并成本为购买方在购买日为取得对被购买方的控制权而付出的资产、发生或承担的负债以及发行的权益性证券的公允价值。

（2）通过多次交换交易实现的企业合并，合并成本为每一单项交易成本之和。

（3）购买方为进行企业合并而发生的各项直接相关费用，也应计入企业合并成本。

（4）在合并合同或协议中对可能影响合并成本的未来事项作出约定的，购买日如果估计未来事项很有可能发生并对合并成本的影响金额能够可靠计量的，购买方应当将其计入合并成本。

（二）非企业合并形成的长期股权投资

（1）以支付现金取得的长期股权投资，按照实际支付的全部价款作为初始投资成本，包括支付的税金、手续费等相关费用。企业取得的长期股权投资，如果实际支付的价款中包含已宣告但尚未领取的现金股利，按实际支付的价款扣除已宣告但尚未领取的现金股利后的差额作为初始投资成本。

（2）以发行权益性证券取得的长期股权投资，应当按照所发行的权益性证券的公允价值作为初始投资成本。

（3）投资人投入的长期股权投资，应当按照投资合同或协议约定的价值作为初始投资成本，但合同或协议约定价值不公允的除外。

（4）以非货币性资产交换取得的长期股权投资，应当以公允价值和应支付的相关税费作为初始投资成本。

（5）以债务重组方式取得的长期股权投资，债权人应当将享有股份的公允价值作为初始投资成本。

三、长期股权投资的后续计量

长期股权投资类型的认定是确定股权投资会计处理方法的重要依据。通常，若投资方对被投资方具共同控制或重大影响的，长期股权投资应采用权益法；若投资方对被投资方具有控制或无控制、无共同控制且无重大影响性投资，则应采用成本法。但若投资方对被投资方具有控制性投资，则需要编制合并报表。

为了反映长期股权投资的发生、投资额的增减变动、投资收回以及投资损益，会计处理上应设置“长期股权投资”和“投资收益”等账户。

“长期股权投资”账户用于反映企业以购买股票方式或其他股权投资方式而投出的期限在一年以上的投资、投资变动和投资收回。对外投资时按初始投资成本记入该账户的借方，收回投资时记入该账户的贷方。但在投资期间内，该账户的具体登记方法不仅取决于实际投资额的变化，还取决于企业对长期股权投资后续计量所采用的会计方法。

“投资收益”账户用于反映企业对外投资发生的损益，贷方登记取得的投资收益，借方登记发生的投资损失。

（一）成本法

成本法是指长期股权投资在初始投资，以成本入账后投资账户的成本金额不受被投资企业权益变动的影响。在成本法下，“长期股权投资”账户通常仅反映投资的初始成本，只有在投资发生重大持久性不可逆转的贬值时，才对“长期股权投资”账户作减值处理，并确认投资损失。当被投资企业宣告分配现金股利时，投资方在会计上确认投资收益。

长期股权投资成本法的要点如下：

（1）投资发生时，按实际投资成本增加长期股权投资账面价值。投资入账后，除追加或收回投资外，长期股权投资的账面价值一般保持不变。

（2）在股权持有期内被投资企业宣告分配现金股利时，投资企业按应享有的份额，确认为当期投资收益。被投资方如果不宣布分配现金股利，无论其盈利与否，投资方均不作任何会计处理。

（3）当被投资方宣告分配的股利大于投资后被投资方实现的净利润时，投资方需要进行特殊的会计处理。即投资企业确认的投资收益，仅限于所获得的被投资企业在接受投资后产生的累积净利润的分配额，所获得的被投资企业宣告分派的现金股利超过其享有的累计净利润部分，作为投资成本的收回，冲减长期股权投资的账面价值。

（4）若长期投资所购股票的市价持续下跌或被投资企业经营状况恶化等原因，导致投资可收回的金额低于账面价值，并且这种降低的价值在可预计的未来期间内不可能恢复，为准确反映当期损益，应将可收回金额低于账面价值的差额作为损失计入当期损益，并以长期投资减值准备来调整投资的账面价值。

【例 9－19】 A 公司 2010 年 1 月 4 日购入 B 公司发行的 5 000 万股普通股的 4%，每股售价 7 元，共计价款 1 400 万元，另外支付税金及手续费 119 000 元。A 公司投资时的会计处理如下：

借：长期股权投资——B　　　　14 119 000

贷：银行存款　　14 119 000

2010 年 B 公司的净利润为 50 000 000 元，宣告发放现金股利 15 000 000 元，即每股股利为 0.3 元，A 公司应收股利金额为 600 000 元（15 000 000 ×4%）。A 企业应作如下会计处理：

借：应收股利　　600 000

　贷：投资收益　　600 000

当 A 公司收到 B 公司发放的现金股利时，会计处理为：

借：银行存款　　600 000

　贷：应收股利　　600 000

2011 年 B 公司亏损 20 000 000 元，当年没有宣布发放现金股利，A 公司不作任何会计处理。2012 年 B 公司盈利 4 000 000 元，并宣告分派现金股利 22 000 000 元，A 公司收到股利 880 000 元（22 000 000 ×4%）。此外，有关的一些计算如下：

A 公司投资后从 B 公司取得的累积股利为：600 000 + 880 000 = 1 480 000（元）

A 公司投资以后在 B 公司累积净收益中应享有的份额为：

（50 000 000 - 20 000 000 + 4 000 000）×4% = 1 360 000（元）

A 公司 2012 年收到的股利中应冲减投资成本为：1 480 000 - 1 360 000 = 120 000（元）

A 公司 2012 年应确认的投资收益为：880 000 - 120 000 = 760 000（元）

则 A 公司 2012 年的相关会计处理如下：

B 公司宣告发放现金股利时：

借：应收股利　　880 000

　贷：投资收益——股票投资　　760 000

　　长期股权投资——B　　120 000

A 公司收到 B 公司发放的现金股利时：

借：银行存款　　880 000

　贷：应收股利　　880 000

表 9-3　成本法——A、B 公司收益、股利、投资账户变动汇总　　单位：元

	被投资企业（B）			投资企业（A）		
时间	净利润	宣布股利	累计留存收益	收到现金	股利收益	投资的抵减
2010	50 000 000	15 000 000	35 000 000	600 000	600 000	0
2011	-20 000 000	0	15 000 000	0	0	0
2012	4 000 000	22 000 000	-3 000 000	880 000	760 000	120 000

（二）权益法

权益法是指投资最初以投资成本计价，后续计量将根据应享有被投资企业所有者权益份额的变动对“长期股权投资”账户的账面价值进行相应调整的方法。在权益法下，被投资企业的所有者权益无论是因为盈亏引起的变动，还是其他原因引起的变动，投资企业都要相应调整“长期股权投资”账户的账面金额，调整的目的在于完整反映投资企业在被投资企业的实际权益。

在权益法下，投资损益不是实际收到的股利，而是被投资企业当期损益中投资方所拥有的份额。即投资方应随着被投资企业所有者权益的变动而相应调整，增加或减少长期股权投资的账面价值，并分别以下情况进行处理：

① 属于被投资企业当年实现的净利润而影响的所有者权益的变动，投资企业应按所持表决权资本的比例计算应享有的份额，增加长期股权投资的账面价值，并确认为当期投资收益。② 属于被投资企业当年发生的净亏损而影响的所有者权益的变动，投资企业应按所持表决权资本的比例计算应分担的份额，减少长期股权投资的账面价值，并确认为当期投资损失。③ 被投资企业宣告分派利润或现金股利时，投资企业按表决权资本比例计算的应分得的利润或现金股利，视为投资企业在被投资企业利益的返还，冲减长期股权投资的账面价值。

由此可见，投资方在期末按照投资比例和被投资企业的盈亏状况调整“长期股权投资”账户的账面价值之后，“长期股权投资”账户的内容包括两部分：一是初始投资成本；二是根据对方损益而调整的数额。为了将两者加以区分，在“长期股权投资”账户下需要分别设置“投资成本”、“损益调整”明细账。对于被投资企业宣告分派的现金股利或利润，投资企业按持股比例计算应享有的份额，一方面作为“应收股利”入账，同时减少“损益调整”明细账的账面价值。对被投资企业分派的股票股利，投资企业不作会计处理，但应于除权日注明所增加的股数，以反映股份的变化情况。

【例 9-20】 C 公司 2010 年 1 月 5 日购买 D 公司 6 000 万股普通股的 30%，每股买价为 1.2 元，共计价款 2 160 万元，用银行存款支付。C 公司实际支付的价款与其在 D 公司所有者权益中所占份额一致。假定 D 公司 2010 年实现净利润 360 万元，宣告支付现金股利 120 万元。C 公司应作如下会计处理。

（1）C 公司购买 D 公司股票时：

借：长期股权投资——投资成本　　21 600 000

　　贷：银行存款　　21 600 000

（2）D 公司报告净利润 360 万元时：

C 公司应享有的权益份额为：3 600 000 × 30% = 1 080 000（元）。

借：长期股权投资——损益调整　　1 080 000

　　贷：投资收益　　1 080 000

（3）D公司宣告发放股利时：

C公司应分得的股利为：1 200 000×30%＝360 000（元）。

借：应收股利　　360 000

　　贷：长期股权投资——损益调整　　360 000

（4）C公司收到现金股利时：

借：银行存款　　360 000

　　贷：应收股利　　360 000

【例9－21】沿用【例9－20】中的资料，假定D公司2010年度发生亏损900 000元，则C公司应分担的数额为：900 000×30%＝270 000（元）。C公司应作如下会计处理：

借：投资收益　　270 000

　　贷：长期股权投资——损益调整　　270 000

在采用权益法核算时，投资企业的长期股权投资账面余额应随着被投资企业所有者权益总额的变动而变动。这些变动中除上述盈亏变动外，还包括以下情况：

（1）因被投资企业资产评估、接受捐赠资产等所引起的所有者权益的变动。

（2）因被投资企业外币资本折算所引起的所有者权益的变动。

投资企业对被投资企业这些权益项目变动的调整遵循同一个原则：即按所持股权比例计算应享有的份额、调整长期股权投资的账面价值，在“长期股权投资”账户下设“其他权益变动”明细账反映，同时作为资本公积处理。

【例9－22】假定B企业对C企业的投资占C企业股本总额的60%。2010年8月1日，C企业接受捐赠设备一台，价值160 000元。C企业的所得税税率为25%。

按照规定，接受捐赠实物的企业应按接受捐赠的实物价值扣除未来应交所得税后的余额计入资本公积项目，则C企业接受捐赠设备而引起所有者权益增加的数额中应属于B企业的份额为：160 000×（1－25%）×60%＝72 000（元）。B企业应作如下的会计处理：

借：长期股权投资——其他权益变动　　72 000

　　贷：资本公积　　72 000

四、长期股权投资减值准备与处置

按照企业会计准则的有关规定，资产负债表日，如果长期股权投资有明显的减值迹象，则企业应计提长期股权投资减值准备。

如果企业在某些情况下，可能会将长期股权投资进行处置而收回，则无论是成本法还是权益法，企业处置长期股权投资时，应按所收到的处置收入与长期股权投资账面价值的差额确认为当期投资损益。如果该项投资已提取长期投资减值准备，应同时注销已计提的减值准备。如果部分处置某项长期股权投资，应按该项投资的总平均成本确定其处置部分的成本，并按相应比例注销已计提的减值准备。

【例9－23】A公司2010年1月4日购入B公司发行的5 000万股普通股的4%，即200万股，每股买价7元。另外支付税金及手续费119 000元，总成本为14 119 000元。2012年6月，B公司因受不可抗拒的自然灾害的影响股票市价持续下降，A公司对该项股票投资提取了800万元的减值准备。2002年12月，A公司将其中的150万股以每股3.8元的价格出售。

本例中的有关数据计算如下：

收回的价款：1 500 000×3.8＝5 700 000（元）

应冲减的长期投资成本：14 119 000×150/200＝10 589 250（元）

应冲减的长期投资减值准备：8 000 000×150/200＝6 000 000（元）

应冲减的长期投资账面价值：10 589 250－6 000 000＝4 589 250（元）

投资收益：5 700 000－4 589 250＝1 110 750（元）

A公司的会计处理为：

（1）计提长期股权投资减值准备：

借：资产减值损失——长期股权投资	8 000 000	
贷：长期股权投资减值准备——B公司股票		8 000 000

（2）长期股权投资的处置：

借：银行存款	5 700 000	
长期股权投资减值准备——B公司股票	6 000 000	
贷：长期股权投资		10 589 250
投资收益		1 110 750

投资通常是许多企业的重要资产项目，根据投资的不同目的和类型采取不同的确认和计量方法，目的是提供更为客观可靠的会计信息。

本章提示：

1. 企业投资包括的内容较多，包括金融资产，也包括长期股权投资和持有至到期日的债券投资。本章介绍关于企业投资会计处理的一般方法；特殊的交易和业务，如对子公司投资、合营、联营、特定合约的金融资产等将在中级或高级会计中学习。

2. 对子公司投资，存在实质性控制的母公司应将其纳入合并报表。从经营成果来说，采用权益法和合并报表结果相同。所以日常会计处理用成本法或权益法，合并报表结果都一样。我国对实质性控制的子公司股权投资采用成本法，编制合并报表时对应关系更清晰。

3. 对于持有至到期日的债券投资，折价或溢价一般不另设账户记录，以总成本计入投资账户，也可以另设折价或溢价账户单独记录，如本章例题解析所示。

? 思考题

1. 什么是对外投资，企业为什么要进行对外投资？
2. 对外投资如何分类，分类的主要意义是什么？
3. 什么是长期债权投资，其有何特点？
4. 长期债权溢折价摊销的方法有几种，其主要区别是什么？
5. 什么是长期股权投资，其形成来源有哪些？
6. 长期股权投资的类型有哪四种，它们分别适用哪种后续计量方法？
7. 成本法与权益法的主要区别是什么？
8. 会计准则对不同类型投资公允价值的处理及披露要求是什么？
9. 为什么需要对金融资产进行减值测试？
10. 交易性金融资产和可供出售金融资产期末调整的会计处理有何差异？

第十章

现金流量表

本章学习目标

1. 了解现金流量表的演进历程；
2. 学习了解现金流量表的作用、结构和内容；
3. 学习现金流量表编制的基本原理；
4. 掌握编制现金流量表的具体方法：直接法和间接法。

企业经营损益计量是基于财务会计的权责发生制概念，由于权责发生制的应计基础使得损益表信息不能充分反映企业价值创造和价值实现的全貌，而现金作为直接的支付手段，现金流入来源、流出去向及其数量，即现金流量信息，能够揭示企业经营状况，说明资产负债的变动原因，从而为投资者、债权人及相关利益者提供分析评价企业经营活动，进行预测和决策的有用信息。因此，同收益表和资产负债表一样，现金流量表是企业需要对外提供的重要报表之一。

第一节 现金流量表的发展和作用

随着会计信息系统的逐步完善及财务报表使用者对会计信息披露要求的提高，现金流量表在信息披露中发挥了越来越重要的作用。现金流量表从诞生到成为必须提供的报表之一，经历了一个逐步发展的过程。

一、现金流量表的发展

根据英国会计学家 T. A. Lee 所言："最早的会计就是按现金或其等价物的交易方式记录和报告企业交易的"。我国的刘峰博士也认为，18 世纪 60 年代的英国工业革命开始之前，收付实现制一直占据会计方法的核心地位。计算和报告两个决算日之间现金流入和流出的变化成为企业计算利润的基本方法。直到16世纪的商业革命以及18世纪和19世纪的工业革命期间，企业持续经营思想和企业盈利的重要性导致了权责发生制会计技术的产生，这使企业将收益和费用与特定会计期间的企业经营业绩联系起来，企业开始计算净值和定期收益，而不考虑现金的收入与支出，从而使现金流入和流出的计算和报告退居到次要地位。

在西方国家，对于现金流量表的运用可以追溯到19世纪60年代。现金流量表是由最初的资金流量表逐步演变而来的，早在1862年，英国的一些公司就已经开始编报资金流量表。1863年，美国北方钢铁公司编制的“财务交易汇总表”成为资金流量表的雏形。当时的资金流量表主要用于记录现金、银行存款及邮票的变动情况。到本世纪初，资金流量表已发展成四种不同的形式，分别用来揭示现金、现金及其等价物、营运资金及某一时期的全部财务资源的资金流量。到了20世纪30年代，资金流量表成为会计教科书中的一般命题。大约在第二次世界大战末期，美国公司已开始将该表列为独立报表或作为报表的附表而加以陈报，但其格式、内容仍不规范，并且是否陈报出于自愿。

1961年，佩里·梅森起草了第2号研究报告《现金流量表分析及资金表》。1963年，美国会计原则委员会根据佩里·梅森起草的报告发布了《第3号意见书》，这可以说是最早、也是最具权威性的关于资金流量表的报告。该意见书将资金流量表表述为“资金来源及运用表”，作为资产负债表和损益表的补充信息。1970年，美国证券交易委员会在修正的财务报表的格式和内容的规则中，明确规定证券发行人送报的财务报表中，应包括资金来源与运用表。这是美制要求提供这一报表。1971年美国会计原则委员会发布了《第19号意见书》取代了《第3号意见书》。《第19号意见书》将这一时期的“资金来源及运用表”叫做“财务状况变动表”，规定编制财务状况变动表可以以现金为基础，也以营运资金为基础，还可以以全部财务资源为基础，在实践中，大多数以营运资金为基础编制财务状况变动表。自1973年9月30日起，财务状况变动表作为一张基本财务报表，正式在美国的会计实务中得到全面应用。1977年10月国际会计准则委员会正式把该表列为《第7号国际会计准则——财务状况变动表》，认为是企业对外公开的资产负债表、损益表之外的“第三张报表”。财务状况变动表从它产生之日起就存在争议，根源在于“资金”概念的财务状况变动表在格式、内容、陈报的重心等方面相当混乱。同时作为财务状况变动表的编制基础有许多的局限性，限制了报表使用者对财务状况变动表的使用和分析。可以说从财务状况变动表产生之日起，人们就在寻找一个有意义，而又一致性的理论基础。

20世纪60年代以来，经济情况发生了巨大的变化。首先是证券市场在有效的证券监管下日益发达和健全；二是企业合并有了很大的发展；三是新兴的管理科学如信息论、控制论、系统论和预测与决策科学都得到了普遍的应用；四是70年代中期主要西方发达国家客观经济环境的迅速变化，许多公司经历了严重的现金紧缺问题，背上了沉重的债务负担，甚至因此而破产，在这种情况下，无论是公司的内部管理者还是外部投资者、债权人，都开始关注与决策相关的现金流量信息。会计主要目的也随后转向为投资者、债权人进行合理的决策，评估及预测未来现金流量的金额、时间及不确定性。因此，强调对“决策有用”作为会计报表的目标就应运而生。1978年。美国财务会计准则委员会在财务会计概念公告第1号中正式指出，会计的首要目标是使投资者和债权人形成对于未来现金流量的期望。而无论是投资者还是债权人，只有预期现金流量的折现值至少等于投资成本时，方肯投出资金。关键问题是提供什么信息给投资者和债权人，使他们确立对其投资的期望值，以作出正确的投资决策。由于未来的现金流量无法确切地预计，提供个别的（而非通用的）报表基于成本—效益考虑也是不可行的。因此，典型替代方法是提供企业作为一个整体的历史现金流量信息。以历史现金流量信息预测未来现金流量。这样使得企业提供历史现金流量报表成为必然。

1987年11月，为了顺应理论界和实务界的要求，美国财务会计准则委员会经过广泛研究和讨论，发表了《第95号财务会计报告——现金流量表》，取代会计原则委员会的《第19号意见书》，要求从1988年7月15日以后的会计年度起，所有企业以现金流量表代替财务状况变动表作为一套完整的财务报表的一部分。

1989年，国际会计准则委员会公布了《第7号会计准则——现金流量表》，取代1977年公布的《第7号国际会计准则——财务状况变动表》。1992年，国际会计准则委员会对第7号国际会计准则作了修订，并于1994年1月1日生效。此外英国会计准则委员会也于1991年9月发布了《第1号财务报告准则——现金流量表》，并于1996年作了修订。1991年12月澳大利亚会计准则委员会发布了1026号会计准则《现金流量表》。由此可见，编制现金流量表已成为国际通行的惯例。

二、现金流量表的作用

编制现金流量表的目的，是为会计报表使用者提供企业一定会计期间内现金和现金等价物流入和流出的信息，以便于报表使用者了解和评价企业获取现金和现金等价物的能力，并据以预测企业未来现金流量。现金流量表的作用主要有以下四个方面：

（一）现金流量信息有利于对企业整体财务状况进行客观评价

在市场经济条件下，竞争异常激烈，企业要想站稳脚跟，不但要想方设法把自身的产品销售出去，更重要的是要及时地收回销货款，以便以后的经营活动顺利开展。除了经营活动以外，企业所从事的投资和筹资活动同样影响着现金流量，从而影响财务状况，如果企业进行投资而没能取得相应的现金回报，就会对企业的财务状况（比如流动性、偿债能力）产生不良影响。从企业的现金流量情况，可以大致判断其经营周转是否顺畅，经营状况是否良好，资金是否紧缺，企业偿付能力大小，它为投资者、债权人、企业管理者提供非常有用的信息。

（二）现金流量信息弥补营运资金概念的不足

以营运资金为基础编制的财务状况变动表有一定的局限性。营运资金是流动资产和流动负债的差额，流动资产中不但包括现金，还包括存货、应收账款等其他流动资产。假定一个企业的现金大幅减少，但应收账款和存货却大量增加，这时企业的营运资金不一定会减少，反而可能增加，给人一种印象，似乎企业的财务状况不错。如果应收账款和存货的质量有问题，就会误导会计信息使用者。而现金流量信息则可避免这种缺陷，投资者和债权人通过现金流量表，可以对企业的支付能力和偿债能力以及企业对外部资金的需求情况作出较为可靠的判断。

（三）现金流量信息有利于客观理解资产负债表和利润表

资产负债表能够提供企业一定日期的财务状况，但是并不能反映财务状况变动的原因；利润表虽然反映企业一定期间的生产经营成果，但利润表只能反映利润的构成，不能反映企业经营活动产生了多少现金，而且利润表不能反映投资和筹资活动的全部事项。现金流量表提供一定时期现金流入和流出的动态财务信息，表明企业在报告期内由经营活动、投资活动和筹资活动获得多少现金，企业获得的这些现金是如何运用的，能够说明资产、负债、净资产变动的原因，对资产负债表和利润表起到补充说明的作用。

（四）现金流量表有利于预测企业未来的发展

如果现金流量表中各部分现金流量结构合理，现金流入、流出无重大异常波动，一般来说企业的财务状况基本良好。另一方面，企业最常见的失败原因、症状也可在现金流量表中得到反映，比如，从投资活动流出的现金、筹资活动流入的现金和筹资活动流出的现金（主要是利息支出）中，可以分析企业是否过度扩大经营规模；通过比较当期净利润和当期净现金流量，可以看出非现金流动资产吸收利润的情况，评价企业产生净现金流量能力的高低，有助于了解和评价企业未来获取现金的能力。经营活动现金流量代表企业运用资源产生现金流量的能力，便于分析一定时期内产生的净利润与经营活动现金流量的差异。投资活动现金流量代表企业运用资金产生现金流量的能力。筹资活动现金流量代表企业筹资获得现金流量的能力。

目前世界许多国家都要求企业编制现金流量表，如美国、英国、澳大利亚、加拿大等。我国企业提供现金流量表，将对开展跨国经营、境外筹资、加强国际经济合作起到积极的作用。

第二节　现金流量表的结构和内容

企业的经济活动可以分为经营活动、投资活动和筹资活动，正是企业的三大经济活动导致了企业现金流量的产生；因此企业的现金流量可以分为经营活动产生的现金流量、投资活动产生的现金流量以及筹资活动产生的现金流量。

一、编制现金流量表的现金概念

现金流量表是反映企业一定时期（一般为一个会计年度）内现金的流入、流出和净流量，以及企业筹资、投资等一系列理财活动信息的报表。其中，现金流量表中的现金是指现金以及现金等价物。

（一）现金

现金是指企业库存现金以及可以随时用于支付的存款。它不仅包括“现金”账户核算的库存现金，还包括企业“银行存款”账户核算的存入金融企业，随时可以用于支付的存款，也包括“其他货币资金”账户核算的外埠存款、银行汇票存款、银行本票存款和在途货币资金等其他货币资金。

应注意的是，银行存款和其他货币资金中有些不能随时用于支付的存款，如不能随时支取的定期存款等，不应作为现金，而应列作投资；提前通知金融企业便可支取的定期存款，则应包括在现金范围内。

（二）现金等价物

现金等价物是指企业持有的期限短、流动性强、易于转换为已知金额现金、价值变动风险很小的投资。现金等价物虽然不是现金，但其支付能力与现金的差别不大，可视为现金，如企业为保证支付能力，手持必要的现金，为了不使现金闲置，可以购买短期债券，在需要现金时，随时可以变现。

一项投资被确认为现金等价物必须同时具备四个条件：期限短、流动性强、易于转换为已知金额现金、价值变动风险很小。其中，期限较短，一般是指从购买日起，3个月内到期，例如可在证券市场上流通的 3 个月内到期的短期债券投资等。

（三）现金流量

现金流量是某一段时期内企业现金流入和流出的数量。如企业销售商品、提供劳务、出售固定资产、向银行借款等取得的现金，形成企业的现金流入；购买原材料、接受劳务、购建固定资产、对外投资、偿还债务等支付的现金，形成企业的现金流出。

二、现金流量表的结构和内容

企业会计准则将现金流量划分为经营活动产生的现金流量、投资活动产生的现金流量和筹资活动产生的现金流量三大类。

（一）经营活动所提供的现金流量

经营活动是指企业投资活动和筹资活动以外的所有交易和事项。根据这一定义，经营活动的范围很广，它包括了企业投资活动和筹资活动以外的所有交易和事项。就工商企业来说，经营活动主要包括销售商品、提供劳务、经营性租赁、购买商品、接受劳务、广告宣传、推销商品、交纳税款等。

各类企业由于行业特点不同，对经营活动的认定存在一定差异，在编制现金流量表时，应根据企业的实际情况，对现金流量进行合理的归类。

经营活动产生的现金流量项目主要有：销售商品、提供劳务收到的现金；收到的税费返还；收到的其他与经营活动有关的现金；购买商品、接受劳务支付的现金；支付给职工以及为职工支付的现金；支付的各项税费；支付其他与经营活动有关的现金。

（1）销售商品、提供劳务收到的现金，其具体内容包括：本期销售商品和提供劳务本期收到的现金、前期销售商品和提供劳务本期收到的现金、本期预收的商品款和劳务款等、本期收回前期核销的坏账损失、本期发生销货退回而支付的现金（从本项目中扣除）。

（2）收到的税费返还，反映企业收到返还的各种税费。如收到的减免增值税退税、出口退税、减免消费税退税、减免营业税退税、减免所得税退税和收到的教育费附加返还等。

（3）收到的其他与经营活动有关的现金，反映企业除上述各项目外，收到的其他与经营活动有关的现金流入。包括企业收到的罚款收入、属于流动资产的现金赔款收入、经营租赁的租金和押金收入、银行存款的利息收入等。

（4）购买商品、接受劳务支付的现金具体内容有：本期购买商品、接受劳务本期支付的现金，本期支付前期购买商品、接受劳务的未付款项，本期预付的购货款，本期发生购货退回而收到的现金应从购买商品或接受劳务支付的款项中扣除。

（5）支付给职工以及为职工支付的现金，反映企业实际支付给职工以及为职工支付的现金，包括：本期实际支付给职工的工资、奖金、各种津贴和补贴等；为职工支付的养老、失业等社会保险基金、补充养老保险、企业为职工支付的商业保险金、住房公积金、支付给职工的住房困难补助；企业支付给职工或为职工支付的福利费用等。该项目不包括支付给离退休人员的各种费用；上述职工不包括“在建工程人员”。

（6）支付的各项税费，反映企业实际支付的各种税金和支付的教育费附加、矿产资源补偿费等。不包括支付的计入固定资产价值的耕地占用税等。

（7）支付的其他与经营活动有关的现金，反映企业除上述各项目外，支付的其他与经营活动有关的现金流出。如罚款支出、支付的差旅费、经营租赁的租金、业务招待费现金支出、支付的保险费、支付给离退休人员的各种费用等。

（二）投资活动所提供的现金流量

投资活动是指企业长期资产的购建和不包括在现金等价物范围内的投资及其处置活动。这里所指的长期资产是指固定资产、在建工程、无形资产、其他资产等持有期限在一年或一个营业周期以上的资产。

一般来说，投资活动产生的现金流量项目主要有：收回投资收到的现金；取得投资收益收到的现金；处置固定资产、无形资产和其他长期资产收回的现金净额；处置子公司及其他营业单位收到的现金净额；收到其他与投资活动有关的现金；购建固定资产、无形资产和其他长期资产支付的现金；投资支付的现金；取得子公司及其他营业单位支付的现金净额；支付其他与投资活动有关的现金。

（1）收回投资收到的现金，反映企业出售、转让或到期收回除现金等价物以外的交易性金融资产、可供出售金融资产、长期股权投资（除处置子公司及其他营业单位）以及收回持有至到期投资本金而收到的现金。包括转让收益，但不包括收到的现金股利和利息。

（2）取得投资收益收到的现金，反映企业因各种投资收到的现金股利、利润和利息等。

（3）处置固定资产、无形资产和其他长期资产收回的现金净额，反映企业处置固定资产、无形资产和其他长期资产而收到的现金，减去处置资产而支付的有关费用后的净额。包括固定资产等因损失而收到的保险赔款等。

（4）处置子公司及其他营业单位收到的现金净额，反映企业处置子公司及其他营业单位收到的现金，减去相关税费以后的净额。

（5）收到的其他与投资活动有关的现金，反映企业除上述各项目外，收到的其他与投资活动有关的现金流入。如收到的属于购买时买价中所包含的现金股利或已到付息期的利息等。

(6) 购置固定资产、无形资产和其他长期资产支付的现金，反映企业购买、建造固定资产，购买无形资产和其他长期资产所支付的现金。该项目不包括资本化的借款利息、融资租入固定资产所支付的租赁费以及分期付款购建固定资产除第一期外其他各期支付的款项，这些项目在筹资活动产生的现金流量中反映。

(7) 投资支付的现金，反映企业进行各种投资（除取得子公司及其他营业单位）所支付的现金。但不包括购买股票和债券时，买价中所包含的已宣告发放但尚未领取的现金股利或已到付息期但尚未领取的利息等，这些现金支出应在投资活动中“支付的其他与投资活动有关的现金”项目中反映。

(8) 取得子公司及其他营业单位支付的现金净额，反映企业取得子公司及其他营业单位支付的现金。

(9) 支付的其他与投资活动有关的现金，反映企业除上述各项目外，支付的其他与投资活动有关的现金。如购买股票和债券时，支付的买价中所包含的已宣告发放但尚未领取的现金股利或已到付息期但尚未领取的利息等。

(三) 筹资活动所提供的现金流量

筹资活动是指导致企业资本及债务规模和构成发生变化的活动。这里所说的资本包括实收资本（股本）和资本溢价（股本溢价）。与资本有关的现金流入和流出项目包括吸收投资、发行股票、分配利润等。这里“债务”是指企业对外举债所借入的款项，如发行债券、向金融企业借入款项以及偿还债务等。

筹资活动产生的现金流量项目主要有：吸收投资收到的现金；取得借款收到的现金；收到其他与筹资活动有关的现金；偿还债务支付的现金；分配股利、利润或偿付利息支付的现金；支付其他与筹资活动有关的现金。

(1) 吸收投资收到的现金，反映企业收到的投资者投入的现金。包括发行股票收到的股款净额（发行收入 - 券商直接从发行收入中扣除的发行费用），发行债券收到的现金（发行收入 - 银行等直接从发行收入中扣除的发行费用）。

企业发行股票时由企业直接支付的评估费、审计费、咨询费以及发行债券支付的印刷费等发行费用，不能从本项目中扣除。

(2) 取得借款收到的现金，反映企业本期实际借入短期借款、长期借款所收到的现金。但本期偿还借款支付的现金不能从本项目中扣除。

(3) 收到的其他与筹资活动有关的现金，反映企业除上述各项目外，收到的其他与筹资活动有关的现金。

(4) 偿还债务支付的现金，反映企业以现金偿还短期借款、长期借款和应付债券的本金。该项目不包括偿还的借款利息、债券利息。

(5) 分配股利、利润和偿付利息支付的现金，反映企业实际支付的现金股利、利润和支付的借款利息、债券利息等。

(6) 支付的其他与筹资活动有关的现金，反映企业除上述各项目外，支付的其他与筹资活动有关的现金。如支付的筹资费用、支付的融资租赁费、分期付款购建固定资产除第一期外其他各期支付的款项等。

(四) 自由现金流量

自由现金流量是反映企业经营现金流量支撑企业发展和回报资本供给者能力的重要指标。自由现金流量是指企业的经营活动产生的现金流量净额，减去净资本性支出和净营运资本的变化的差额。净资本性支出是指在资本性资产上的净支出（固定资产的购买现金支出减去固定资产出售的现金收入）。净营运资本的变化是指净营运资本上所投资的数额，它是通过期间内净营运资本的变化来衡量的，代表了流动资产减去流动负债的净增加额。自由现金流量是公司所产生的税后现金流量总额，可以自由地支付给公司资本的所有供应者，包括债权人和股东。

第三节　现金流量表的编制方法和程序

现金流量表的编制方法主要有直接法和间接法两种。直接法是指直接确定每笔涉及现金收支业务的属性，归入按现金流动属性分类形成经营、投资、筹资三部分的现金收支项目，然后计算整个企业的现金流量；间接法是指企业从净利润开始调整相关项目，以确定企业的经营活动产生的现金流量。

一、现金流量表的编制方法

现金流量表的编制方法有两种：直接法和间接法。

1. 直接法

直接法是通过现金收入和现金支出的主要类别来反映企业经营活动产生的现金流量。采用直接法编制经营活动的现金流量时，一般以利润表中的营业收入为起算点，调整与经营活动有关的项目的增减变动，然后计算出经营活动的现金流量。

2. 间接法

间接法是以本期净利润为起算点，调整不涉及现金的收入、费用、营业外收支等有关项目的增减变动，包括非现金损益项目、非流动项目处置利得或损失以及非现金营运资本项目的变动，据此计算出经营活动产生的现金流量。

采用直接法提供的信息有助于评价企业未来现金流量。国际会计准则鼓励企业采用直接法编制现金流量表。我国现金流量表采用直接法编制，但在现金流量表的补充资料中还按照间接法反映经营活动现金流量的情况。

不论是直接法还是间接法，投资活动和筹资活动所提供的现金部分都要直接列示现金收入和现金支出项目及其金额。

二、编制现金流量表的数据资料

编制现金流量表一般需要以下数据资料：

（1）资产负债表；

（2）当期利润表；

（3）其他数据资料。主要包括非现金损益项目数据、非流动项目的变动信息以及当期涉及重大投资和筹资活动等资料。

在具体编制现金流量表时，可以用T型账户法分析计算出现金流量表各项目的金额。

采用T型账户法编制现金流量表，是以T型账户为手段，以资产负债表和利润表为基础，对每一个项目进行分析并编制调整分录，从而编制现金流量表。

采用T型账户法编制现金流量表的程序如下：

（1）为所有的非现金项目分别开设T型账户，并将各自的期末期初变动数过入各该账户。

（2）开设一个大的“现金及现金等价物”T型账户，过入期末期初变动数。

（3）以利润表项目为基础，结合资产负债表分析每一个非现金项目的增减变动，并据此编制调整分录。

（4）将调整分录过入各T型账户，并进行核对，该账户借贷相抵后的余额与原先过入的期末期初变动数应当一致。

（5）根据大的“现金及现金等价物”T型账户编制正式现金流量表。

【例10-1】 ABC公司2011年12月31日资产负债表如表10-1，2011年度损益表如表10-2，其他相关账户资料见表10-2后。

表 10－1　　　　　　　　　　　**资产负债表**

编制单位：ABC 公司　　　　　　　2011 年 12 月 31 日　　　　　　　单位：元

资　产	年初余额	期末余额	负债和股东权益	年初余额	期末余额
流动资产：			流动负债：		
货币资金	1 815 200	1 859 250	短期借款	300 000	50 000
交易性金融资产	15 000	0	应付票据	200 000	100 000
应收票据	193 000	57 000	应付账款	721 000	721 000
应收账款	312 000	536 800	预收账款	0	0
预付账款	100 000	100 000	应付职工薪酬	110 000	152 000
其他应收款	5 000	5 000	应交税费	30 000	41 500
存货	1 165 000	1 159 000	其他应付款	6 600	36 600
流动资产合计	3 605 200	3 717 050	应付利息	1 000	0
			一年内到期的长期借款	1 000 000	0
非流动资产：			流动负债合计	2 368 600	1 101 100
固定资产	1 100 000	601 000	非流动负债：		
无形资产	600 000	520 000	长期借款	600 000	1 000 000
非流动资产合计	1 700 000	1 121 000	应付债券	0	0
			非流动负债合计	600 000	1 000 000
			负债合计	2 968 600	2 101 100
			股东权益：		
			股本	1 500 000	1 500 000
			留存收益	836 600	1 236 950
			股东权益合计	2 336 600	2 443 950
资产总计	5 305 200	4 838 050	负债和股东权益总计	5 305 200	4 838 050

注：应收账款的期初余额为 375 000 元，期末余额为 600 700 元；坏账准备期初余额为 3 000 元，期末余额为 3 900 元。

表 10－2　　**损益表**

编制单位：ABC 公司　　2011 年度　　单位：元

项　目	本期金额	上期金额（略）
一、销售收入	1 780 000	
减：销售成本	800 000	
营业税金及附加	2 000	
销售费用	20 000	
管理费用	147 100	
财务费用	33 500	
资产减值损失	60 900	
加：投资收益（损失以“－”填列）	27 000	
二、营业利润（亏损以“－”填列）	743 500	
加：营业外收入	50 000	
减：营业外支出	19 700	
三、利润总额（亏损总额以“－”填列）	773 800	
减：所得税费用	193 450	
四、净利润（净亏损以“－”填列）	580 350	

其他资料如下：

1. 2011 年度资产负债表有关项目的明细资料如下：

（1）本期收回交易性金融资产投资资本金 17 000 元，公允价值变动 2 000 元。

交易性金融资产

期初	15 000		
		出售	15 000
期末	0		

（2）应交税费的组成：本期增值税进项税额 38 500 元，增值税销项税额 170 000 元，已交增值税 100 000 元。

应交税费——应交增值税

进项税	38 500	销项税	170 000
已交税金	100 000		
		期末	31 500

（3）应付职工薪酬的组成

应付职工薪酬

		期初	110 000
经营人员	300 000	经营人员	342 000
		期末	152 000

（4）其他应付款的组成

其他应付款

		期初	6 600
		计提	30 000
		期末	36 600

（5）预提费用均为短期借款利息，其中本期计提利息 18 500 元，支付利息 19 500 元。

应付利息

		期初	1 000
支付	19 500	计提	18 500
		期末	0

（6）本期用现金购买固定资产 101 000 元。

固定资产

期初	1 100 000		
购买	101 000	处置	400 000
		报废	200 000
期末	601 000		

（7）本期用现金偿还短期借款250 000元，偿还一年内到期的长期借款1 000 000元；借入长期借款400 000。

短期借款

		期初	300 000
偿还	250 000		
		期末	50 000

一年内到期的长期借款

		期初	1 000 000
偿还	1 000 000		
		期末	0

长期借款

		期初	600 000
		借入	400 000
		期末	1 000 000

2. 2010年度利润表有关项目的明细资料如下：

（1）管理费用的组成：工资17 100元，无形资产摊销80 000元，折旧费20 000元，支付其他费用30 000元。

管理费用

工资	17 100	结转	147 100
累计摊销	80 000		
折旧费	20 000		
其他费用	30 000		
期末	0		

（2）财务费用的组成：计提借款利息18 500元，支付应收票据贴现利息15 000元。

财务费用

借款利息	18 500	结转	33 500
票据贴现	15 000		
期末	0		

（3）资产减值损失的组成：计提坏账准备 900 元，上年年末坏账准备余额 3 000 元；计提固定资产减值准备 60 000 元。

资产减值损失

坏账准备	900	结转	60 900
固定资产减值准备	60 000		
期末	0		

（4）投资收益的组成：收到股息收入 25 000 元，与本金一起收回的短期股票投资收益 2 000 元。

投资收益

结转	27 000	收到股息	25 000
		出售股票	2 000
		期末	0

（5）营业外收入的组成：处置固定资产净收益 50 000 元（其所处置固定资产原价为 400 000 元，累计折旧为 150 000 元，收到处置收入 300 000 元）。假定不考虑与固定资产处置有关的税费。

营业外收入

结转	50 000	处置固定资产	50 000
		期末	0

（6）营业外支出的组成：报废固定资产净损失 19 700 元（其所报废固定资产原价为 200 000 元，累计折旧 180 000 元，支付清理费用 500 元，收到残值收入 800 元）。

营业外支出

报废固定资产净损失	19 700	结转	19 700
期末	0		

三、现金流量表的编制程序

（一）直接法下现金流量表的编制

直接法下，根据公司资产负债表和损益表及相关账户数据，采用T型账户的分析编制现金流量表，具体程序如下：

1. 为所有的非现金项目分别开设T型账户（包括资产负债表和利润表的项目），并将各自的期末期初变动数过入各该账户。

销售收入

	1 780 000
	（1）1 780 000

销售成本

800 000	
（2）800 000	

营业税金及附加

2 000	
（3）2 000	

销售费用

20 000	
（4）20 000	

管理费用

147 100	
（5）147 100	

财务费用

33 500	
（6）33 500	

资产减值损失

60 900	
（7）60 900	

投资收益

	27 000
	（8）27 000

营业外收入

	50 000
	（9）50 000

营业外支出

19 700	
（10）19 700	

所得税费用

193 450	
（11）193 450	

交易性金融资产

	15 000
	（12）15 000

应收票据

225 700	
（1）225 700	

应收账款

	136 000
	（1）136 000

存货

	6 000
	（2）6 000

固定资产

	499 000
（13）101 000	（9）400 000
	（10）200 000

累计折旧

230 000	（14）100 000
（9）150 000	
（10）180 000	

累计摊销

	80 000
	（15）80 000

短期借款

250 000	
（16）250 000	

应付票据

100 000	
（2）100 000	

应付利息

1 000	
（19）19 500	（6）18 500

应付职工薪酬

	42 000
（17）300 000	（17）342 000

应交税费

（2）38 500	（1）170 000
（18）295 450	（3）2 000
	（11）193 450

一年内到期的长期借款

1 000 000	
（16）1 000 000	

长期借款

	400 000
	（20）400 000

2. 开设一个大的“现金及现金等价物”T型账户，如表10－3，过入期末期初变动数。

表10－3　　现金及现金等价物

经营活动现金收入		经营活动现金支出	
1. 销售商品收到的现金	（1）1 860 300	1. 购买商品支付的现金	（2）932 500
	（6）－15 000		（14）－80 000
2. 收到的税费返还			（17）－324 900
3. 收到的其他现金		2. 支付给职工现金	（17）300 000
		3. 支付的各项税费	（18）295 450
		4. 支付的其他现金	（4）20 000
			（5）147 100
			（14）－20 000
			（15）－80 000
			（17）－17 100
合计	1 845 300	合计	1 173 050
投资活动现金收入		投资活动现金支出	
1. 收回投资收到的现金	（8）2 000	1. 购建固定资产支付现金	（13）101 000
	（12）15 000		
2. 取得投资收益收到的现金	（8）25 000		
3. 处置固定资产收到的现金	（9）300 000		
	（10）300		
合计	342 300	合计	101 000
筹资活动现金收入		筹资活动现金支出	

续表

经营活动现金收入		经营活动现金支出	
1. 吸收投资收到的现金		1. 偿还债务支付现金	（16）250 000
2. 取得借款收到的现金	（20）400 000		（16）1 000 000
		2. 偿付利息支付的现金	（19）19 500
合计	400 000	合计	1 269 500
现金流入	2 587 600	现金流出	2 543 550
现金流入净额	44 050		

3. 以利润表项目为基础，结合资产负债表分析每一个非现金项目的增减变动，并据此编制调整分录。

（1）分析调整营业收入：

借：经营活动现金流量——销售商品收到现金　　1 860 300
　　应收账款　　225 700
　　贷：营业收入　　1 780 000
　　　　应收票据　　136 000
　　　　应交税费　　170 000

（2）分析调整营业成本：

借：营业成本　　800 000
　　应付票据　　100 000
　　应交税费　　38 500
　　贷：经营活动现金流量——购买商品支付的现金　　932 500
　　　　存货　　6 000

（3）分析调整营业税金及附加：

借：营业税金及附加　　2 000
　　贷：应交税费　　2 000

（4）分析调整销售费用：

借：销售费用　　20 000
　　贷：经营活动现金流量——支付其他现金　　20 000

（5）分析调整管理费用：

借：管理费用　　147 100
　　贷：经营活动现金流量——支付其他现金　　147 100

(6) 分析调整财务费用：

借：财务费用　　33 500

　　贷：经营活动现金流量——销售商品收到现金　　15 000

　　　　应付利息　　18 500

(7) 分析调整资产减值损失：

借：资产减值损失　　90 900

　　贷：坏账准备　　60 900

　　　　固定资产减值损失　　30 000

(8) 分析调整投资收益：

借：投资活动现金流量——取得投资收益收现金　　25 000

　　投资活动现金流量——收回投资收到的现金　　2 000

　　贷：投资收益　　27 000

(9) 分析调整营业外收入：

借：投资活动现金流量——处置固定资产收现金　　300 000

　　累计折旧　　150 000

　　贷：营业外收入　　50 000

　　　　固定资产　　400 000

(10) 分析调整营业外支出：

借：营业外支出　　19 700

　　累计折旧　　180 000

　　投资活动现金流量——处置固定资产收现金　　300

　　贷：固定资产　　200 000

(11) 分析调整所得税费用：

借：所得税费用　　193 450

　　贷：应交税费　　193 450

(12) 分析调整交易性金融资产：

借：投资活动现金流量——收回投资收取的现金　　15 000

　　贷：交易性金融资产　　15 000

(13) 分析调整固定资产：

借：固定资产　　101 000

　　贷：投资活动现金流量——购建固定资产付现金　　101 000

(14) 分析调整累计折旧：

借：经营活动现金流量——支付其他现金　20 000

　　经营活动现金流量——购买商品支付现金　80 000

　　贷：累计折旧　100 000

(15) 调整无形资产及摊销：

借：经营活动现金流量——支付其他现金　80 000

　　贷：累计摊销　80 000

(16) 分析调整短期借款：

借：短期借款　250 000

　　贷：筹资活动现金流量——偿还债务支付现金　250 000

借：一年内到期的长期借款　1 000 000

　　贷：筹资活动现金流量——偿还债务支付现金　1 000 000

(17) 分析调整应付职工薪酬：

借：应付职工薪酬　300 000

　　贷：经营活动现金流量——支付给职工的现金　300 000

借：经营活动现金流量——购买商品支付现金　324 900

　　经营活动现金流量——支付其他现金　17 100

　　贷：应付职工薪酬　342 000

(18) 分析调整应交税费：

借：应交税费　295 450

　　贷：经营活动现金流量——支付的各项税费　295 450

(19) 分析调整应付利息：

借：应付利息　19 500

　　贷：筹资活动现金流量——偿付利息支付现金　19 500

(20) 分析调整长期借款：

借：筹资活动现金流量——借款收到现金　400 000

　　贷：长期借款　400 000

(21) 调整现金净变化额：

借：现金　44 050

　　贷：现金净增加额　44 050

4. 将调整分录过入各T型账户，并进行核对，该账户借贷相抵后的余额与原先过入的期末期初变动数应当一致。

5. 根据“现金及现金等价物”T型账户数据编制正式现金流量表，见后表10－4。

（二）间接法下现金流量表的编制

间接法下，将净利润调节为经营活动现金流量，是经营活动产生现金流量的另一种表达方式，具体是以利润表的净利润为起算点，调整不涉及现金收付、影响净利润项目的非营业性损益，以及营运资本即流动资产和流动负债的期初期末变动额，计算出经营活动的现金净流量。而投资活动和筹资活动的现金流量计算与列报方式不变，其计算公式如下：

经营活动产生的现金净额：

净利润

+（-）计入营业收益的非现金损益（没有在营运资本的项目中反映）

+（除经营活动外）非现金的费用

-（除经营活动外）非现金的收益

+（-）流动资产项目减少（增加）

+（-）流动负债项目增加（减少）

=经营活动产生的现金净流量

1. 将净利润调节为经营活动现金流量

（1）资产减值准备

该项目反映企业本期实际计提的各项资产减值准备，包括坏账准备、存货跌价准备、固定资产减值准备、无形资产减值准备等。本项目可以根据“资产减值损失”账户的记录分析填列。

（2）固定资产折旧、油气资产折耗、生产性生物资产折旧

该项目反映企业本期实际计提的固定资产折旧、油气资产折耗、生产性生物资产折旧等。本项目可以根据“累计折旧”、“累计折耗”、“生产性生物资产折旧”等账户的记录分析填列。

（3）无形资产摊销和长期待摊费用摊销

该项目反映企业本期实际摊销的无形资产价值。本项目可以根据“累计摊销”、“长期待摊费用”账户的贷方发生额分析填列。

（4）处置固定资产、无形资产和其他长期资产的损失（减：收益）

该项目反映企业本期处置固定资产、无形资产和其他长期资产的净损失，如为净收益，以“-”号填列。本项目可以根据“营业外收入”和“营业外支出”等明细账户的记录分析填列。

（5）固定资产报废损失

该项目反映企业本期发生的固定资产盘亏净损失。本项目可以根据“营业外收入”

和“营业外支出”等明细账户的记录分析填列。

（6）投资损失（减：收益）

该项目反映企业本期对外投资实际发生的净损失，如为投资收益，以“-”号填列。本项目可以根据利润表的“投资收益”项目数字填列。

（7）公允价值变动损失

该项目反映企业本期持有的交易性金融资产、交易性金融负债等资产公允价值变动形成的净损失，如为净收益，以“-”号填列。本项目可以根据“公允价值变动损益”账户的记录分析填列。

（8）财务费用

该项目反映企业本期实际发生的属于投资活动、筹资活动的财务费用。本项目可以根据“财务费用”账户的本期借方发生额分析填列，如为净收益，以“-”号填列。

（9）存货的减少（减：增加）

该项目反映企业本期存货期初余额与期末余额的差额。本项目可以根据资产负债表“存货”项目的期初余额与期末余额的差额填列，如期末余额大于期初余额的差额，以“-”号填列。

（10）经营性应收项目减少（减：增加）

该项目反映企业本期经营性应收项目期初余额与期末余额的差额，若期初余额小于期末余额的差额，以“-”号填列。

经营性应收项目减少＝应收票据（期初余额－期末余额）＋应收账款（期初余额－期末余额）＋预付账款（期初余额－期末余额）＋其他应收款（期初余额－期末余额）－计提准备

（11）经营性应收项目增加（减：减少）

该项目反映企业本期经营性应付项目期初余额与期末余额的差额，若期初余额大于期末余额的差额，以“-”号填列。

经营性应付项目增加＝应付票据（期末余额－期初余额）＋应付账款（期末余额－期初余额）＋预收账款（期末余额－期初余额）＋应付职工薪酬（期末余额－期初余额）＋应交税费（期末余额－期初余额）＋其他应付款（期末余额－期初余额）

2. 不涉及现金收支的重大投资和筹资活动

现金流量表准则规定，企业应当在附注中披露不涉及当期现金收支，但影响企业财务状况或未来可能影响企业现金流量的重大投资和筹资活动，主要包括：

（1）“债务转为资本”项目，反映本期转为资本的债务金额；

（2）“一年内到期的可转换公司债券”项目，反映一年内到期的可转换公司债券的本金和利息；

（3）“融资租入固定资产”项目，反映本期融资租入固定资产的最低付款额扣除未确认融资费用后的净额。

3. 现金及现金等价物的净变动情况

该项目反映企业一定会计期间现金及现金等价物期末余额减去期初余额的净增加额，与现金流量表中“现金及现金等价物净增加额”相等。

4. 现金流量表的平衡关系

现金流量表的平衡关系是检验现金流量表编制正确性的重要依据，也是现金流量表的基本平衡关系。

（1）现金流量表中用直接法计算的“经营活动产生的现金流量净额”等于现金流量表附注中用间接法计算得出的“经营活动产生的现金流量净额”。

（2）现金流量表中用直接法计算的“经营活动产生现金流量净额”加“投资活动产生现金流量净额”加“筹资活动产生现金流量净额”加“汇率变动对现金及现金等价物的影响”得出的“现金及现金等价物净增加额”等于现金流量表附注中用通过“库存现金”、“银行存款”、“其他货币资金”账户的期初余额与期末余额的差额以及与现金等价物的期初余额与期末余额的差额计算得出的“现金及现金等价物净增加额”。

沿用【例 10－1】，根据资产负债表和利润表及相关账户资料，间接法下经营活动现金流量分析如下：

1. 来自非流动性项目的非现金费用

（1）计提的资产减值准备

该项目反映企业本期实际计提的各项资产减值准备，包括坏账准备、存货跌价准备、固定资产减值准备、无形资产减值准备等。本项目可以根据“资产减值损失”账户的记录分析填列。

计提的资产减值准备＝900＋60 000＝60 900（元）

（2）固定资产折旧

该项目反映企业本期实际计提的固定资产折旧。本项目可以根据“累计折旧”账户的记录分析填列。

固定资产折旧＝90 000（元）

（3）无形资产摊销

该项目反映企业本期实际摊销的无形资产价值。本项目可以根据“累计摊销”账户的贷方发生额分析填列。

无形资产摊销 = 80 000（元）

（4）固定资产报废损失

该项目反映企业本期发生的固定资产盘亏净损失。本项目可以根据“营业外收入”和“营业外支出”等明细账户的记录分析填列。

固定资产报废损失 = 19 700（元）

（5）财务费用

该项目反映企业本期实际发生的属于投资活动、筹资活动的财务费用。本项目可以根据“财务费用”的本期借方发生额分析填列，如为净收益，以“-”号填列。

财务费用 = 33 500 - 15 000 = 18 500（元）

3. 来自非流动性项目的非现金收益

（1）投资收益

本项目反映该企业本期对外投资实际发生的净收益，以“-”号填列。本项目可以根据利润表“投资收益”项目填列。

投资收益 = 27 000（元）

（2）处置固定资产、无形资产和其他长期资产的收益

该项目反映企业本期处置固定资产、无形资产和其他长期资产的净损失，如为净收益，以“-”填列。本项目可以根据“营业外收入”和“营业外支出”等明细账户的记录分析填列。

处置固定资产、无形资产和其他长期资产的收益 = 50 000（元）

4. 现金项目外营运资本其他项目的变动对营业活动现金流量的影响

（1）存货的减少

该项目反映企业本期存货期初余额与期末余额的差额。本项目可以根据资产负债表“存货”项目的期初余额和期末余额的差额分析填列，如期末余额大于期初余额的差额，以“-”号填列。

存货的减少 = 1 165 000 - 1 159 000 = 6 000（元）

（2）经营性应收项目的减少

该项目反映企业本期经营性应收项目期初余额与期末余额的差额，若期初余额小于期末余额的差额，以“-”号填列。

经营性应收项目的减少	例中数据
应收票据（期初余额－期末余额） ＋应收账款（期初余额－期末余额） ＋预付账款（期初余额－期末余额） ＋其他应收款（期初余额－期末余额） －计提减值准备	（193 000－57 000） ＋（312 000－536 800） ＋（100 000－100 000） ＋（5 000－5 000） －900
合　计	－89 700（元）

（3）经营性应付项目的增加

该项目反映企业本期经营性应付项目期初余额与期末余额的差额，若期初余额大于期末余额的差额，以“－”号填列。

经营性应付项目的增加：	例中数据
应付票据（期末余额－期初余额） ＋应付账款（期末余额－期初余额） ＋预收账款（期末余额－期初余额） ＋应付职工薪酬（期末余额－期初余额） ＋应交税费（期末余额－期初余额） ＋其他应付款（期末余额－期初余额）	（100 000－200 000） ＋（721 000－721 000） ＋（0－0） ＋（152 000－110 000） ＋（41 500－30 000） ＋（36 600－6 600）
合　计	－16 500（元）

根据以上分析，间接法下经营活动现金流量表，如表 10－4 的附注，即补充资料所示。

表 10－4　　现金流量表

编制单位：ABC 公司　　2011 年　　单位：元

项　目	本期金额
一、经营活动产生的现金流量：	
销售商品、提供劳务收到的现金	1 845 300
收到的税费返还	0
收到的其他与经营活动有关的现金	0
经营活动现金流入小计	1 845 300
购买商品、接受劳务支付的现金	527 600
支付给职工以及为职工支付的现金	300 000

续表

项　目	本期金额
支付的各项税费	295 450
支付的其他与经营活动有关的现金	50 000
经营活动现金流出小计	1 173 050
经营活动产生的现金流量净额	672 250
二、投资活动产生的现金流量	
收回投资收到的现金	17 000
取得投资收益收到的现金	25 000
处置固定资产、无形资产和其他长期资产收回的现金净额	300 300
处置子公司及其他营业单位收到的现金净额	0
收到其他与投资活动有关的现金	0
投资活动现金流入小计	342 300
购建固定资产、无形资产和其他长期资产支付的现金	101 000
投资支付的现金	0
取得子公司及其他营业单位支付的现金净额	0
支付其他与投资活动有关的现金	0
投资活动现金流出小计	101 000
投资活动产生的现金流量净额	241 300
三、筹资活动产生的现金流量:	
吸收投资收到的现金	0
取得借款收到的现金	400 000
收到其他与筹资活动有关的现金	0
筹资活动现金流入小计	400 000
偿还债务支付的现金	1 250 000
分配股利、利润或偿付利息支付的现金	19 500
支付其他与筹资活动有关的现金	0
筹资活动现金流出小计	1 269 500
筹资活动产生的现金流量净额	-869 500
四、汇率变动对现金及现金等价物的影响	0

续表

项　　目	本期金额
五、现金及现金等价物净增加额	44 050
加：期初现金及现金等价物余额	1 815 200
六、期末现金及现金等价物余额	1 859 250
补　充　资　料	
1. 将净利润调节为经营活动现金流量：	
净利润	580 350
加：计提的资产减值准备	60 900
固定资产折旧	90 000
无形资产摊销	80 000
处置固定资产、无形资产和其他长期资产的损失（减：收益）	-50 000
固定资产报废损失	19 700
财务费用	18 500
投资损失（减：收益）	-27 000
存货的减少（减：增加）	6 000
经营性应收项目的减少（减：增加）	-89 700
经营性应付项目的增加（减：减少）	-16 500
经营活动产生的现金流量净额	672 250
2. 不涉及现金收支的投资和筹资活动：	
债务转为资本	0
一年内到期的可转换公司债券	0
融资租入固定资产	0
3. 现金及现金等价物净增加情况	
现金的期末余额	1 859 250
减：现金的期初余额	1 815 200
加：现金等价物的期末余额	0
减：现金等价物的期初余额	0
现金及现金等价物净增加值	44 050

前已指出自由现金流量是反映企业营业活动创造现金支撑企业持续发展的重要指标，通过上述现金流量表及相关资料可以计算企业自由现金流量。

（三）自由现金流量的计算

前已指出自由现金流量由三个方面因素构成：经营活动产生的现金流量净额、净资本性支出和净营运资本的变动。

1. 根据表 10－4，经营活动产生的现金流量净额指的是源自企业日常生产和销售活动的现金流量，即 672 250 元。

2. 分析固定资产及相关账户计算出净资本性支出，计算如下：

单位：元

项　　目	金　　额
期末固定资产余额	601 000
－期初固定资产余额	1 100 000
＋折旧	90 000
固定资产上的净投资	－409 000

3. 根据流动资产和流动负债账户，计算净营运资本的变动如下：

单位：元

项　　目	金　　额
期末净营运资本	2 322 950
－期初净营运资本	1 236 600
净营运资本的变化	1 086 350

根据以上计算，自由现金流量表如 10－5。

表 10－5　　自由现金流量表　　单位：元

项　　目	金　　额
经营活动产生的现金流量净额	672 250
－净资本性支出	－409 000
－净营运资本的变化	－1 086 350
自由现金流量	－5 100

尽管企业显示出净利润为50多万元，自由现金流量却并不宽裕。如果长期下去可能会影响企业的扩大和发展。

本章提示：

1. 现金流量表的直接法和间接法同为可接受的方法，国际会计准则鼓励现金流量表采用直接法，我国采用直接法，但要求用间接法提供补充资料。

2. 关于现金利息收益和利息支出、现金股息收益和现金股息支出，国际会计准则要求单独披露，但可选择分类：或列为经营活动现金流量，或列为投资或筹资现金流量。

(1) 因为利息收支和股息收益计入当期损益，所以国际会计准则中，现金利息收入和支出、现金股息收益可列为经营活动现金流，也可按来源列为投资或筹资现金流量。

(2) 股息是企业融资成本，股息的现金支出列为筹资活动现金流量。但为了反映经营现金流支付股息的能力，也可作为经营活动现金流。

3. 关于现金利息收益和利息支出、现金股息收益和现金股息支出，我国会计准则按来源性质：现金利息收益和现金股息收益列为投资现金流量，现金利息支出和现金股息支出列为筹资活动现金流量。

思考题

1. 企业编制资产负债表和收益表，为什么还要提供现金流量表？
2. 现金包括哪些内容？什么是现金等价物？
3. 现金流量表上现金流量如何分类？
4. 编制现金流量表有哪些方法，这些方法有何不同？
5. 何为自由现金流？自由现金流有何意义？
6. 编制现金流量表需要哪些资料？
7. 现金流量表与资产负债表、损益表有何勾稽关系？
8. 损益表上的净收益与经营活动净现金流有何关系？

第十一章

财务报表分析的基本方法

本章学习目标

1. 理解财务报表分析的目标；
2. 掌握财务报表分析的基本方法；
3. 熟悉常用的财务分析比率及其用途；
4. 理解财务比率分析的局限性。

企业财务报表是会计信息系统在对企业日常交易数据处理的基础上，按照规定格式、内容和方法定期编制的，以综合反映企业某一特定日期财务状况和某一特定期间经营成果、现金流量状况的书面文件，其目的在于向会计信息使用者提供有用的信息。然而，会计信息系统在生成财务报表的过程中，采用了大量专业技术，并进行了高度的浓缩和汇总，因而具有很强的专业性。如果没有掌握专门的分析方法并对财务报表进行系统的分析，我们可能很难对企业的整体财务状况和经营业绩作出恰当的评估和判断。企业财务报表分析的重要功能就是通过专门、系统的分析方法，在对财务报表的数据进行进一步整理、加工和分析的基础上，更加完整、清晰地展示企业财务的面貌及趋势。企业财务报表分析既是一项专业技能，它融合了会计学、企业管理学、金融学等多学科的理论和技术；同时也是一种艺术，杰出的财务分析师能够通过财务分析，洞悉财务数据背后所隐含的企业财务和管理方面的问题，对企业财务状况和管理成效进行比较准确的判断，并能对企业价值和发展前景作出准确的评估。

学习和提高财务报表分析能力，需要我们认识财务报表分析的目的、理解财务报表分析的视角、掌握财务报表的分析方法和指标体系及其用途。

第一节　财务报表的使用和分析

财务报表的使用和分析是目的性非常强的工作。因而在进行财务报表分析时，首先应当明确财务报表分析的目的。由于对外财务报表的总括性和综合性，因此在使用财务报表时还要掌握一定的分析方法。

一、财务报表分析的目的

财务报表分析是财务报表使用者运用专门的方法从财务报表中挖掘对其决策有用的信息的过程。财务报表分析的基本目的是将财务报表数据转换为有用的信息，帮助报表使用人改善决策。因此，财务报表分析的目的取决于决策的需要。

不同的使用者，其对企业的利益诉求不一样，其作出的具体决策也各不相同，因此，不同的财务报表使用者针对财务报表所进行的分析，其具体目的是不一样的。财务报表的使用者包括内部使用者和外部使用者。内部使用者包括企业管理者和职工，外部使用者包括股东、债权人、政府部门、供应商、顾客、竞争对手、社会公众等。

（一）企业管理者对财务报表的分析

企业管理者有责任维持企业的生存、促进企业的发展，为投资者创造尽可能多的价值。在此程中，企业管理者要协调各方面的利益关系，对那些会影响企业生存与发展的各种因素，要有充分的了解和掌握。因此，企业管理者分析财务报表，其基本目的在于通过对企业财务报表的分析，识别和评价企业的优势和弱势、经营管理的成功或不足之处，以制定合理的经营战略和具体的实施与控制措施，提高企业的竞争力，从而改善企业的经营绩效、保持企业良好的流动状况和偿付能力，保证企业的持续经营和发展壮大。

（二）股东对财务报表的分析

股东需要通过评估投资回报和风险，作出是否购买、持有企业股份，或者对企业生产经营管理进行适当干预的决策。企业分派的股利和投资者所持股权在股票市场上因价格变化而产生的资本利得构成了股东从企业获取收益的主要渠道。无论是股利、资本利得还是投资风险，都会与企业盈利能力、现金流动状况、财务风险等密切相关，因而，股权投资者出于对投资回报和投资风险的关心，希望通过分析财务报表，了解企业的盈利能力、现金流动状况、财务风险等，以评估其对投资回报和投资风险的影响以及企业生产经营管理的效率。

（三）债权人对财务报表的分析

企业对于债权人利益的影响主要体现在企业是否能够足额、及时地偿还债务利息和本金。因此，债权人对企业财务报表进行分析的主要目的，在于通过财务报表评估企业的偿债能力，以决定其向企业放债的规模、期限和利率等。债务的期限有长有短，短期债权人分析财务报表着重于企业相关期间内创造现金的能力，以支付利息、偿还本金。而长期债权人不仅关心企业短期的偿债能力，而且要分析企业未来的盈利能力。这是因为，从长期来看，企业未来的盈利能力是企业长期偿债能力的根本保证。所以债权人分析财务报表通常需要了解企业借贷的原因、企业的资本结构和债务的偿还期限、营业创造现金的能力，关注企业持续发展的生存能力，评价债权投资风险。

（四）其他利益相关者对财务报表的分析

除了企业管理者、股东和债权人之外，其他利益相关者也需要通过财务报表分析了解企业的情况，以作出正确的决策。例如：职工期望以了解企业盈利能力和财务状况，评估其未来可能获得的薪酬、工作的稳定性、工作环境的安全性与职业发展前景；政府可以通过财务报表，分析企业的财务管理状况，了解企业资金使用效率，有效地组织和调整社会资源配置、促进资源配置效率，同时检查企业是否存在违法乱纪的活动，维护社会稳定、保证法律法规得到遵守和财政收入的及时缴纳；供应商会关心企业是否能够足额、及时支付货款及以后的合作前景；顾客会关心企业的财务能力和持续经营能力是否能够影响商品质量及企业对顾客所承担的商品质量保证等义务的履行保证；竞争对手期望从企业财务报表中了解企业的经营动态、竞争力，以构筑或修订其竞争策略等。

二、财务报表分析的方法

财务报表分析要采用一定的方法，常用的分析方法主要有趋势分析、结构分析和比率分析等。

（一）趋势分析

所谓财务报表的趋势分析，是指将两个或两个以上会计期间的财务报表中的相同项目进行比较分析，分析其变动方向和变动原因，重点在于掌握不同期间同一项目的变动情况。在趋势分析中，往往将不同期间的某些重要项目的数据列示，计算这些项目变动的数额或百分比，对一些项目未来的发展、对企业的成长情况进行预测。

（二）结构分析

所谓财务报表的结构分析，是指同一财务报表中不同项目之间的比较，分析同一报表中不同财务项目之间的相互关系，以评价各项目之间的关系是否适当。结构分析通常采取编制共同比报表的方式。

（三）比率分析

财务比率分析是被广泛接受和普遍应用的财务分析方法。所谓财务比率，是指财务报表上某些财务项目之间的数额之比。财务比率分析是通过这些项目之间的比率计算、分析与比较，评价、判断企业的财务状况、盈利能力以及经营管理效率等方面的情况。财务比率的分子和分母有的来自同一报表，有的则来自不同期间、不同内容的财务报表。

第二节　财务报表的横向分析和纵向分析

财务报表的横向和纵向分析是财务报表分析的重要内容。在进行财务报表的横向和纵向分析时，通常会利用数期的财务报表数据，旨在分析财务报表项目的变动情况、变动原因和趋势。进行此类分析的具体过程中，常常会通过编制比较财务报表和趋势分析的方法进行。

一、比较财务报表

比较财务报表是指包括本期在内的两期或数期财务报表的并列比较，在使用比较财务报表进行分析时，通常把财务报表上同一项目前后两期的数额加以对比，计算出增减变动的金额和百分比，重点在于分析不同期间同一项目的变动情况和变动原因。

以下以惠新公司 2010 和 2011 年度报表为例，介绍比较财务报表分析方法。

【例 11－1】惠新公司是一家中型批发零售企业，表 11－1 是惠新公司 2011 和 2010 年度的比较收益表及留存收益表，表 11－2 是惠新公司 2011 和 2010 年度的比较资产负债表。表中的增减栏内分别列出了 2011 年度相对于 2010 年度各项目变动的金额和百分比。增减百分比的计算通常是将前一年的数额作为基数，计算本年度相对于上年度上升或下降的幅度。

$$变动百分比 = 变动金额/上年度该项目金额 \times 100\%$$

表 11－1　　惠新公司比较收益表及留存收益表　　金额单位：千美元

	年　份		增长（减少）	
	2011	2010	金额	百分比（%）
销售收入	90 000	75 000	15 000	20.0
销售成本	53 000	42 000	11 000	26.2
销售毛利	37 000	33 000	4 000	12.1
营业费用				
销售费用	12 700	8 500	4 200	49.41
折旧费	3 700	3 300	400	12.1
行政管理费用	7 900	5 200	2 700	51.9
营业费用合计	24 300	17 000	7 300	42.9
营业收益	12 700	16 000	(3 300)	(20.6)
利息费用	2 400	3 000	(600)	(20.0)
税前收益	10 300	13 000	(2 700)	(20.8)
所得税费用	2 800	4 000	(1 200)	(30.0)
净收益	7 500	9 000	(1 500)	(16.7)
每股收益	13.2	20.25	(7.05)	(34.8)
留存收益（期初）	17 600	11 500	6 100	53.0
净收益	7 500	9 000	(1 500)	(16.7)
留存收益（股利分配前）	25 100	20 500	4 600	22.4
普通股股利	2 400	2 000	400	20.0
优先股股利	900	900	0	0
留存收益（股利分配后）	21 800	17 600	4 200	23.9

表 11-2　　**惠新公司比较资产负债表**　　金额单位：千美元

	年份		增长（减少）	
	2011	2010	金额	百分比（%）
资产				
流动资产				
现金	3 600	4 000	(400)	10.0
应收账款（净）	11 700	8 600	3 100	36.0
存货	18 000	11 000	7 000	63.6
预付费用	5 700	5 200	500	9.6
流动资产合计	39 000	28 800	10 200	35.4
固定资产原值	93 700	86 700		
减：累计折旧	(43 700)	(40 000)		
固定资产净值	50 000	46 700	3 300	7.1
其他资产	6 000	10 500	(4 500)	(42.9)
资产总计	95 000	86 000	9 000	10.5
负债和股东权益				
流动负债				
应付账款	6 600	3 000	3 600	120.0
应计费用	3 040	5 000	(1 960)	(39.2)
应付票据	1 560	1 400	160	11.4
流动负债合计	11 200	9 400	1 800	19.1
长期负债				
应付债券	20 000	25 000	(5 000)	(20.0)
负债合计	31 200	34 400	(3 200)	(9.3)
股东权益				
优先股	10 000	10 000	0	0.0
普通股	25 000	20 000	5 000	25.0
资本公积	7 000	4 000	3 000	75.0
留存收益	21 800	17 600	4 200	23.9
股东权益合计	63 800	51 600	12 200	23.6
负债和股东权益合计	95 000	86 000	9 000	10.5

分析比较财务报表可以帮助分析者了解各项目变动的状况，分析变动原因以及变动幅度是否适当。从惠新公司的比较收益表看，销售收入有较大幅度的增长，但销售收入增长了20%，而销售成本却增长了26.2%，从而使得销售毛利只增长了12.1%，应当引起关注。另外销售费用和行政管理费用的增长幅度也都大大高于销售收入的增长幅度，从而导致税前收益较前一年减少了20.8%，因此还应进一步分析销售成本和营业费用增长过高的原因。

惠新公司的比较资产负债表显示该公司的现金、应收账款和存货在2011年度都有大幅度的增长，其原因可能是由于经营规模扩大、市场销售增长的需要，应进一步联系其他项目进行分析。在使用比较财务报表时，值得注意的是对于变动的绝对数额和变动的百分比都要给予关注，应相互联系地进行分析，仅关注其中之一可能会导致错误的结论。例如惠新公司的存货增长了63.6%，而销售成本只增长了26.2%，存货增长是销售成本增长的2倍多。相对于销售，存货似乎增长幅度过大。但从绝对数额来看，销售成本增长了$11 000 000，存货只增长了$7 000 000，增长的数额并非异常。如果2011年的销售还可能增长，存货的增长还是适当的。值得一提的是，各项目变动的百分比是不能加总的。另外在分析变动百分比时，应注意前期比较基数的大小，如果比较基数过小，变动幅度不一定能说明问题。

二、趋势分析

趋势分析法，是指将连续数期财务报表上的有关项目按金额或选用某一年为基期进行比较，计算趋势百分比，从而揭示企业财务状况和经营成果的变化发展趋势。重要项目的趋势分析可以通过计算环比或定比进行分析，环比是指某期数额与上一期数额的百分比，定比则是以某一时期（基期）的数额为基数计算的比率。

定比比率 = 比较期数额/固定基期数额 ×100%

表11－3是惠新公司2006—2011年销售收入和净收益数据的列表。惠新公司销售收入和净收益以2006年为基期的定比百分比如表11－3所示。

表11－3　惠新公司销售收入与净收益趋势分析

项目＼年份	2006	2007	2008	2009	2010	2011
销售收入	60 000	62 400	64 200	66 000	75 000	90 000
定比	100%	104%	107%	110%	125%	150%
净收益	6 000	6 240	7 680	8 580	9 000	7 500
定比	100%	104%	128%	143%	150%	125%

从表上可以看出，惠新公司从2006年至2011年的销售收入稳步增长。值得注意的是，在进行趋势分析时，要注意某些年份内的不可比因素或一些偶发性事件的影响。如果在预测期内不存在产生历史数据的类似因素，那么在使用历史数据进行预测时，应对这些数据加以修正和调整。如惠新公司的净收益2008年度的较大幅度增长和2011年度的大幅度下降，如果属非正常因素，在使用这些数据进行预测时应对这些因素加以调整。另外，影响企业经营活动的因素未来的变化往往是难以确定的，所以完全用历史数据预测未来存在一定风险，应予以特别的关注。计算一些项目的变动比率，不仅用于预测发展趋势，而且也可以发现存在的问题。如惠新公司2006年至2011年净收益增长幅度高于销售收入增长幅度，表明该公司在成本控制和费用管理方面成绩显著。但2011年度，在销售收入大幅度增长的情况下，净收益却较大幅度下降，这种情况应引起重视，进一步分析其原因。

三、纵向分析

纵向分析是指对同一期间的财务报表中的不同项目间的关系进行对比分析。纵向分析主要通过编制共同比报表来进行。

共同比报表通过将财务报表上的某一关键项目的金额定为100%，而将其余项目换算为对关键项目的百分比，以显示各项目之间的相对地位。根据资产负债表可以编制共同比资产负债表，根据收益表可以编制共同比收益表。

表11－4是惠新公司的共同比收益表。表上共同比各栏所有项目均以销售收入为基数，表示为销售收入的百分比。比较2010年和2011年的共同比，可以看出2011年的销售成本和营业费用占销售收入的比例较2010年有显著增长，进而导致营业收益下降。因此，管理者可以此为线索，分析销售成本和营业费用比例上升的原因。

表11－4　　惠新公司共同比收益表　　单位：千美元

项目 \ 年份	2011		2010	
	金额	共同比	金额	共同比
销售收入	90 000	100	75 000	100
销售成本	53 000	58.9	42 000	56.0
销售毛利	37 000	41.1	33 000	44.0
营业费用				
销售费用	12 700	14.1	8 500	11.3
折旧费	3 700	4.1	3 300	4.4
行政管理费用	7 900	8.8	5 200	6.9

续表

年份 / 项目	2011		2010	
	金额	共同比	金额	共同比
营业费用合计	24 300	27.0	17 000	22.7
营业收益	12 700	14.1	16 000	21.3
利息费用	2 400	2.7	3 000	4.0
税前收益	10 300	11.4	13 000	17.3
所得税费用	2 800	3.1	4 000	5.3
净收益	7 500	8.3	9 000	12.0

第三节 财务比率分析

财务比率分析通过运用同一财务报表的不同项目、不同类别或不同财务报表的有关项目的数据，用比率来反映分析和评价企业偿债能力、获利能力和经营效率。有些财务比率所使用的数据来自同一报表和同一期间，但也有些财务比率所使用的数据来自不同报表或不同期间。财务比率分析可以消除规模的影响，用来比较不同企业的收益与风险，从而帮助投资者和债权人作出理智的决策。

一、企业短期财务状况的分析

（一）流动比率

流动比率是企业的流动资产和流动负债之比，也称为营运资本比率，是分析企业流动状况、评价企业短期偿债能力最常用的指标。

流动比率 = 流动资产/流动负债

根据表 11 - 2 的数据，惠新公司 2011 年的流动比率为：39 000/11 200 = 3.5。

流动比率表明企业短期债务可由预期在该债务到期前变现的资产来偿还的能力。一般认为流动比率越高，表明企业偿还短期债务的能力越强。经验认为流动比率保持在 2 比较合理。但是，这一经验标准不能绝对化，财务分析应与该企业所属的行业性质、该企业本身的理财和营业活动特点等相联系，诸如季节性波动和理财方式等。另外，流动资产由不同的项目构成，不同项目的流动资产其变现能力不同，质量差别较大，过高的流动比率可能是由于过多的存货，或是过多的资金占用于流动资产，甚至存货成本的计算方法也会影响流动比率的计算。因此，流动比率本身也存在一定的局限性，在使用流动比率时，应注意流动资产的质量及其结构的分析。

从债权人的角度来看，流动比率较高，往往意味着其利益能够得到更有力的保证。但是从企业角度来看，流动比率越高，未必是一个好的现象，因为流动比率越高，可能是存货积压和滞销的结果，也可能是企业拥有过多的现金未能很好地在经营中加以运用的结果，因而流动比率过大可能会影响资金的使用效率。一般而言，营业周期较短的行业，流动比率较低。表 11－5 报告了部分行业的中国上市公司 2006—2010 年间流动比率（中位数）的情况。不难看出，不同的行业的公司流动比率差异较大，这提醒我们在使用流动比率评价公司的短期偿债能力时，应当考虑公司所在行业的特征。

表 11－5　　2006—2010 年部分行业的中国上市公司流动比率（中位数）

年份	农、林、牧、渔业	制造业	信息技术业	批发零售业	房地产业
2006	1.05	1.12	1.43	1.02	1.70
2007	1.12	1.21	1.58	1.01	1.76
2008	1.21	1.18	1.68	0.99	1.82
2009	1.28	1.32	1.98	1.06	1.88
2010	1.38	1.54	2.79	1.10	1.84

数据来源：CSMAR 数据库。

（二）速动比率

流动比率只能表明流动资产与流动负债之间的关系，未能很好地揭示流动资产的构成与素质。有时，企业的流动比率较高，但流动资产的变现能力可能并不高，这可能导致企业的短期偿债能力依然较差。速动比率在一定程度上能够弥补流动比率的这一缺陷，也称为酸性实验比率，是企业的速动资产与流动负债的比率。

速动比率计算公式如下：

速动比率＝速动资产/流动负债

所谓速动资产是指企业几乎立即可以用来偿还流动负债的那些流动资产，一般包括现金、短期投资、应收账款、应收票据等项目。虽然存货和预付费用等都属于流动资产，但存货转化为现金需要经过生产、销售，再经由应收账款才能转化为现金，而预付费用等项目只可能减少现金支出，不能直接转化为现金，因此都不包含在速动资产之中。由于速动比率剔除了变现能力较弱而数额占流动资产比重较大的存货项目和其他项目，因此它能更准备地反映企业的短期偿债能力。

一般情况下，可用以下公式计算速动资产：

速动资产 = 流动资产总额 - 存货 - 预付费用

或 = 现金 + 短期投资 + 应收账款 + 应收票据

根据表 11 - 2 提供的数据，惠新公司 2011 年 12 月 31 日的速动比率为：

速动比率 = (39 000 - 18 000 - 5 700)/11 200 = 1.4

一般认为正常的速动比率为 1，即速动资产刚好能抵付债务就行。如果速动比率小于 1，则表明企业必须依赖部分存货的变卖才能偿付债务。此外，不同的行业可能有不同的速动比率要求，有的行业可能允许低于 1，而有的行业要求高于 1。在分析速动比率时，应综合企业的性质和生产经营特点来分析，应和反映企业营运状况的其他比率相结合，综合各种因素加以分析，才能作正确的评价。

表 11 - 6 报告了部分行业的中国上市公司 2006—2010 年间速动比率（中位数）的情况。比较表 11 - 5 和表 11 - 6 可以看出，一些行业的公司的流动比率和速动比率相差很大，这在一定程度上说明流动比率在反映企业短期偿债能力方面会存在局限性；同时，表 11 - 6 也反映出不同行业的速动比率存在较大差异，因而在分析速动比率时，需要考虑企业行业性质。

表 11 - 6　　2006—2010 年部分行业的中国上市公司速动比率（中位数）

年份	农、林、牧、渔业	制造业	信息技术业	批发零售业	房地产业
2006	0.60	0.74	1.00	0.57	0.52
2007	0.56	0.78	1.19	0.65	0.50
2008	0.59	0.77	1.22	0.66	0.43
2009	0.67	0.92	1.51	0.69	0.57
2010	0.76	1.09	2.15	0.73	0.56

数据来源：CSMAR 数据库。

（三）应收账款周转率

应收账款是速动资产的组成部分，但应收账款本身可能存在某些潜在问题。企业的信用政策和应收账款的管理对应收账款变现速度有重要影响。信用政策过松、对应收账款的管理不力，将可能导致逾期账款所占比例过大，发生坏账损失、账款难以收回等的可能性增大。因此，我们需要进一步考察企业信用条件是否合理、应收账款的管理工作是否得力等。这一问题可以在一定程度上通过分析应收账款的流动性来解决。反映应收账款流动性常用的比率有应收账款周转率或应收账款收账期，计算公式如下：

应收账款周转率 = 销售净收入/应收账款平均余额

应收账款收账期 = 应收账款平均余额 ×365/销售净收入

应收账款周转率表示一年内应收账款平均余额转化为现金的次数，应收账款收账期表示收回应收账款的天数。在计算应收账款周转率时，应注意以下几个问题：

（1）销售净额严格说来应采用赊销净额，因为赊销才导致应收账款。

（2）应收账款的平均余额，理想的做法是按月末余额来计算，在缺乏每月末应收账款余额资料时，也可用年初年末的平均余额。采用年初年末的平均余额时应注意年初年末的存货水平是否与日常存货水平相一致，是否存在季节性波动，如果不一致应作适当调整。

（3）应收账款余额应包括因赊销而产生的商业应收票据等。

根据表 11 - 1 和表 11 - 2 提供的数据，惠新公司 2011 年的应收账款周转率与周转天数可计算如下：

应收账款周转率 = 90 000/[（8 600 + 11 700）/2] = 8.9（次）

应收账款周转天数 = [（86 000 + 11 700）/2] ×365/90 000 = 41（天）

通常应收账款周转率越高或应收账款收账期越短，表示应收账款的变现能力越强，显示出企业收账速度快，可以减少收账费用和发生坏账损失的可能性。在分析应收账款周转率时，可以结合应收账款的账龄进行分析。

（四）存货周转率

存货是影响企业短期偿债能力非常重要的资产。存货往往占企业流动资产总额的一半以上，因此，在评价企业短期偿债能力时，需要特别重视存货的变现能力。评价存货的变现能力，不能仅看存货的绝对数额，还应分析存货的流动速度。存货流动性的分析方法与应收账款流动性的分析方法类似，常用的指标是存货周转率或存货周转天数。

存货周转率 = 商品销售成本/存货平均余额

存货周转天数 = 存货平均余额 ×365/商品销售成本

应用存货周转率或周转天数评价存货变现能力时，应注意所在行业的存货特点，行业不同，存货差别往往很大（见表 11 - 7）；由于季节不同，存货水平也会有较大差异，因此在计算存货平均余额时同应收账款一样，最好使用会计年度内各月存货平均水平计算平均余额，如果使用的是年初年末的平均余额，则应根据季节性变动加以调整；存货的计价方法对存货平均余额的计算也会产生影响，在价格上涨的情况下后进先出法比先进先出法导致较低的存货水平，所以在分析时应关注企业所采用的存货计价方法；存货水平是否适当，还应与其历史水平及所在行业相比较，才能作出适当的判断。一般来说，存货周转率较高或存货周转天数较少，表明存货管理和购销活动效率较高，产生存货滞销或损毁的可能性也较小。

表 11－7　2006－2010 年部分行业的中国上市公司存货周转率（中位数）

年份	农、林、牧、渔业	制造业	信息技术业	批发零售业	房地产业
2006	2.12	3.92	3.56	8.32	0.43
2007	2.13	4.32	3.62	9.66	0.39
2008	1.74	3.95	3.62	9.56	0.32
2009	1.82	3.86	3.74	9.09	0.31
2010	2.12	3.92	3.56	8.32	0.43

数据来源：CSMAR 数据库。

二、企业长期偿债能力的分析

企业影响债权人的利益主要有两个渠道：一是是否能够如期偿还其本金；二是是否能够如期足额支付因借款而发生的利息。从长期来看，企业偿还本金和支付利息的能力不仅取决于企业的财务状况，同时也依赖于企业的获利能力。因此，对于债权人而言，在评价企业长期偿债能力时，不仅要通过分析资产负债表，评价企业的长期财务状况，还得通过分析损益表，评价企业的获利能力。财务报表分析实践中已经发展出很多的指标用于揭示企业长期偿债能力，这些比率主要有资产负债率、负债对股东权益比率、利息保障倍数等。这些比率着重于长期债务的偿还能力，因而对于债权人进行财务报表分析非常有用，同时，它们对于股东甚至其他的利益相关者也非常重要，这是因为，企业是否能够偿还债务，其获利能力如何，同样会直接影响股东和非债权人的其他的利益相关者的利益。

（一）资产负债率

资产负债率表示负债总额对资产总额的比率。其计算公式为：

资产负债率 = 负债总额/资产总额 ×100%

其中，负债总额是企业财务报表所报告的所有的流动负债和非流动负债的总和，资产总额也是企业财务报表所报告的所有的流动资产和非流动资产的总和。

根据会计恒等式“资产 = 负债 + 所有者权益”，企业资产是由来自于股东和债权人的资金共同组成。资产负债率越高，表示企业来自于债权人的资金比例越大；资产负债率越低，则表明股东投入的资金比例较大。我们知道，从对企业资产的要求权的顺序来看，债权人要优先于股东，因此，如果资产负债率越低，说明企业资产优先保证偿还债权人的本金或利息的能力就越强；相反，则说明企业资产优先保证偿还债权人的本金或利息的能力就越弱。

根据表 11 - 2 的数据，惠新公司 2011 年 12 月 31 日的资产负债率为：

$$资产负债率 = 31\ 200/95\ 000 \times 100\% = 32.8\%$$

需要注意的是，资产负债率究竟多少合适并无固定标准，需要根据企业面临的经营环境、企业经营状况和获利能力等方面综合来评估。根据前面分析，债权人由于关心债权的安全程度，所以资产负债率越低越好；但是，从企业和股东的角度看，通过举债所筹措的资金与股东投入资本在企业的经营活动中发挥同样的作用。如果企业经营管理和资金使用能力较强，能够获得较好的盈利水平，只要单位资产给企业带来的盈利高于向债权人借一单位资金所需要支付的利息，则增加借款就能够为企业和股东带来更多的利益；相反地，单位资产给企业带来的盈利低于向债权人借一单位资金所需要支付的利息，那么增加借款无疑会损害股东的利益，增加企业破产的风险。然而，企业未来的盈利能力与举债利息成本之间的关系究竟如何，在不同的环境下、对于不同的企业，可能有较大差异（见表 11 - 8）。因此，企业在进行融资决策过程中，必须充分权衡举债对企业盈利和风险的影响。现代化的企业在财务管理过程中对这一比率十分重视，它在一定程度上能够反映企业管理层进行资本运作的能力。如果企业根本不举债或举债经营比率很小，更多地依靠自身资本积累进行发展，可能表明企业畏缩不前，对发展缺乏信心，未能很好地利用外部资本来源来为股东创造价值。

表 11 - 8　　2006—2010 年部分行业的中国上市公司资产负债率（中位数）

年份	农、林、牧、渔业	制造业	信息技术业	批发零售业	房地产业
2006	0.56	0.53	0.51	0.59	0.62
2007	0.52	0.50	0.48	0.60	0.63
2008	0.43	0.50	0.44	0.58	0.59
2009	0.44	0.49	0.36	0.61	0.62
2010	0.39	0.44	0.30	0.61	0.65

（二）负债对股东权益比率

负债对股东权益比率表示负债与权益资本的数量关系。其计算公式为：

负债对股东权益比率 = 负债总额/股东权益总额 ×100%

不难看出，从企业偿债能力这一角度来看，这一指标与资产负债率有着某种类似的性质，因而同样是反映企业长期偿债能力的重要指标。这是因为，资产负债率也可以表示为：

资产负债率 = 负债总额/（负债总额 + 股东权益总额）×100%

与资产负债率相比，负债对股东权益比率只是在分母少了一项负债总额而已。事实上，从这两个比率的倒数来看：

1/资产负债率 =（负债总额 + 股东权益总额）/负债总额
= 1 + 股东权益总额/负债总额
= 1 + 1/负债对股东权益比率

（三）利息保障倍数

利息收入是债权人的一项重要利益，企业运用资产所产生的收益是向债权人支付利息的重要保证。企业的息税前利润越大，债权人的利息收入就越有保证，因此，长期债权人非常关心利息保障倍数这一财务指标。

利息保障倍数 =（净利润 + 所得税 + 利息费用）/利息费用
=（税前利润 + 利息费用）/利息费用

根据表 11 - 1 提供的数据，2011 年惠新公司的利息保障倍数为：

利息保障倍数 = 12 700/2 400 = 5.29

需要注意的是，从理论上讲，公式中的利息费用应当包括所有因借款所需要偿付的利息，然而，根据财务会计准则的规定，符合利息资本化条件的借款利息计入了相关资产的购置成本，在实际的计算过程中，外部报表使用者可能难以知道利息资本化的金额，因而只能使用费用化的利息费用来代替，在一定程度上可能导致高估企业的利息保障倍数。

三、企业盈利能力的分析

企业赚取利润的能力会直接影响债权人、股东、管理者等利益相关者的利益，只有企业具有良好的盈利能力，才能保证及时足额偿还债务、支付股利和扩大企业生产规模，因而企业盈利能力自然会是他们非常关心的方面。不同的利益主体可以站在不同的角度分析企业的盈利能力，常用的指标有销售利润率、资产报酬率、股东权益报酬率、财务杠杆、每股收益等。

（一）销售利润率

销售利润率，也称销售回报率，是营业利润与销售收入之比。其计算公式为：

销售利润率 = 营业利润/净销售收入 ×100%

其中净销售收入是指扣除销售折扣、销售退回与折让之后的销售净额。根据表 11 - 1 提供的数据，惠新公司 2011 年的销售利润率为：

销售利润率 = 12 700/90 000 = 14.1%

由于企业日常的产品或劳务销售所产生的利润计入了营业利润，因此，这一指标能够反映企业在销售过程中赚取盈利的能力。我们知道，在产品销售价格不变的条件下，利润的多少要受产品成本和产品结构等的影响。产品成本降低，产品结构中利润率高的产品比重上升，销售利润率就提高；反之，产品成本上升，产品结构中利润率高的产品比重下降，销售利润率就下降。因此，分析、考核销售利润率，对改善产品结构，促进成本降低等有积极的作用。不同的行业，销售利润率存在较大的差异（见表 11 - 9）。

表 11 - 9　2006—2010 年部分行业的中国上市公司销售利润率（中位数）

年份	农、林、牧、渔业	制造业	信息技术业	批发零售业	房地产业
2006	0.03	0.04	0.03	0.03	0.17
2007	0.04	0.06	0.05	0.04	0.19
2008	0.02	0.03	0.04	0.03	0.18
2009	0.04	0.05	0.10	0.04	0.20
2010	0.06	0.08	0.10	0.04	0.20

数据来源：CSMAR 数据库。

（二）资产报酬率

资产报酬率是评价企业运用全部资产的总体获利能力的重要指标。根据不同的分析目的，作为分子的“收益”的内容可以有所不同。由于资产报酬率考察的是全部资产，理应不受资金来源的影响，所以在计算资产报酬率时，常用的是息税前利润。其计算公式为：

资产报酬率 =（净收益 + 税后利息费用）/总资产平均余额

由于资产报酬率表示企业全部资产获取收益的水平，全面反映了企业的获利能力和投入产出状况。该指标越高，表明企业投入产出的水平越好，企业的资产运营越有效。一般情况下，企业可将此指标与市场利率进行比较，如果该指标大于市场利率，则表明企业可以充分利用财务杠杆进行负债经营，获取尽可能多的收益。

评价资产报酬率时，需要与前期的比率、与同行业其他企业进行比较评价，也可以对其进行因素分析。根据资产报酬率指标的经济内容，可将其作如下分解：

资产报酬率 =（净收益 + 税后利息费用）/销售收入 ×（销售收入/平均总资产）
= 销售息税前利润率 × 资产周转率

上述因素分解显示，影响资产报酬率的因素有两个：一是税后销售收益率；二是资产周转率，该指标作为反映企业运营能力的指标，可用于说明企业资产的运用效率。可见，资产报酬率会受销售盈利能力和资产运营效率两方面影响。

（三）优先股股利保障倍数

股利是股东从公司获取利益的重要渠道，而盈利是股利的源泉。优先股股利通常比较固定，因此，在不动用留存收益的情况下，公司当年净收益能否保证优先股股利的发放，是体现公司盈利能力的重要方面，这可以通过优先股股利保障倍数这一指标反映出来。

优先股股利保障倍数 = 净利润总额/优先股股利总额

如果不考虑动用以前年度的留存盈利，保持目前股利支付水平要求优先股股利保障倍数不能低于 1。优先股股利保障倍数越大，支付优先股股利的能力越强，在公司优先股股份和总额股利支付水平一定的情况下，优先股股利保障倍数越高，也表明公司的盈利能力越强。根据表 11 - 1 的数据，惠新公司 2011 年的优先股股利保障倍数为：

优先股股利保障倍数 = 7 500/900 = 8.33

（四）股东权益报酬率

股东权益报酬率又称为净值报酬率，指普通股投资者获得的投资报酬率。股东不仅关心全部资产报酬率，更关心其应享权益的报酬率，股东权益是公司股本、公积金、留存收益等的总和。股东权益报酬率表明普通股投资者委托公司管理人员应用其资金所获得的投资报酬，所以数值越大越好。如果公司同时存在普通股和优先股，由于优先股不能完全参与公司的利润分配，其报酬仅限于优先股利，所以在计算普通股权益报酬率时，应将属于优先股股利的应享净收益从净收益中减去。其计算公式如下：

股东权益报酬率 =（净收益 - 优先股股息）/普通股股东权益平均余额 ×100%

根据表 11 - 1 的数据，惠新公司 2011 年的股东权益报酬率为：

股东权益报酬率 =（7 500 - 900）/[（41 600 + 53 800）/2] = 13.84%

（五）财务杠杆

杠杆原理是物理学的概念，指用较小的力可以推动较重物体。财务杠杆是指由于债务或优先股的存在而导致普通股每股利润变动大于息税前利润变动的杠杆效应。由于利息和优先股利通常是按固定的比率支付的，因此，如果通过借债和发行优先股票所筹集的资金赚取的收益大于需要为其支付的利息或优先股股利，则借债和发行优先股票会给普通股股东带来额外的收益。这种为普通股股东带来的额外收益被看做是企业理财的成果，称为财务杠杆，表现为股东权益报酬率与全部资产报酬率之间的差额，计算公式为：

财务杠杆 = 股东权益报酬率 - 资产报酬率

财务杠杆为正，说明举债或发行优先股给所有者带来了额外的收益；若财务杠杆为负，则说明由于举债使所有者权益蒙受损失。

运用财务杠杆会给企业所有者带来好处，但也会增加财务风险。一旦利润率下降至利息率之下，企业将蒙受损失，严重的还会导致破产。前已提出，企业负债比率保持在什么水平较为合适，很难一概而论。企业运用财务杠杆时，应当考虑企业自身的特性，同时还需要分析宏观经济环境等的变动趋势。

（六）普通股每股收益

普通股每股收益是指每股普通股股票应享的净收益数额，通常被用来与股票市价和发放的股利等加以比较，以评价投资价值。普通股每股收益计算如下：

普通股每股收益 =（净收益 - 优先股股息）/外发普通股加权平均数

如果公司发行了可更换为普通股的证券，如可更换的优先股、可更换的债券和认股权证等，在这种情况下通常还应计算完全冲淡的每股收益。

四、股票市价与股利的分析

（一）股票市价与收益比率

股票市价与收益比率又称为市盈率或价格收益倍数，是普通股每股市价与普通股每股收益之比，它反映了股票投资者对企业前景的预测。

股票市价与收益比率＝普通股每股市价/普通股每股收益

如果市场能够准确地衡量公司股票的内在价值，那么，市盈率能够可靠地衡量公司股票的价值，然而，股票市场对于股票可能会存在错误定价，因此，用市盈率衡量一家公司股票的质地时，并非总是准确的。一般认为，如果一家公司股票的市盈率过高，那么该股票的价格具有泡沫，价值被高估。当一家公司增长迅速以及未来的业绩增长非常看好时，股票目前的高市盈率可能恰好准确地估量了该公司的价值。需要注意的是，利用市盈率比较不同股票的投资价值时，这些股票必须属于同一个行业，因为此时公司的每股收益比较接近，相互比较才有效。

（二）股利对价格比率

股利对价格比率也称股利收益率，是影响股票价格的重要指标。股利与价格比率是以市场为基础的每股普通股的现金股利收益率。计算公式如下：

股利收益率＝普通股每股现金股利/普通股每股市价 ×100%

由于公司每年的收益并不全部以现金股利分配给股东，而投资者资本化的实际投资是取得股票的市价而非股票面值，所以股利对价格比率可以用来预测投资者的投资现金收入。因此在比较不同的投资机会时，分析股利收益率，有助于选择获取丰厚报酬率的投资机会。

（三）股利分派率

股利分派率反映企业净收益中现金股利所占比例。股东出于不同的投资目的对现金股利分派的反应也有所不同，有些股东投资希望定期收取现金股利，而另一些股东则希望从市场价格上涨取得资本利得。大股东为了企业的发展，可能希望少发现金股利，而小股东投资目的在于获取收益，大多希望较高的股利分派。计算公式为：

股利分派率＝普通股每股现金股利/普通股每股收益 ×100%

一般说来，处于发展中的企业股利分派率较低，甚至不分派现金股利，留存较多收益用于企业扩展。股利的分派率多高较为适当，主要依赖于企业的增长机会、对再投资资金的需要以及吸引外部资本的能力。

五、应用比率分析应注意的问题

通常数量分析、尤其是比率是被广泛运用的财务报表分析方法，尽管这些分析方法能够揭示问题，但不能绝对化，在运用这些指标时应注意对这些指标产生影响的相关因素。

（一）企业外部环境的影响

外部环境有多方面因素，如宏观经济环境的变化、所在行业的发展趋势、企业所在地区的经济发展水平等。宏观经济状况往往对企业的财务指标影响很大，如经济萧条时期，企业的收益水平下降是普遍现象，而经济蓬勃发展时期，企业的收益水平都会不同程度地提高。所在行业不同，企业的财务指标往往也是差别很大的，如负债比率过高对制造业来说可能存在较高风险，而对于收入稳定的公用事业企业来说，较高的负债率则是很正常的。企业所在地区对财务指标也会产生一定影响，如交通方便、周边地区商业发达，存货水平可能比交通不便、周边商业欠发达企业的存货水平低。因此，在进行财务比率分析时，应当考虑企业外部环境的影响，以对企业财务状况和经营业绩作出正确评价。

（二）企业自身的特点

在同行业的比较中，还应注意企业自身的特点对财务指标的影响，如企业规模的大小、产品类型、地理位置、企业的理财特点和财务政策等，都会影响到指标的可比性。在进行同行业比较时，应结合企业的特点分析同行业较长期间的平均水平以及同行业的平均指数。

（三）企业的会计政策和会计方法

会计政策和会计方法的选择对财务指标的影响是很大的，会计方法的改变，会计估计的变更都会导致有关指标的差异。例如在物价变动水平较大的条件下，存货计价的先进先出法与后进先出法计算的存货周转率可能会存在较大差别；长期投资的权益法与成本法计算出的相关收益指标可能存在很大不同。因此在财务报表分析时，应特别关注财务报表的注释或附表，这些注释和附表通常是关于会计政策、重大事件对企业的财务影响，非数量可以表述的影响因素，以及管理当局有关企业经营管理问题的讨论和分析等。财务报表的注释和说明是财务报表总体的组成部分，所提供的信息有助于报表的使用者详细、准确地了解表上的项目和数据，这在财务报表的分析中是决不能忽视的。

（四）注意分析的完整性和综合性

财务报表的分析不能孤立地使用某一个指标或某一些指标作为评价标准，而应联系企业内外环境，联系企业的历史发展，综合分析相关指标才能对企业的经营成果和财务状况作出切合实际的评价。

本章提示：

1. 本章财务报表分析的基本方法具有通用性，既适用我企业的财务报表分析，同样适用于西方国家企业财务报表分析。

2. 基本分析方法适用于不同行业，但深入分析还应结合行业的具体特点与环境。

3. 通用方法在使用时，还应注意具体准则的规定与要求。

4. 财务报表分析不应只局限于使用财务数据，计算财务指标，应当充分利用非财务信息，对财务数据和财务指标进行合理的解读。

？思考题

1. 明确财务报表分析的目的在财务报表分析中有什么作用，会对财务报表分析产生什么样的影响。

2. 财务报表分析的常用方法主要有哪些，它们各有什么特点和不同之处？

3. 怎么样编制共同比报表，其在财务报表分析中的主要作用是什么？

4. 评价企业的短期偿债能力的财务指标有哪些，其在反映企业短期偿债能力方面有什么局限性？你是否能够设计几个指标或者一个综合评价体系，以更好地评价企业短期偿债能力？

5. 如何综合评价企业的盈利能力？评价企业盈利能力的过程应当注意些什么样的问题？

6. 评价企业的长期偿债能力的财务指标有哪些？对于企业短期偿债能力的长期偿债能力的分析有什么不同之处，这对于我们选择财务分析方法和指标有什么影响？

7. 有人说进行财务报表分析之前，一定要进行会计政策分析，对此你是如何理解的？

8. 市盈率在用于分析公司股票价值的时候有什么样的作用和局限性，背后的理论依据是什么？

9. 财务报表分析有什么样的局限性，为什么会有这些局限性？在财务报表分析过程，你打算如何面对和处理财务报表分析的局限性？

附表一 $1复利终值系

i,n	1%	2%	3%	4%	5%	6%	7%	8%	9%	10%
1	1.010 00	1.020 00	1.030 00	1.040 00	1.050 00	1.060 00	1.070 00	1.080 00	1.090 00	1.100 00
2	1.020 10	1.040 40	1.060 90	1.081 60	1.102 50	1.123 60	1.144 90	1.166 40	1.188 10	1.210 00
3	1.030 30	1.061 21	1.092 73	1.124 86	1.157 63	1.191 02	1.225 04	1.259 71	1.295 03	1.331 00
4	1.040 60	1.082 43	1.125 51	1.169 86	1.215 51	1.262 48	1.310 80	1.360 49	1.411 58	1.464 10
5	1.051 01	1.104 08	1.159 27	1.216 65	1.276 28	1.338 23	1.402 55	1.469 33	1.538 62	1.610 51
6	1.061 52	1.126 16	1.194 05	1.265 32	1.340 10	1.418 52	1.500 73	1.586 87	1.677 10	1.771 56
7	1.072 14	1.148 69	1.229 87	1.315 93	1.407 10	1.503 63	1.605 78	1.713 82	1.828 04	1.948 72
8	1.082 86	1.171 66	1.266 77	1.368 57	1.477 46	1.593 85	1.718 19	1.850 93	1.992 56	2.143 59
9	1.093 69	1.195 09	1.304 77	1.423 31	1.551 33	1.689 48	1.838 46	1.999 00	2.171 89	2.357 95
10	1.104 62	1.218 99	1.343 92	1.480 24	1.628 89	1.790 85	1.967 15	2.158 92	2.367 36	2.593 74
11	1.115 67	1.243 37	1.384 23	1.539 45	1.710 34	1.898 30	2.104 85	2.331 64	2.580 43	2.853 12
12	1.126 83	1.268 24	1.425 76	1.601 03	1.795 86	2.012 20	2.252 19	2.518 17	2.812 66	3.138 43
13	1.138 09	1.293 61	1.468 53	1.665 07	1.885 65	2.132 93	2.409 85	2.719 62	3.065 80	3.452 27
14	1.149 47	1.319 48	1.512 59	1.731 68	1.979 93	2.260 90	2.578 53	2.937 19	3.341 73	3.797 50
15	1.160 97	1.345 87	1.557 97	1.800 94	2.078 93	2.396 56	2.759 03	3.172 17	3.642 48	4.177 25
16	1.172 58	1.372 79	1.604 71	1.872 98	2.182 87	2.540 35	2.952 16	3.425 94	3.970 31	4.594 97
17	1.184 30	1.400 24	1.652 85	1.947 90	2.292 02	2.692 77	3.158 82	3.700 02	4.327 63	5.054 47
18	1.196 15	1.428 25	1.702 43	2.025 82	2.406 62	2.854 34	3.379 93	3.996 02	4.717 12	5.559 92
19	1.208 11	1.456 81	1.753 51	2.106 85	2.526 95	3.025 60	3.616 53	4.315 70	5.141 66	6.115 91
20	1.220 19	1.485 95	1.806 11	2.191 12	2.653 30	3.207 14	3.869 68	4.660 96	5.604 41	6.727 50
21	1.232 39	1.515 67	1.860 29	2.278 77	2.785 96	3.399 56	4.140 56	5.033 83	6.108 81	7.400 25
22	1.244 72	1.545 98	1.916 10	2.369 92	2.925 26	3.603 54	4.430 40	5.436 54	6.658 60	8.140 27
23	1.257 16	1.576 90	1.973 59	2.464 72	3.071 52	3.819 75	4.740 53	5.871 46	7.257 87	8.954 30
24	1.269 73	1.608 44	2.032 79	2.563 30	3.225 10	4.048 93	5.072 37	6.341 18	7.911 08	9.849 73
25	1.282 43	1.640 61	2.093 78	2.665 84	3.386 35	4.291 87	5.427 43	6.848 48	8.623 08	10.834 7
26	1.295 26	1.673 42	2.156 59	2.772 47	3.555 67	4.549 38	5.807 35	7.396 35	9.399 16	11.918 2
27	1.308 21	1.706 89	2.221 29	2.883 37	3.733 46	4.822 35	6.213 87	7.988 06	10.245 1	13.110 0
28	1.321 29	1.741 02	2.287 93	2.998 70	3.920 13	5.111 69	6.648 84	8.627 11	11.167 1	14.421 0
29	1.334 50	1.775 84	2.356 57	3.118 65	4.116 14	5.418 39	7.114 26	9.317 27	12.172 2	15.863 1
30	1.347 85	1.811 36	2.427 26	3.243 40	4.321 94	5.743 49	7.612 26	10.062 7	13.267 7	17.449 4
32	1.374 94	1.884 54	2.575 08	3.508 06	4.764 94	6.453 39	8.715 27	11.737 1	15.763 3	21.113 8
34	1.402 58	1.960 68	2.731 91	3.794 32	5.253 35	7.251 03	9.978 11	13.690 1	18.728 4	25.547 7
36	1.430 77	2.039 89	2.898 28	4.103 93	5.791 82	8.147 25	11.423 9	15.968 2	22.251 2	30.912 7
38	1.459 53	2.122 30	3.074 78	4.438 81	6.385 48	9.154 25	13.079 3	18.625 3	26.436 7	37.404 3
40	1.488 86	2.208 04	3.262 04	4.801 02	7.039 99	10.285 7	14.974 5	21.724 5	31.409 4	45.259 3
44	1.549 32	2.390 05	3.671 45	5.616 52	8.557 15	12.985 5	19.628 5	29.556 0	44.337 0	66.264 1
48	1.612 23	2.587 07	4.132 25	6.570 53	10.401 3	16.393 9	25.728 9	40.210 6	62.585 2	97.017 2
52	1.677 69	2.800 33	4.650 89	7.686 59	12.642 8	20.696 9	93.725 4	54.706 0	88.344 2	142.043
56	1.745 81	3.031 17	5.234 61	8.992 22	15.367 4	26.129 3	44.207 1	74.427 0	124.705	207.965
60	1.816 70	3.281 03	5.891 60	10.519 6	18.679 2	32.987 7	57.946 4	101.257	176.031	304.482

数表（$FVIF_{i,n}$）＝（1＋i）^{n}

i,n	12%	14%	16%	18%	20%	24%	28%	32%	36%	40%	50%
1	1. 120 00	1. 140 00	1. 160 00	1. 180 00	1. 200 00	1. 240 00	1. 280 00	1. 320 00	1. 360 00	1. 400 00	1. 500 00
2	1. 254 40	1. 299 60	1. 345 60	1. 392 40	1. 440 00	1. 537 60	1. 638 40	1. 742 40	1. 849 60	1. 960 00	2. 250 00
3	1. 404 93	1. 481 54	1. 560 90	1. 643 03	1. 728 00	1. 906 62	2. 097 15	2. 299 97	2. 515 46	2. 744 00	3. 375 00
4	1. 573 52	1. 688 96	1. 810 64	1. 938 78	2. 073 60	2. 364 21	2. 684 35	3. 035 96	3. 421 02	3. 841 60	5. 062 50
5	1. 762 34	1. 925 41	2. 100 34	2. 287 76	2. 488 32	2. 931 63	3. 435 97	4. 007 46	4. 652 59	5. 378 24	7. 593 75
6	1. 973 82	2. 194 97	2. 436 40	2. 699 55	2. 985 98	3. 635 22	4. 398 05	5. 289 85	6. 327 52	7. 529 54	11. 390 6
7	2. 210 68	2. 502 27	2. 826 22	3. 185 47	3. 583 18	4. 507 67	5. 629 50	6. 982 61	8. 605 43	10. 541 4	17. 085 9
8	2. 475 96	2. 852 59	3. 278 41	3. 758 86	4. 299 82	5. 589 51	7. 205 76	9. 217 04	11. 703 4	14. 757 9	25. 628 9
9	2. 773 08	3. 251 95	3. 802 96	4. 435 45	5. 159 78	6. 930 99	9. 223 37	12. 166 5	15. 916 6	20. 661 0	38. 443 4
10	3. 105 85	3. 707 22	4. 411 44	5. 233 84	6. 191 74	8. 594 43	11. 805 9	16. 059 8	21. 646 6	28. 925 5	57. 665 0
11	3. 478 55	4. 226 23	5. 117 26	6. 175 93	7. 430 08	10. 657 1	15. 111 6	21. 198 9	29. 439 3	40. 495 7	86. 497 6
12	3. 895 98	4. 817 90	5. 936 03	7. 287 59	8. 916 10	13. 214 8	19. 342 8	27. 982 5	40. 037 5	56. 693 9	129. 746
13	4. 363 49	5. 492 41	6. 885 79	8. 599 36	10. 699 3	16. 386 3	24. 758 8	36. 937 0	54. 451 0	79. 371 5	194. 620
14	4. 887 11	6. 261 35	7. 987 52	10. 147 2	12. 839 2	20. 319 1	31. 691 3	48. 756 8	74. 053 4	111. 120	291. 929
15	5. 473 57	7. 137 94	9. 265 52	11. 973 7	15. 407 0	25. 195 6	40. 564 8	64. 359 0	100. 713	155. 568	437. 894
16	6. 130 39	8. 137 25	10. 748 0	14. 129 0	18. 488 4	31. 242 6	51. 923 0	84. 953 8	136. 969	217. 795	656. 841
17	6. 866 04	9. 276 46	12. 467 7	16. 672 2	22. 186 1	38. 740 8	66. 461 4	112. 139	186. 278	304. 913	985. 261
18	7. 689 97	10. 575 2	14. 462 5	19. 673 3	26. 623 3	48. 038 6	85. 070 6	148. 024	253. 338	426. 879	1 477. 89
19	8. 612 76	12. 055 7	16. 776 5	23. 214 4	31. 948 0	59. 567 9	108. 890	195. 391	344. 540	597. 630	2 216. 84
20	9. 646 29	13. 743 5	19. 460 8	27. 393 0	38. 337 6	73. 864 1	139. 380	257. 916	468. 574	836. 683	3 325. 26
21	10. 803 8	15. 667 6	22. 574 5	32. 323 8	46. 005 1	91. 591 5	178. 406	340. 449	637. 261	1 171. 356	4 987. 89
22	12. 100 3	17. 861 0	26. 186 4	38. 142 1	55. 206 1	113. 574	228. 360	449. 393	866. 674	1 639. 898	7 481. 83
23	13. 552 3	20. 361 6	30. 376 2	45. 007 6	66. 247 4	140. 831	292. 300	593. 199	1 178. 68	2 295. 86	11 222. 7
24	15. 178 6	23. 212 2	35. 236 4	53. 109 0	79. 496 8	174. 631	374. 144	783. 023	1 603. 00	3 214. 20	16 834. 1
25	17. 000 1	26. 461 9	40. 874 2	62. 668 6	95. 396 2	216. 542	478. 905	1 033. 59	2 180. 08	4 499. 88	25 251. 2
26	19. 040 1	30. 166 6	47. 414 1	73. 949 0	114. 475	268. 512	612. 998	1 364. 34	2 964. 91	6 299. 83	37 876. 8
27	21. 324 9	34. 389 9	55. 000 4	87. 259 8	137. 371	332. 955	784. 638	1 800. 93	4 032. 28	8 819. 76	56 815. 1
28	23. 883 9	39. 204 5	63. 800 4	102. 967	164. 845	412. 864	1 004. 34	2 377. 22	5 483. 90	12 347. 7	85 222. 7
29	26. 749 9	44. 693 1	74. 008 5	121. 501	197. 814	511. 952	1 285. 55	3 137. 94	7 458. 10	17 286. 7	127 834
30	29. 959 9	50. 950 2	85. 849 9	143. 371	237. 376	634. 820	1 645. 50	4 142. 07	10 143. 0	24 201. 4	191 751
32	37. 581 7	66. 214 8	115. 520	199. 629	341. 822	976. 099	2 695. 99	7 217. 15	18 760. 5	47 434. 8	
34	47. 142 5	86. 052 8	155. 443	277. 964	492. 224	1 500. 85	4 417. 12	12 575. 2	34 699. 5	92 972. 2	
36	59. 135 6	111. 834	209. 164	387. 037	708. 802	2 307. 71	7 237. 01	21 911. 0	64 180. 1	182 226	
38	74. 179 7	145. 340	281. 452	538. 910	1 020. 67	3 548. 33	11 857. 1	38 177. 7	118 708	357 162	
40	93. 051 0	188. 884	378. 721	750. 378	1 469. 77	5 455. 91	19 426. 7	66 520. 8	219 562	700 038	
44	146. 418	319. 017	685. 727	1 454. 82	2 047. 72	12 898. 9	52 148. 1	201 954	751 125		
48	230. 391	538. 807	1 241. 61	2 820. 57	6 319. 75	30 495. 9	139 984	612 125			
52	362. 524	910. 023	2 248. 10	5 468. 45	13 104. 6	72 098. 7	375 767				
56	570. 439	1 536. 99	4 070. 50	10 602. 1	27 173. 8	170 457					
60	897. 597	2 595. 919	7 370. 20	20 555. 1	56 347. 5	402 996					

附表二　$1 复利现值

i,n	1%	2%	3%	4%	5%	6%	7%	8%	9%	10%	12%
1	0.990 10	0.980 39	0.970 87	0.961 54	0.952 38	0.943 40	0.934 58	0.925 93	0.917 43	0.909 09	0.892 86
2	0.980 30	0.961 17	0.942 60	0.924 56	0.907 03	0.890 00	0.873 44	0.857 34	0.841 68	0.826 45	0.797 19
3	0.970 59	0.942 32	0.915 14	0.889 00	0.863 84	0.839 62	0.816 30	0.793 83	0.772 18	0.751 31	0.711 78
4	0.960 98	0.923 85	0.888 49	0.854 80	0.822 70	0.792 09	0.762 90	0.735 03	0.708 43	0.683 01	0.635 52
5	0.951 47	0.905 73	0.862 61	0.821 93	0.783 53	0.747 26	0.712 99	0.680 58	0.649 93	0.620 92	0.567 43
6	0.942 05	0.887 97	0.837 48	0.790 31	0.746 22	0.704 96	0.666 34	0.630 17	0.596 27	0.564 47	0.506 63
7	0.932 72	0.870 56	0.813 09	0.759 92	0.710 68	0.665 06	0.622 75	0.583 49	0.547 03	0.513 16	0.452 35
8	0.923 48	0.853 49	0.789 41	0.730 69	0.676 84	0.627 41	0.582 01	0.540 27	0.501 87	0.466 51	0.403 88
9	0.914 34	0.836 76	0.766 42	0.702 59	0.644 61	0.591 90	0.543 93	0.500 25	0.460 43	0.424 10	0.360 61
10	0.905 29	0.820 35	0.744 09	0.675 56	0.613 91	0.558 39	0.508 35	0.463 19	0.422 41	0.385 54	0.321 97
11	0.896 32	0.804 26	0.722 42	0.649 58	0.584 68	0.526 79	0.475 09	0.428 88	0.387 53	0.350 49	0.287 48
12	0.887 45	0.788 49	0.701 38	0.624 60	0.556 84	0.496 97	0.444 01	0.397 11	0.355 53	0.318 63	0.256 68
13	0.878 66	0.773 03	0.680 95	0.600 57	0.530 32	0.468 84	0.414 96	0.367 70	0.326 18	0.289 66	0.229 17
14	0.869 96	0.757 88	0.661 12	0.577 48	0.505 07	0.442 30	0.387 82	0.340 46	0.299 25	0.263 33	0.204 62
15	0.861 35	0.743 01	0.641 86	0.555 26	0.481 02	0.417 27	0.362 45	0.315 24	0.274 54	0.239 39	0.182 70
16	0.852 82	0.728 45	0.623 17	0.533 91	0.458 11	0.393 65	0.338 73	0.291 89	0.251 87	0.217 63	0.163 12
17	0.844 38	0.714 16	0.605 02	0.513 37	0.436 30	0.371 36	0.316 57	0.270 27	0.231 07	0.197 84	0.145 64
18	0.836 02	0.700 16	0.587 39	0.493 63	0.415 52	0.350 34	0.295 86	0.250 25	0.211 99	0.179 86	0.130 04
19	0.827 74	0.686 43	0.570 29	0.474 64	0.395 73	0.330 51	0.276 51	0.231 71	0.194 49	0.163 51	0.116 11
20	0.819 54	0.672 97	0.553 68	0.456 39	0.376 89	0.311 80	0.258 42	0.214 55	0.178 43	0.148 64	0.103 67
21	0.811 43	0.659 78	0.537 55	0.438 83	0.358 94	0.294 16	0.241 51	0.198 66	0.163 70	0.135 13	0.092 56
22	0.803 40	0.646 84	0.521 89	0.421 96	0.341 85	0.277 51	0.225 71	0.183 94	0.150 18	0.122 85	0.082 64
23	0.795 44	0.634 16	0.506 69	0.405 73	0.325 57	0.261 80	0.210 95	0.170 32	0.137 78	0.111 68	0.073 79
24	0.787 57	0.621 72	0.491 93	0.390 12	0.310 07	0.246 98	0.197 15	0.157 70	0.126 40	0.101 53	0.065 88
25	0.779 77	0.609 53	0.477 61	0.375 12	0.295 30	0.233 00	0.184 25	0.146 02	0.115 97	0.092 30	0.058 82
26	0.772 05	0.597 58	0.463 69	0.360 69	0.281 24	0.219 81	0.172 20	0.135 20	0.106 39	0.083 91	0.052 52
27	0.764 40	0.585 86	0.450 19	0.346 82	0.267 85	0.207 37	0.160 93	0.125 19	0.097 61	0.076 28	0.046 89
28	0.756 84	0.574 37	0.437 08	0.333 48	0.255 09	0.195 63	0.150 40	0.115 91	0.089 55	0.069 34	0.041 87
29	0.749 34	0.563 11	0.424 35	0.320 65	0.242 95	0.184 56	0.140 56	0.107 33	0.082 15	0.063 04	0.037 38
30	0.741 92	0.552 07	0.411 99	0.308 32	0.231 38	0.174 11	0.131 37	0.099 38	0.075 37	0.057 31	0.033 38
32	0.727 30	0.530 63	0.388 34	0.285 06	0.209 87	0.154 96	0.114 74	0.085 20	0.063 44	0.047 36	0.026 61
34	0.712 97	0.510 03	0.366 04	0.263 55	0.190 35	0.137 91	0.100 22	0.073 05	0.053 39	0.039 14	0.021 21
36	0.698 92	0.490 22	0.345 03	0.243 67	0.172 66	0.122 74	0.087 54	0.062 62	0.044 94	0.032 35	0.016 91
38	0.685 15	0.471 19	0.325 23	0.225 29	0.156 61	0.109 24	0.076 46	0.053 69	0.037 83	0.026 73	0.013 48
40	0.671 65	0.452 89	0.306 56	0.208 29	0.142 05	0.097 22	0.066 78	0.046 03	0.031 84	0.022 09	0.010 75
44	0.645 45	0.418 40	0.272 37	0.178 05	0.116 86	0.077 01	0.050 95	0.033 83	0.022 55	0.015 09	0.006 83
48	0.620 26	0.386 54	0.242 00	0.152 19	0.096 14	0.061 00	0.038 87	0.024 87	0.015 98	0.010 31	0.004 34
52	0.596 06	0.357 10	0.215 01	0.130 10	0.079 10	0.048 32	0.029 65	0.018 28	0.011 32	0.007 04	0.002 76
56	0.572 80	0.329 91	0.191 04	0.111 21	0.065 07	0.038 27	0.022 62	0.013 44	0.008 02	0.004 81	0.001 75
60	0.550 45	0.304 78	0.169 73	0.095 06	0.053 54	0.030 31	0.017 26	0.009 88	0.005 68	0.003 28	0.001 11

系数表 ($PVIF_{i,n}$) = $(1+i)^{-n}$

i,n	14%	16%	18%	20%	22%	24%	26%	28%	30%	35%	40%	50%
1	0.877 19	0.862 07	0.847 46	0.833 33	0.819 67	0.806 45	0.793 65	0.781 25	0.769 23	0.740 74	0.714 29	0.666 67
2	0.769 47	0.743 16	0.718 18	0.694 44	0.671 86	0.650 36	0.629 88	0.610 35	0.591 72	0.548 70	0.510 20	0.444 44
3	0.674 97	0.640 66	0.608 63	0.578 70	0.550 71	0.524 49	0.499 91	0.476 84	0.455 17	0.406 44	0.364 43	0.296 30
4	0.592 08	0.552 29	0.515 79	0.482 25	0.451 40	0.422 97	0.396 75	0.372 53	0.350 13	0.301 07	0.260 31	0.197 53
5	0.519 37	0.476 11	0.437 11	0.401 88	0.370 00	0.341 11	0.314 88	0.291 04	0.269 33	0.223 01	0.185 93	0.131 69
6	0.455 59	0.410 44	0.370 43	0.334 90	0.303 28	0.275 09	0.249 91	0.227 37	0.207 18	0.165 20	0.132 81	0.087 79
7	0.399 64	0.353 83	0.313 93	0.279 08	0.248 59	0.221 84	0.198 34	0.177 64	0.159 37	0.122 37	0.094 86	0.058 53
8	0.350 56	0.305 03	0.266 04	0.232 57	0.203 76	0.178 91	0.157 41	0.138 78	0.125 9	0.090 64	0.067 76	0.039 02
9	0.307 51	0.262 95	0.225 46	0.193 81	0.167 02	0.144 28	0.124 93	0.108 42	0.094 30	0.067 14	0.048 40	0.026 01
10	0.269 74	0.226 68	0.191 06	0.161 51	0.136 90	0.116 35	0.099 15	0.084 70	0.072 54	0.049 74	0.034 57	0.017 34
11	0.236 62	0.195 42	0.161 92	0.134 59	0.112 21	0.093 83	0.078 69	0.066 17	0.055 80	0.036 84	0.024 69	0.011 56
12	0.207 56	0.168 46	0.137 22	0.112 16	0.091 98	0.075 67	0.062 45	0.051 70	0.042 92	0.027 29	0.017 64	0.007 71
13	0.182 07	0.145 23	0.116 29	0.093 46	0.075 39	0.061 03	0.049 57	0.040 39	0.033 02	0.020 21	0.012 60	0.005 14
14	0.159 71	0.125 20	0.098 55	0.077 89	0.061 80	0.049 21	0.039 34	0.031 55	0.025 40	0.014 97	0.009 00	0.003 43
15	0.140 10	0.107 93	0.083 52	0.064 91	0.050 65	0.039 69	0.031 22	0.024 65	0.019 54	0.011 09	0.006 43	0.002 28
16	0.122 89	0.093 04	0.070 78	0.054 09	0.041 52	0.032 01	0.024 78	0.019 26	0.015 03	0.008 22	0.004 59	0.001 52
17	0.107 80	0.080 21	0.059 98	0.045 07	0.034 03	0.025 81	0.019 67	0.015 05	0.011 56	0.006 09	0.003 28	0.001 01
18	0.094 56	0.069 14	0.050 83	0.037 56	0.027 89	0.020 82	0.015 61	0.011 75	0.008 89	0.004 51	0.002 34	0.000 68
19	0.082 95	0.059 61	0.043 08	0.031 30	0.022 86	0.016 79	0.012 39	0.009 18	0.006 84	0.003 34	0.001 67	0.000 45
20	0.072 76	0.051 39	0.036 51	0.026 08	0.018 74	0.013 54	0.009 83	0.007 17	0.005 26	0.002 47	0.001 20	0.000 30
21	0.063 83	0.044 30	0.030 94	0.021 74	0.015 36	0.010 92	0.007 80	0.005 61	0.004 05	0.001 83	0.000 85	0.000 20
22	0.055 99	0.038 19	0.026 22	0.018 11	0.012 59	0.008 80	0.006 19	0.004 38	0.003 11	0.001 36	0.000 61	0.000 13
23	0.049 11	0.052 92	0.022 22	0.015 09	0.010 32	0.007 10	0.004 91	0.003 42	0.002 39	0.001 01	0.000 44	0.000 09
24	0.043 08	0.028 38	0.018 83	0.012 58	0.008 46	0.005 73	0.003 90	0.002 67	0.001 84	0.000 74	0.000 31	0.000 06
25	0.037 79	0.024 47	0.015 96	0.010 48	0.006 93	0.004 62	0.003 10	0.002 09	0.001 42	0.000 55	0.000 22	0.000 04
26	0.033 15	0.021 09	0.013 52	0.008 74	0.005 68	0.003 72	0.002 46	0.001 63	0.001 09	0.000 41	0.000 16	0.000 03
27	0.029 08	0.018 18	0.011 46	0.007 28	0.004 66	0.003 00	0.001 95	0.001 27	0.000 84	0.000 30	0.000 11	0.000 02
28	0.025 51	0.015 67	0.009 71	0.006 07	0.003 82	0.002 42	0.001 55	0.001 00	0.000 65	0.000 22	0.000 08	0.000 01
29	0.022 37	0.013 51	0.008 23	0.005 06	0.003 13	0.001 95	0.001 23	0.000 78	0.000 50	0.000 17	0.000 06	0.000 01
30	0.019 63	0.011 65	0.006 97	0.004 21	0.002 57	0.001 58	0.000 97	0.000 61	0.000 38	0.000 12	0.000 04	0.000 01
32	0.015 10	0.008 66	0.005 01	0.002 93	0.001 72	0.001 02	0.000 61	0.000 37	0.000 23	0.000 07	0.000 02	0.000 00
34	0.011 62	0.006 43	0.003 60	0.002 03	0.001 16	0.000 67	0.000 39	0.000 23	0.000 13	0.000 04	0.000 01	
36	0.008 94	0.004 78	0.002 58	0.001 41	0.000 78	0.000 43	0.000 24	0.000 14	0.000 08	0.000 02	0.000 01	
38	0.006 88	0.003 55	0.001 86	0.000 98	0.000 52	0.000 28	0.000 15	0.000 08	0.000 05	0.000 01	0.000 00	
40	0.005 29	0.002 64	0.001 33	0.000 68	0.000 35	0.000 18	0.000 10	0.000 05	0.000 03	0.000 01		
44	0.003 13	0.001 46	0.000 69	0.000 33	0.000 16	0.000 08	0.000 04	0.000 02	0.000 01	0.000 00		
48	0.001 86	0.000 81	0.000 35	0.000 16	0.000 07	0.000 03	0.000 02	0.000 01	0.000 00			
52	0.001 10	0.000 44	0.000 18	0.000 08	0.000 03	0.000 01	0.000 01	0.000 00				
56	0.000 65	0.000 25	0.000 09	0.000 04	0.000 01	0.000 01	0.000 00					
60	0.000 39	0.000 14	0.000 05	0.000 02	0.000 01	0.000 00						

附表三　$1 年金终值系数表

i,n	1%	2%	3%	4%	5%	6%	7%	8%	9%	10%	12%
1	1.000 00	1.000 00	1.000 00	1.000 00	1.000 00	1.000 00	1.000 00	1.000 00	1.000 00	1.000 00	1.000 00
2	2.010 00	2.020 00	2.030 00	2.040 00	2.050 00	2.060 00	2.070 00	2.080 00	2.090 00	2.100 00	2.120 00
3	3.030 10	3.060 40	3.090 90	3.121 60	3.152 50	3.183 60	3.214 90	3.246 40	3.278 10	3.310 00	3.374 40
4	4.060 40	4.121 61	4.183 63	4.246 46	4.310 12	4.374 62	4.439 94	4.506 11	4.573 13	4.641 00	4.779 33
5	5.101 01	5.204 04	5.309 14	5.416 32	5.525 63	5.637 09	5.750 74	5.866 60	5.984 71	6.105 10	6.352 85
6	6.152 02	6.308 12	6.468 41	6.632 98	6.801 91	6.975 32	7.153 29	7.335 93	7.523 33	7.715 61	8.115 19
7	7.213 54	7.434 28	7.662 46	7.898 29	8.142 01	8.393 84	8.654 02	8.922 80	9.200 43	9.487 17	10.089 0
8	8.285 67	8.582 97	8.892 34	9.214 23	9.549 11	9.897 47	10.259 8	10.636 6	11.028 5	11.435 9	12.299 7
9	9.368 53	9.754 63	10.159 1	10.582 8	11.026 6	11.491 3	11.978 0	12.487 6	13.021 0	13.579 5	14.775 7
10	10.462 2	10.949 7	11.463 9	12.006 1	12.577 9	13.180 8	13.816 4	14.486 6	15.192 9	15.937 4	17.548 7
11	11.566 8	12.168 7	12.807 8	13.486 4	14.206 8	14.971 6	15.783 6	16.645 5	17.560 3	18.531 2	20.654 6
12	12.682 5	13.412 1	14.192 0	15.025 8	15.917 1	16.869 9	17.888 5	18.977 1	20.140 7	21.384 3	24.133 1
13	13.809 3	14.680 3	15.617 8	16.626 8	17.713 0	18.882 1	20.140 6	21.495 3	22.953 4	24.522 7	28.029 1
14	14.947 4	15.973 9	17.086 3	18.291 9	19.598 6	21.015 1	22.550 5	24.214 9	26.019 2	27.975 0	32.392 6
15	16.096 9	17.293 4	18.598 9	20.023 6	21.578 6	23.276 0	25.129 0	27.152 1	29.360 9	31.772 5	37.279 7
16	17.257 9	18.639 3	20.156 9	21.824 5	23.657 5	25.672 5	27.888 0	30.324 3	33.003 4	35.949 7	42.753 3
17	18.430 4	20.012 1	21.761 6	23.697 5	25.840 4	28.212 9	30.840 2	33.750 2	36.973 7	40.544 7	48.883 7
18	19.614 7	21.412 3	23.414 4	25.645 4	28.132 4	30.905 7	33.999 0	37.450 2	41.301 3	45.599 2	55.749 7
19	20.810 9	22.840 6	25.116 9	27.671 2	30.539 0	33.760 0	37.379 0	41.446 3	46.018 5	51.159 1	63.439 7
20	22.019 0	24.297 4	26.870 4	29.778 1	33.066 0	36.785 6	40.995 5	45.762 0	51.160 1	57.275 0	72.052 4
21	23.239 2	25.783 3	28.676 5	31.969 2	35.719 3	39.992 7	44.865 2	50.422 9	56.764 5	64.002 5	81.698 7
22	24.471 6	27.299 0	30.536 8	34.248 0	38.505 2	43.392 3	49.005 7	55.456 8	62.873 3	71.402 7	92.502 6
23	25.716 3	28.845 0	32.452 9	36.617 9	41.430 5	46.995 8	53.436 1	60.893 3	69.531 9	79.543 0	104.603
24	26.973 5	30.421 9	34.426 5	39.082 6	44.502 0	50.815 6	58.176 7	66.764 8	76.789 8	88.497 3	118.155
25	28.243 2	32.030 3	36.459 3	41.645 9	47.727 1	54.864 5	63.249 0	73.105 9	84.700 9	98.347 1	133.334
26	29.525 6	33.670 9	38.553 0	44.311 7	51.113 5	59.156 4	68.676 5	79.954 4	93.324 0	109.182	150.334
27	30.820 9	35.344 3	40.709 6	47.084 2	54.669 1	63.705 8	74.483 8	87.350 8	102.723	121.100	169.374
28	32.129 1	37.051 2	42.930 9	49.967 6	58.402 6	68.528 1	80.697 7	95.338 8	112.968	134.210	190.699

($FVIFA_{i,n}$) = $[(1+i)^n-1]/i$

i,n	14%	16%	18%	20%	22%	24%	26%	28%	30%	35%	40%	50%
1	1.000 00	1.000 00	1.000 00	1.000 00	1.000 00	1.000 00	1.000 00	1.000 00	1.000 00	1.000 00	1.000 00	1.000 00
2	2.140 00	2.160 00	2.180 00	2.200 00	2.220 00	2.240 00	2.260 00	2.280 00	2.300 00	2.350 00	2.400 00	2.500 00
3	3.439 60	3.505 60	3.572 40	3.640 00	3.708 40	3.777 60	3.847 60	3.918 40	3.990 00	4.172 50	4.360 00	4.750 00
4	4.921 14	5.066 50	5.215 43	5.368 00	5.524 25	5.684 22	5.847 98	6.015 55	6.187 00	6.632 88	7.104 00	8.125 00
5	6.610 10	6.877 14	7.154 21	7.441 60	7.739 58	8.048 44	8.368 45	8.699 91	9.043 10	9.954 38	10.945 6	13.187 5
6	8.535 52	8.977 48	9.441 97	9.929 92	10.442 3	10.980 1	11.544 2	12.135 9	12.756 0	14.438 4	16.323 8	20.781 3
7	10.730 5	11.413 9	12.141 5	12.915 9	13.739 6	14.615 3	15.545 8	16.533 9	17.582 8	20.491 9	23.853 4	32.171 9
8	13.232 8	14.240 1	15.327 0	16.499 1	17.762 3	19.122 9	20.587 6	22.163 4	23.857 7	28.664 0	34.394 7	49.257 8
9	16.085 3	17.518 5	19.085 9	20.798 9	22.670 0	24.712 5	26.940 4	29.369 2	32.015 0	39.696 4	49.152 6	74.886 7
10	19.337 3	21.321 5	23.521 3	25.958 7	28.657 4	31.643 4	34.944 9	38.592 6	42.619 5	54.590 2	69.813 7	113.330
11	23.044 5	25.732 9	28.755 1	32.150 4	35.962 0	40.237 9	45.030 6	50.398 5	56.405 3	74.696 7	98.739 1	170.995
12	27.270 7	30.850 2	34.931 1	39.580 5	44.873 7	50.895 0	57.738 6	65.510 0	74.327 0	101.841	139.235	257.493
13	32.088 7	36.786 2	42.218 7	48.496 6	55.745 9	64.109 7	73.750 6	84.852 9	97.625 0	138.485	195.929	387.239
14	37.581 1	43.672 0	50.818 0	59.195 9	69.010 0	80.496 1	93.925 8	109.612	127.913	187.954	275.300	581.859
15	43.842 4	51.659 5	60.965 3	72.035 1	85.192 2	100.815	119.347	141.303	167.286	254.738	386.420	873.788
16	50.980 4	60.925 0	72.939 0	87.442 1	104.935	126.011	151.377	181.868	218.472	344.897	541.988	1 311.68
17	59.117 6	71.673 0	87.068 0	105.931	129.020	157.253	191.735	233.791	285.014	466.611	759.784	1 968.52
18	68.394 1	84.140 7	103.740	128.117	158.405	195.994	242.585	300.252	371.518	630.925	1 064.70	2 953.78
19	78.969 2	98.603 2	123.414	154.740	194.254	244.033	306.658	385.323	483.973	852.748	1 491.58	4 431.68
20	91.024 9	115.380	146.628	186.688	237.989	303.601	387.389	494.213	630.165	1 152.21	2 089.21	6 648.51
21	104.768	134.841	174.021	225.026	291.347	377.465	489.110	633.593	820.215	1 556.48	2 925.89	9 973.77
22	120.436	157.415	206.345	271.031	356.443	469.056	617.278	811.999	1 067.28	2 102.25	4 097.24	14 961.7
23	138.297	183.601	244.487	326.237	435.861	582.630	778.771	1 040.36	1 388.46	2 839.04	5 737.14	22 443.5
24	158.659	213.978	289.494	392.484	532.750	723.461	982.251	1 332.66	1 806.00	3 833.71	8 033.00	33 666.2
25	181.871	249.214	342.603	471.981	650.955	898.092	1 238.64	1 706.80	2 348.80	5 176.50	11 247.2	50 500.3
26	208.333	290.088	405.272	567.377	795.165	1 114.63	1 561.68	2 185.71	3 054.44	6 989.28	15 747.1	75 751.5
27	238.499	337.502	479.221	681.853	971.102	1 383.15	1 968.72	2 798.71	3 971.78	9 436.53	22 046.9	113 628
28	272.889	392.503	566.481	819.223	1 185.74	1 716.10	2 481.59	3 583.34	5 164.31	12 740.3	30 866.7	170 443

附表四　$1 年金现值系数表

i,n	1%	2%	3%	4%	5%	6%	7%	8%	9%	10%	12%
1	0.990 10	0.980 39	0.970 87	0.961 54	0.952 38	0.943 40	0.934 58	0.925 93	0.917 43	0.909 09	0.892 86
2	1.970 40	1.941 56	1.913 47	1.886 10	1.859 41	1.833 39	1.808 02	1.783 26	1.759 11	1.735 54	1.690 05
3	2.940 99	2.883 88	2.828 61	2.775 09	2.723 25	2.673 01	2.624 32	2.577 10	2.531 30	2.486 85	2.401 83
4	3.901 97	3.807 73	3.717 10	3.629 90	3.545 95	3.465 11	3.387 21	3.312 13	3.239 72	3.169 87	3.037 35
5	4.853 43	4.713 46	4.579 71	4.451 82	4.329 48	4.212 36	4.100 20	3.992 71	3.889 65	3.790 79	3.604 78
6	5.795 48	5.601 43	5.417 19	5.242 14	5.075 69	4.917 32	4.766 54	4.622 88	4.485 92	4.355 26	4.111 41
7	6.728 19	6.471 99	6.230 28	6.002 06	5.786 37	5.582 38	5.389 29	5.206 37	5.032 95	4.868 42	4.563 76
8	7.651 68	7.325 48	7.019 69	6.732 74	6.463 21	6.209 79	5.971 30	5.746 64	5.534 82	5.334 93	4.967 64
9	8.566 02	8.162 24	7.786 11	7.435 33	7.107 82	6.801 69	6.515 23	6.246 89	5.995 25	5.759 02	5.328 25
10	9.471 30	8.982 59	8.530 20	8.110 90	7.721 73	7.360 09	7.023 58	6.710 08	6.417 66	6.144 57	5.650 22
11	10.367 6	9.786 85	9.252 62	8.760 48	8.306 41	7.886 87	7.498 67	7.138 96	6.805 19	6.495 06	5.937 70
12	11.255 1	10.575 3	9.954 00	9.385 07	8.863 25	8.383 84	7.942 69	7.536 08	7.160 73	6.813 69	6.194 37
13	12.133 7	11.348 4	10.635 0	9.985 65	9.393 57	8.852 68	8.357 65	7.903 78	7.486 90	7.103 36	6.423 55
14	13.003 7	12.106 2	11.296 1	10.563 1	9.898 64	9.294 98	8.745 47	8.244 24	7.786 15	7.366 69	6.628 17
15	13.865 1	12.849 3	11.937 9	11.118 4	10.379 7	9.712 25	9.107 91	8.559 48	8.060 69	7.606 08	6.810 86
16	14.717 9	13.577 8	12.561 1	11.652 3	10.837 8	10.105 9	9.446 65	8.851 37	8.312 56	7.823 71	6.973 99
17	15.562 3	14.291 9	13.166 1	12.165 7	11.274 1	10.477 3	9.763 22	9.121 64	8.543 63	8.021 55	7.119 63
18	16.398 3	14.992 0	13.753 5	12.659 3	11.689 6	10.827 6	10.059 1	9.371 89	8.755 63	8.201 41	7.249 67
19	17.226 0	15.678 5	14.323 8	13.133 9	12.085 3	11.158 1	10.335 6	9.603 60	8.950 11	8.364 92	7.365 78
20	18.045 6	16.351 4	14.877 5	13.590 3	12.462 2	11.469 9	10.594 0	9.818 15	9.128 55	8.513 56	7.469 44
21	18.857 0	17.011 2	15.415 0	14.029 2	12.821 2	11.764 1	10.835 5	10.016 8	9.292 24	8.648 69	7.562 00
22	19.660 4	17.658 0	15.936 9	14.451 1	13.163 0	12.041 6	11.061 2	10.200 7	9.442 43	8.771 54	7.644 65
23	20.455 8	18.292 2	16.443 6	14.856 8	13.488 6	12.303 4	11.272 2	10.371 1	9.580 21	8.883 22	7.718 43
24	21.243 4	18.913 9	16.935 5	15.247 0	13.798 6	12.550 4	11.469 3	10.528 8	9.706 61	8.984 74	7.784 32
25	22.023 2	19.523 5	17.413 1	15.622 1	14.093 9	12.783 4	11.653 6	10.674 8	9.822 58	9.077 04	7.843 14
26	22.795 2	20.121 0	17.876 8	15.982 8	14.375 2	13.003 2	11.825 8	10.810 0	9.928 97	9.160 95	7.895 66
27	23.559 6	20.706 9	18.327 0	16.329 6	14.643 0	13.210 5	11.986 7	10.935 2	10.026 6	9.237 22	7.942 55
28	24.316 4	21.281 3	18.764 1	16.663 1	14.898 1	13.406 2	12.137 1	11.051 1	10.116 1	9.306 57	7.984 42

($PVIFA_{i,n}$) = $[1-(1+i)^{-n}]/i$

i,n	14%	16%	18%	20%	22%	24%	26%	28%	30%	35%	40%	50%
1	0.877 19	0.862 07	0.847 46	0.833 33	0.819 67	0.806 45	0.793 65	0.781 25	0.769 23	0.740 74	0.714 29	0.666 67
2	1.646 66	1.605 23	1.565 64	1.527 78	1.491 54	1.456 82	1.423 53	1.391 60	1.360 95	1.289 44	1.224 49	1.111 11
3	2.321 63	2.245 89	2.174 27	2.106 48	2.042 24	1.981 30	1.923 44	1.868 44	1.816 11	1.695 88	1.588 92	1.407 41
4	2.913 71	2.798 18	2.690 06	2.583 73	2.493 64	2.404 28	2.320 19	2.240 97	2.166 24	1.996 95	1.849 23	1.604 94
5	3.433 08	3.274 29	3.127 17	2.990 61	2.863 64	2.745 38	2.635 07	2.532 01	2.435 57	2.219 96	2.035 16	1.736 63
6	3.888 67	3.684 74	3.497 60	3.325 51	3.166 92	3.020 47	2.884 98	2.759 38	2.642 75	2.385 16	2.167 97	1.824 42
7	4.288 30	4.038 57	3.811 53	3.604 59	3.415 51	3.242 32	3.083 31	2.937 02	2.802 11	2.507 52	2.262 84	1.882 94
8	4.638 86	4.343 59	4.077 57	3.837 16	3.619 27	3.421 22	3.240 73	3.075 79	2.924 70	2.598 17	2.330 60	1.921 96
9	4.946 37	4.606 54	4.303 02	4.030 97	3.786 28	3.565 50	3.365 66	3.184 21	3.019 00	2.665 31	2.379 00	1.947 98
10	5.216 12	4.833 23	4.494 09	4.192 47	3.923 18	3.681 86	3.464 81	3.268 92	3.091 54	2.715 04	2.413 57	1.965 32
11	5.452 73	5.028 64	4.656 01	4.327 06	4.035 40	3.775 69	3.543 50	3.335 09	3.147 34	2.751 88	2.438 26	1.976 88
12	5.660 29	5.197 11	4.793 22	4.439 22	4.127 37	3.851 36	3.605 95	3.386 79	3.190 26	2.779 17	2.455 90	1.984 58
13	5.842 36	5.342 33	4.909 51	4.532 68	4.202 77	3.912 39	3.655 52	3.427 18	3.223 28	2.799 39	2.468 50	1.989 72
14	6.002 07	5.467 53	5.008 06	4.610 57	4.264 56	3.961 60	3.694 85	3.458 73	3.248 67	2.814 36	2.477 50	1.993 15
15	6.142 17	5.575 46	5.091 58	4.675 47	4.315 22	4.001 29	3.726 07	3.483 39	3.268 21	2.825 45	2.483 93	1.995 43
16	6.265 06	5.668 50	5.162 35	4.729 56	4.356 73	4.033 30	3.750 85	3.502 65	3.283 24	2.833 67	2.488 52	1.996 96
17	6.372 86	5.748 70	5.222 33	4.774 63	4.390 77	4.059 11	3.770 52	3.517 69	3.294 80	2.839 75	2.491 80	1.997 97
18	6.467 42	5.817 85	5.273 16	4.812 19	4.418 66	4.079 93	3.786 13	3.529 45	3.303 69	2.844 26	2.494 14	1.998 65
19	6.550 37	5.877 46	5.316 24	4.843 50	4.441 52	4.096 72	3.798 51	3.538 63	3.310 53	2.847 60	2.495 82	1.999 10
20	6.623 13	5.928 84	5.352 75	4.869 58	4.460 27	4.110 26	3.808 34	3.545 80	3.315 79	2.850 08	2.497 01	1.999 40
21	6.686 96	5.973 14	5.383 68	4.891 32	4.475 63	4.121 17	3.816 15	3.551 41	3.319 84	2.851 91	2.497 87	1.999 60
22	6.742 94	6.011 33	5.409 90	4.909 43	4.488 22	4.129 98	3.822 34	3.555 79	3.322 96	2.853 26	2.498 48	1.999 73
23	6.792 06	6.044 25	5.432 12	4.924 53	4.498 54	4.137 08	3.827 25	3.559 21	3.325 35	2.854 27	2.498 91	1.999 82
24	6.835 14	6.072 63	5.450 95	4.937 10	4.507 00	4.142 81	3.831 15	3.561 88	3.327 19	2.855 02	2.499 22	1.999 88
25	6.872 93	6.097 09	5.466 91	4.947 59	4.513 93	4.147 42	3.834 25	3.563 97	3.328 61	2.855 57	2.499 44	1.999 92
26	6.906 08	6.118 18	5.480 43	4.956 32	4.519 62	4.151 15	3.836 70	3.565 60	3.329 70	2.855 98	2.499 60	1.999 95
27	6.935 15	6.136 36	5.491 89	4.963 60	4.524 28	4.154 15	3.838 65	3.566 88	3.330 54	2.856 28	2.499 72	1.999 96
28	6.960 66	6.152 04	5.501 60	4.969 67	4.528 10	4.156 57	3.840 20	3.567 87	3.331 18	2.856 50	2.499 80	1.999 98

主要参考书目

[1] 财政部．企业会计准则．北京：经济科学出版社，2006.

[2] 财政部会计司．企业会计准则讲解 2010. 北京：人民出版社，2010.

[3] 余恕莲，曹妍，李相志，赵旸．西方财务会计．北京：对外经济贸易大学出版社，2007.

[4] International Financial Reporting Standards，as issued at 1 January，2011，copyright@ 2011 IFRS Foundation.

[5] 财政部会计司组织翻译．国际财务报告准则 2008. 北京：中国财政经济出版社，2008.

[6] 卡尔·S·沃伦（Carl S. Warren），等．会计学（第 21 版）．杜兴强，等译．北京：中国人民大学出版社，2008.

[7] 葛家澍，杜兴强．中级财务会计学（第三版）．北京：中国人民大学出版社，2007.